大清皇帝的一天

李旭东 著

四川文艺出版社

图书在版编目（CIP）数据

大清皇帝的一天 / 李旭东著. -- 成都：四川文艺出版社，2025.8.
ISBN 978-7-5411-7384-4

Ⅰ.K249.09

中国国家版本馆CIP数据核字第202570W8Z5号

DAQING HUANGDI DE YITIAN
大清皇帝的一天

李旭东 著

出 品 人	冯 静
责任编辑	任子乐
特约编辑	李 佳
内文设计	李劲松
封面设计	乐 翁
责任校对	蓝 海

出版发行	四川文艺出版社（成都市锦江区三色路238号）
网　　址	www.scwys.com
电　　话	028-86361802（发行部）　028-86361781（编辑部）
印　　刷	天津睿和印艺科技有限公司
成品尺寸	170mm×240mm　　　开　本　16开
印　　张	21　　　　　　　　　字　数　310千字
版　　次	2025年8月第1版　　　印　次　2025年8月第1次印刷
书　　号	ISBN 978-7-5411-7384-4
定　　价	89.80元

版权所有·侵权必究，如有质量问题，请与出版社联系更换．028-86361796

与清朝皇帝零距离接触

有幸最先拜读了李旭东先生的新著——《大清皇帝的一天》。

坦言之，从来没有任何一个朝代能够像清朝这样，让众多史学家褒贬不一，莫衷一是。可以说，中国最后一个封建王朝——清朝奠定了近代中国的雏形，康乾盛世虽承载着我国封建盛世最后的荣光，然而清朝也因闭关锁国、盲目自大而坠入痛苦的深渊，酿成了近代中国的苦难。

清朝崛起于东北的白山黑水之间，从称霸一域乃至逐鹿中原，从三藩割据到华夏一统，从欣欣向荣到岌岌可危，承载了历史演化的关键一页。毫不讳言，皇帝是一个王朝的灵魂，在清朝由盛及衰的过程中，皇帝无疑发挥着至关重要的作用。以《甄嬛传》为代表的清宫剧曾盛极一时，但如今介绍清朝皇帝的生活与工作的历史科普类图书犹如凤毛麟角，无疑，这是此书最吸引我的地方。

这部书对清朝皇帝的日常生活工作，作了全方位、立体式介绍，语言通俗易懂，幽默风趣。清朝皇帝为什么露天办公？清朝皇帝为什么大部分时间并不会待在紫禁城？奏折的广泛使用为什么使得清朝皇帝变得越来越懒？哪个皇帝烟瘾最大？哪个皇帝最喜欢cosplay？众多皇子学习时为什么如此内卷？……种种疑问，都将在这部书中找到答案。

显然，清朝皇帝的服装有朝服、吉服、常服、雨服、行服、便服等多种，这些服装究竟有哪些区别？分别在哪些场合穿？穿着时又需要搭配怎样的配饰？书中对此皆详作解读，而且配有大量真实图片，使那些清朝皇族服饰穿越数百年的历史云烟重新展现在读者面前。此书不仅给人以赏心悦目之感，还能让读者知晓其中鲜为人知的门道，有料而又毫无枯燥之感。

清朝气势恢宏的庆典仪式，如今大多已然消失在历史深处。但此书通过一幅幅栩栩如生的古画与一段段生动而有趣的文字，还原了声势浩大的皇帝赐宴时的场景、庄严肃穆的皇帝与皇后祭祀时的场景、其乐融融的皇家过生日的场景，再现皇帝出行时气势恢宏的仪仗队，使读者顿生身临其境之感，仿佛一下穿越到了数百年前的清朝。

这部书虽名叫《大清皇帝的一天》，却又并非完全依照时间顺序来写，作者李旭东翻阅了大量清朝史料与研究论文，通过简洁又风趣的笔调与图文并茂的形式，从饮食起居、服饰美妆、出行巡游、宫廷职场、教学娱乐、佳节风俗等多个维度深度再现了清朝皇帝最真实的工作与生活状态。这使现实之光照进了清朝的社会生活画卷之中，阅读之后会给人不一样的启迪与乐趣！

兹作序。

贾英华[1]

2025 年 1 月 6 日

---

[1] 贾英华：央视《百家讲坛》主讲人，曾为末代皇帝溥仪捉刀题写墓志，为末代太监孙耀庭撰题碑文。溥仪之妻李淑贤、皇叔载涛、皇弟溥杰、皇妹韫龢、国舅润麒、"皇嗣"毓嵒等诸多末代皇族皆是其忘年挚友，曾任中国作家协会全国委员、中国电力作家协会主席、中国传记文学学会副会长。

目录

● 第一部分　皇帝的工作

第一章　皇帝上班很辛苦 …… 3
　　大年初一也得上班 …… 5
　　皇帝居然露天办公 …… 9
　　奏折居然是御门听政的终结者 …… 13
　　皇帝如何批阅奏章 …… 16
　　皇帝大多数时间并不在紫禁城办公 …… 19

第二章　通过服饰判断品级高低 …… 24
　　大清的官与爵 …… 24
　　区分度并不高的朝服与吉服 …… 28
　　顶戴花翎中的大学问 …… 35
　　补子里的玄机 …… 38

第三章　祭祀可是件大事 …… 45
　　清朝祭祀多 …… 45
　　雍正祭祀先农坛 …… 48
　　皇后主持的祭先蚕典礼 …… 51

第四章　皇帝的安全保卫工作 …… 60
　　宫廷侍卫们穿着很拉风 …… 60
　　入宫检查很严格 …… 66
　　皇家仪仗队 …… 69
　　清朝消防神器 …… 82

第二部分　皇帝的生活

第一章　皇帝喜欢住在哪里 ……………… 87
　　紫禁城的住处很憋屈 ……………… 87
　　园林中的住处 ……………………… 92
　　皇帝如何御寒和避暑 ……………… 94

第二章　清朝太监很难混出头 …………… 99
　　男人为什么要当太监 ……………… 99
　　太监不仅仅要伺候皇帝 …………… 105
　　清朝太监为什么没前途 …………… 109

第三章　皇帝也是人 ……………………… 115
　　皇帝日常生活中并不会称"朕" … 115
　　皇帝的儿子们也很"卷" ………… 116
　　皇帝病了怎么办 …………………… 120
　　给皇帝理发如临大敌 ……………… 124

第四章　皇帝吃喝可不简单 ……………… 126
　　晚膳可不是晚上吃 ………………… 126
　　皇帝饭菜要求高 …………………… 129
　　皇帝赐宴排场大 …………………… 132

第五章　皇帝们的个人喜好 ……………… 139
　　哪位皇帝烟瘾大 …………………… 139
　　雍正皇帝喜欢cosplay …………… 141
　　只许皇帝看戏，不许百姓听曲 …… 143

第三部分　皇家"时装秀"

第一章　"高大上"的朝服 ……………… 151
　　皇帝朝服讲究多 …………………… 151
　　皇帝朝服居然像裙子 ……………… 156
　　皇后朝服配饰很拉风 ……………… 160

　　　　　皇后朝服"三件套" ………… 164
　　　　　妃嫔的简约版朝服 ………… 166

　第二章　简约而不简单的吉服 ………… 171
　　　　　龙袍长啥样 ………… 171
　　　　　吉服的低配版——常服 ………… 175

　第三章　说走就走的"运动装" ………… 178
　　　　　策马狂奔的行服 ………… 178
　　　　　皇帝的专属雨衣 ………… 180

　第四章　皇帝拉风的军装 ………… 181
　　　　　清朝的大阅兵 ………… 181
　　　　　金碧辉煌的盔甲 ………… 184

　第五章　想怎么穿便怎么穿的便服 ………… 187
　　　　　便服种类有多少 ………… 187
　　　　　满洲旗鞋有讲究 ………… 189

● **第四部分　皇帝的女人**

　第一章　清朝后宫规矩多 ………… 193
　　　　　选秀女可不是选美 ………… 193
　　　　　艰难的晋升之路 ………… 196
　　　　　宫女的日子可不好过 ………… 204
　　　　　后宫发饰讲究多 ………… 209

　第二章　后宫之主是皇后 ………… 213
　　　　　什么样的人才能当上皇后 ………… 213
　　　　　完美皇后的"不完美"结局 ………… 219
　　　　　皇后那拉氏究竟是谁 ………… 224
　　　　　皇贵妃居然如此高贵 ………… 227
　　　　　代行皇后职责的皇贵妃 ………… 230

　第三章　后宫女子居住环境 ………… 233

3

题诗中的秘密 …………………… 235
　　门边的风景 ……………………… 237
　　落款中的玄机 …………………… 238
　　花园里的芬芳 …………………… 240
　　冬日里的景色 …………………… 241
　　金碧辉煌中的落寞 ……………… 242
　　宠物带来的乐趣 ………………… 243
　　坐在文物堆里发呆 ……………… 244
　　扑面而来的西洋风 ……………… 245
　　烛光里的美人 …………………… 246
　　树荫下乘凉 ……………………… 247
　　葫芦里的奥妙 …………………… 248

● 第五部分　皇帝的家人

第一章　给老妈"甄嬛"过生日 ………… 253
　　皇帝母亲死得早 ………………… 253
　　雍正之母暴亡之谜 ……………… 255
　　"甄嬛"缘何是最有福的皇帝母亲 … 262
　　为了给老妈过生日全国总动员 … 265
　　团圆一家人 ……………………… 277

第二章　皇子们可不省心 ……………… 282
　　皇帝的儿子可不都是亲王 ……… 283
　　皇子们的野心 …………………… 291
　　秘密立储制度 …………………… 302

第三章　皇帝的贴心"小棉袄" ………… 305
　　皇帝的女儿其实并不叫"格格" … 305
　　女儿的婚姻大事 ………………… 310
　　公主并没有你想的那么幸福 …… 320

参考文献 …………………………… 323

第一部分

皇帝的工作

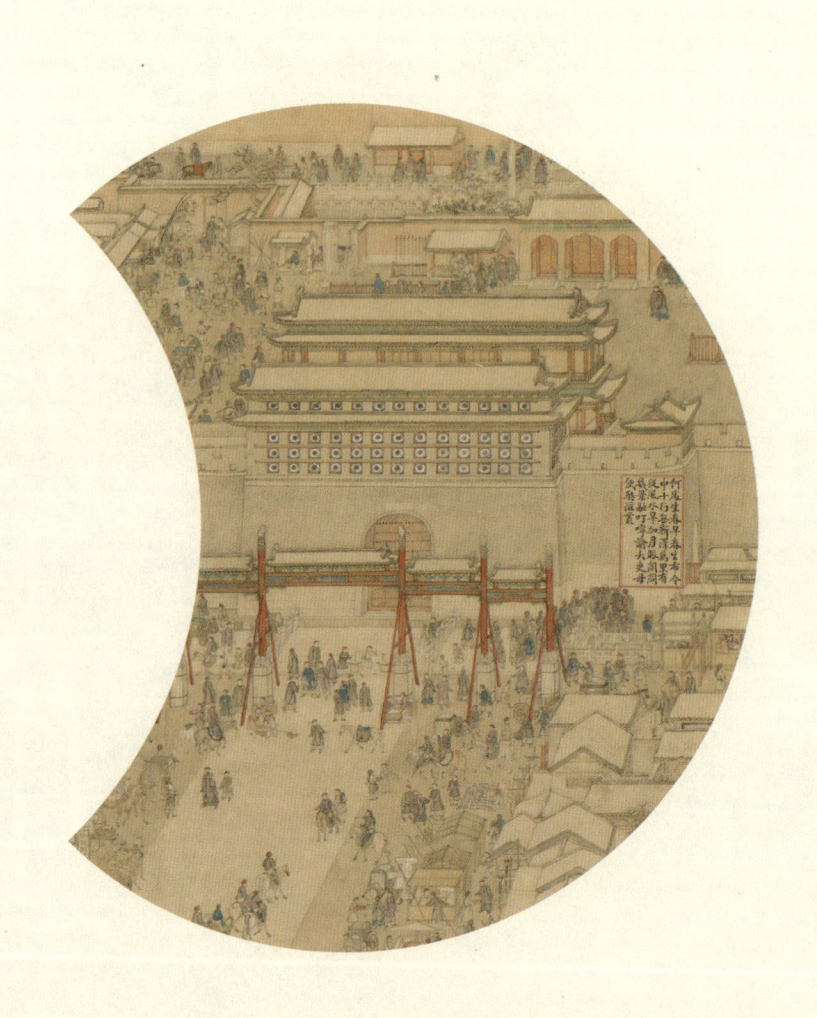

何处生春早春生各令中十日五日漸有即風和日暖融融泄泄都人士女競出遊賞大史氏書

第一章
皇帝上班很辛苦

明清北京城是在元大都的基础上建造而成,分为宫城、皇城、内城、外城四部分。宫城就是皇帝平日里工作休息的地方,俗称"紫禁城",也就是如今的故宫博物院。皇城与内城就如同两道围墙拱卫着紫禁城。

正阳门俗称"前门",为北京内城正门,从明清一直到如今。前门大街是繁华热闹之地,过了正阳门之后,映入眼帘的便是略显低矮的大清门与气势恢宏的天安门,如今大清门已经被拆除,天安门则成为国人心中的圣地。

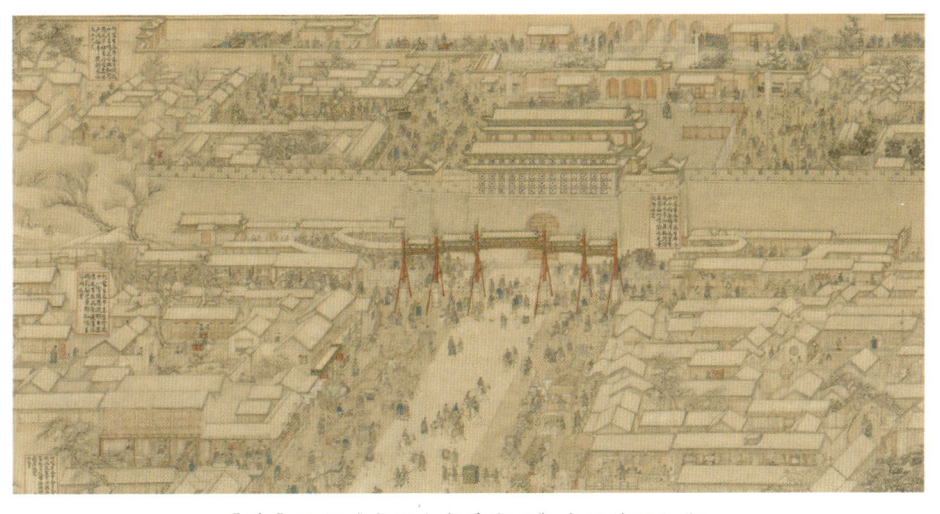

[清]徐扬《京师生春诗意图》中的前门大街

天安门与地安门、东安门、西安门均为皇城城门，皇城原本是皇家各部门办公的地方。不过到了清朝，起初是王公大臣，后来甚至是普通的八旗旗人都搬进了皇城，这处庄严肃穆的办公场所也变得越来越热闹，越来越有烟火气。

东安门为七间三门黄琉璃单檐歇山顶城门，横跨在玉河（元代通惠河在城内的一部分）之上，清朝官员平日里入宫主要从东安门经东华门进入紫禁城。

如果要去参加大朝会，官员们将沿着北京中轴线一路前往气势恢宏的太和殿，下面我们就追随着他们的脚步一步步走进清朝皇帝的日常生活之中……

［清］徐扬《京师生春诗意图》中的北京中轴线

大年初一也得上班

上朝是皇帝日常工作中不可或缺的一部分，清朝的朝会分为大朝和常朝两大类。大朝是礼仪性的，每年的元旦（农历正月初一）、万寿（皇帝或太后的生日）、冬至称为"三大节"，每当节日来临之际，皇帝会亲临气势恢宏的太和殿，接受文武百官、外国使臣的朝贺。

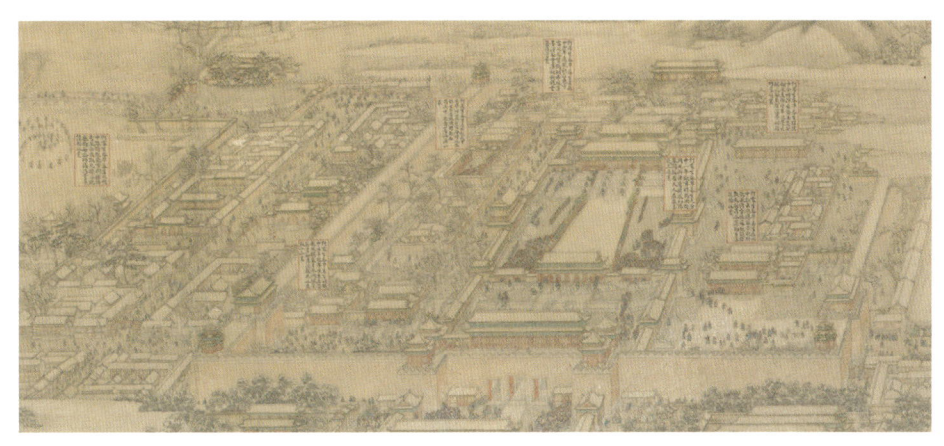

[清] 徐扬《京师生春诗意图》中的紫禁城

《万国来朝图》描绘的就是农历大年初一大朝正式开始前的场景，此时紫禁城内到处都弥漫着喜庆的气氛，皇子们正捂着耳朵放鞭炮，庆祝新的一年的

[清] 佚名《万国来朝图》中正在放鞭炮的皇子

到来!

虽然紫禁城内一派喜气洋洋的过节气氛,太和殿前的官员们却丝毫不敢怠慢,他们为即将举行的大朝会认真地筹备着,到处都是忙碌的身影。

[清]佚名《万国来朝图》中的太和殿

大珍珠
金龙
披领

[清]佚名《万国来朝图》中的乾隆皇帝

乾隆皇帝正在静静地等待着上朝,最外面穿的是黑狐端罩。端罩是一种特殊的皮草外罩,与补服类似,为圆领、对襟、平袖外罩,袖长至腕,长至膝下,毛皮外翻,内有衬里,对襟处缀有四至五枚纽扣,有的是后面开裾,有的是左右开裾,有的是左右后三面开裾,但前面通常并不开裾。端罩左右两侧各有两条垂带,与内衬颜色保持一致。端罩所用材质和垂带颜色有着严格的等级划分。

皇帝所穿端罩共有两款:第

一款为黑狐端罩，用黑狐狸皮制成，里侧为明黄色缎，缎是一种高端丝绸制品，左、右各垂有两条明黄色垂带；另外一款为紫貂端罩，里侧和垂带均为黑狐材质。端罩穿着时间通常为每年的十一月到次年二月。

《万国来朝图》中乾隆皇帝所穿端罩里侧的袍服只微微露出一角，有的学者认为乾隆皇帝穿的是吉服，刚刚祭完满洲诸神，尚未更衣回到后宫小憩。[①]元旦朝贺庆典是一年之中最为重大的活动，按照礼制，皇帝应该穿朝服，虽然画中乾隆皇帝所戴冬冠并不是很清晰，但也可以隐隐看到用金龙和东珠堆砌成高达三层的造型，最上端镶嵌有一颗大珍珠，因此他戴的应是朝冠而并非是吉服冠。

乾隆皇帝所穿端罩加装了披领，只有朝服才有披领，因此这件应是专门穿在朝服外面的端罩，我们还可以隐隐看到端罩里侧露出来的袍服下摆。如果穿的是吉服，那么正面会有开衩，但画中并无开衩，脖子上还挂有朝珠，穿吉服时并不会佩戴朝珠，因此他里面穿的应是朝服而并非是吉服。朝服类似于现今的裙子，吉服类似于现今的长袍，将在本书第三部分进行详细介绍。

太和门外，金水桥畔，各国使臣静静等待着皇帝的朝见，有的举着旗，有的打着幡，有的骑着象，有的牵着马，有的手抱着礼物，有的肩扛着贡品……《万国来朝图》中描绘的这些使节有的来自我国边疆地区，如伊犁等；也有朝鲜、安南（今越南）、暹罗（今泰国）等清朝的藩属国，还有日本、马辰（以今马辰市为都城）、文莱等亚洲邻国，甚至还有来自西方国家的使臣。

三大节是每年都会举行的大朝，还有一些大朝并非每年都会举行，比如皇帝登基、册封皇后、册封皇太子以及给皇帝、皇后、皇太后、太皇太后上"尊号"等，其中最隆重的莫过于皇帝登基，因为一个皇帝一辈子只能经历一次。

皇帝登基当天早上，太和殿殿内要摆好宝案、诏案与笔砚案，分别用于放置表文、诏书与笔砚。大学士们取出皇帝玉玺放在太和殿内御座南面正中的案上。太和殿前设置皇帝卤簿仪仗，文武百官身着朝服排列在丹墀（殿前红色

---

① 刘潞：《皇帝过年与万国来朝——读〈万国来朝图〉》，《紫禁城》2004年第1期。

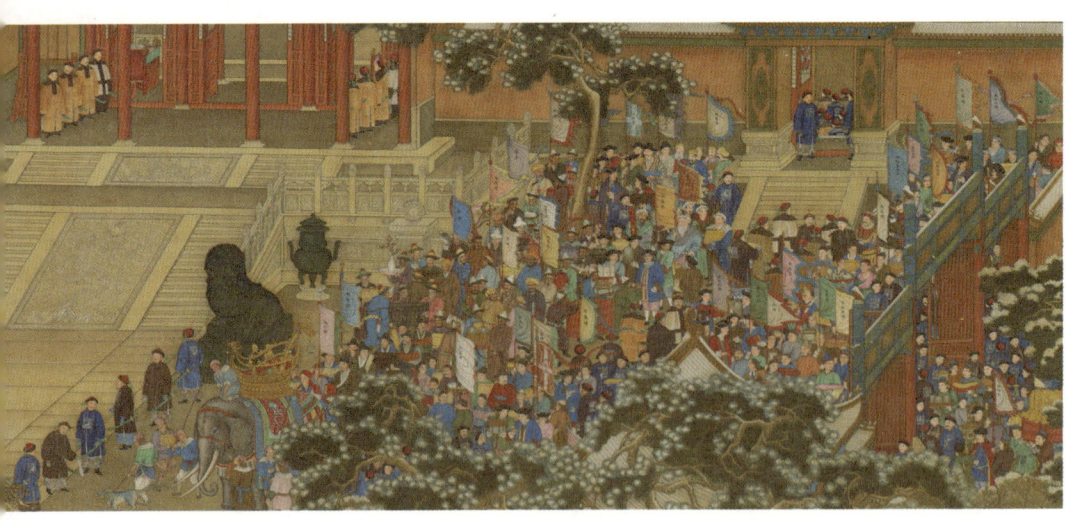

[清]佚名《万国来朝图》中的各国使节

台阶上的空地）两旁等候着皇帝的驾临。中和韶乐乐队守候在太和殿东、西檐下，丹陛大乐乐队守候在太和门，导迎乐队守候在午门外，适时演奏相关乐曲。

新即位的皇帝乘舆从乾清门左旁门出来，前往中和殿。皇帝落座之后，礼部尚书按照礼制恳请皇帝即位，随后在翊卫人员的引导下，皇帝缓缓走向太和殿，进殿之后升宝座。

此时午门之上钟鼓声响起，丹墀上接连传来三声鞭响，站在台阶上的王公贵族、文武百官向着新皇帝行三跪九叩之礼。大学士从太和殿左门进入殿内，从诏案上拿起诏书放在宝案上，盖上皇帝玉玺之后，用手捧着诏书，前往天安门向聚集在门楼下面的百姓高声宣读诏书。

一切程序完成之后，丹墀下再度响起鞭声，皇帝从御座上缓缓站起来，走到殿后乘舆前往乾清宫，登基大典也就此宣告结束。

1908年12月2日，年仅3岁的末代皇帝溥仪即位，当时文武大臣向他行三跪九叩首礼，还高喊着"万岁"。年幼的溥仪吓得坐不住了，连声哭喊着："不挨这儿，我要回家！"

不知所措的摄政王载沣赶忙用手扶着他，在他的耳边不停地安慰道："别哭,别……哭,一会就完了。快完了,快……完了。"

典礼结束之后,官员们纷纷议论载沣在情急之下为何会说出如此不祥的话语。他很快便一语成谶,溥仪的皇帝生涯仅仅维持了三年多的时间,清朝便轰然倒塌!

皇帝居然露天办公

大朝更多的是一种典礼而非办公会议,因此一年之中,大朝举行的次数屈指可数,皇帝治理国家主要依赖于定期举行的政务性常朝。常朝又分为两种,一种是视朝,每月举行三次,分别为初五、十五和二十五,地点也在太和殿;另外一种是不定期举行的"御门听政",虽然并无明确的时间要求,但康熙皇帝几乎每天都会举行御门听政,举行地点并非在殿内而是在户外,因此他大部分时间都是露天办公。

如果皇帝居住在紫禁城中,御门听政的地点通常会安排在乾清门前,这道门是紫禁城中前朝与后廷的分界线。不过清朝皇帝春季时喜欢巡幸郁郁葱葱的玉泉山静明园,听政地点通常会安排在前亭;夏季时喜欢住在清水环绕的西苑三海(北海、中海与南海),听政地点通常会安排在瀛台门。

在《京师生春诗意图》中,位于北海的团城、琼华岛以及岛上的白塔依稀可见。金鳌玉蝀桥南侧的中海水面上,一群溜冰高手正在结冰的湖面上排成队列进行溜冰,这种活动在清朝被称为"冰嬉",是将冰上杂技与花样滑冰融为一体的带有表演性质的体育项目。满族勃兴于白山黑水间,冬季时经常在冰面上活动,于是渐渐演变成冰嬉,后来又吸纳了汉族武术和杂技,设计出诸如凤凰展翅、金鸡独立、鹞子翻身等高难度动作。戊戌变法失败之后,光绪皇帝曾被慈禧太后长期囚禁在南海四面环水的瀛台之中。

从雍正皇帝开始,清朝皇帝大部分时间都会住在圆明园,在此期间,听政地点时常会安排在勤政殿内,其他皇家园林内也都设有勤政殿,称为"御殿听政"。

举行御门听政时,乾清门前会搭建起临时办公场所,虽说未免有些简陋,

白塔

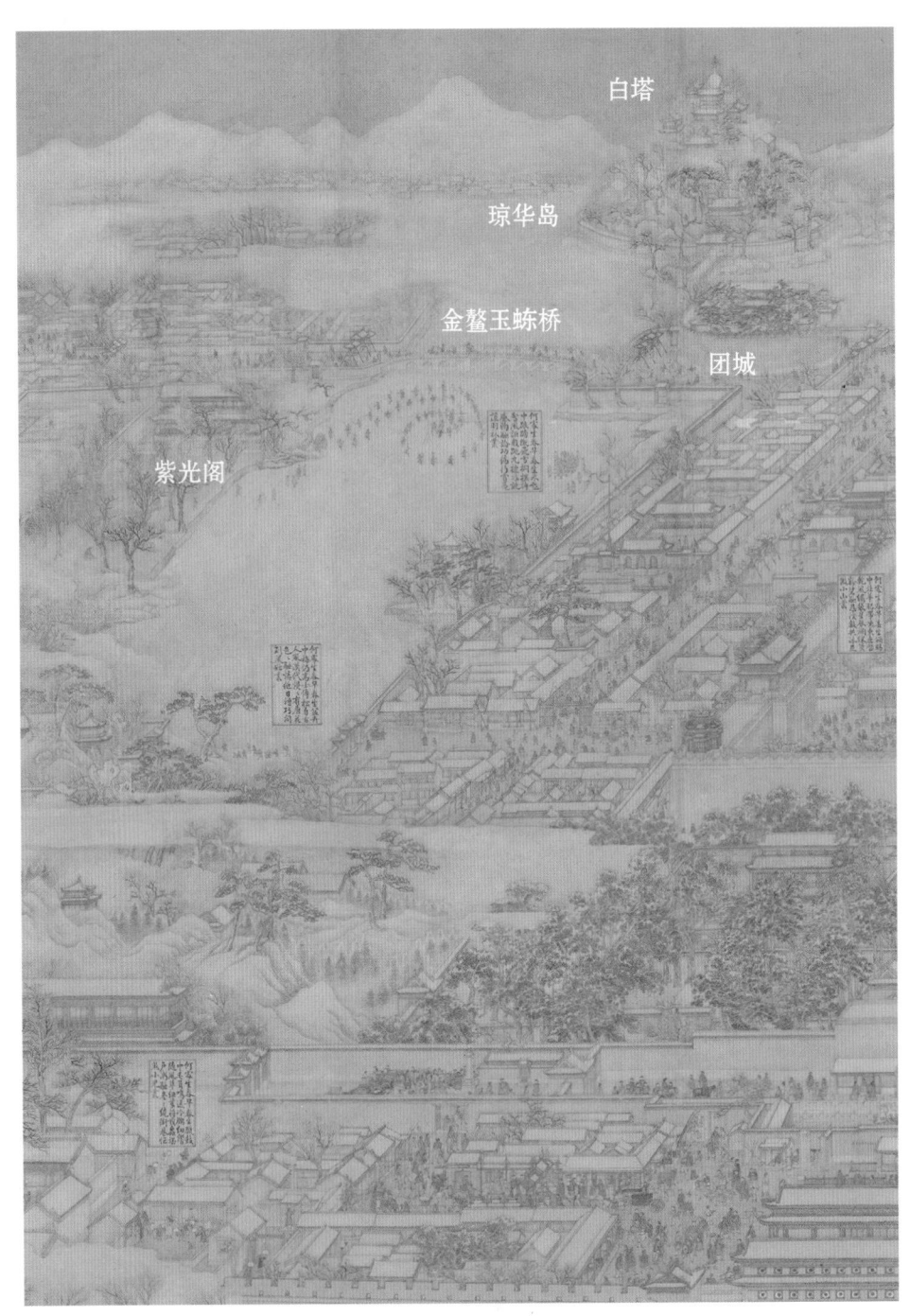

琼华岛

金鳌玉蝀桥

团城

紫光阁

[清]徐扬《京师生春诗意图》中的西苑三海

但几乎所有军国大事都在这里商议决定,包括官员任命、官员考核、河道治理、漕运运输、灾民赈济、农业生产、军事战争、死刑复核等。参加的人员范围也比较广泛,除各部门尚书、侍郎(各部院堂官)外,还包括一些重要岗位的中下级官员。

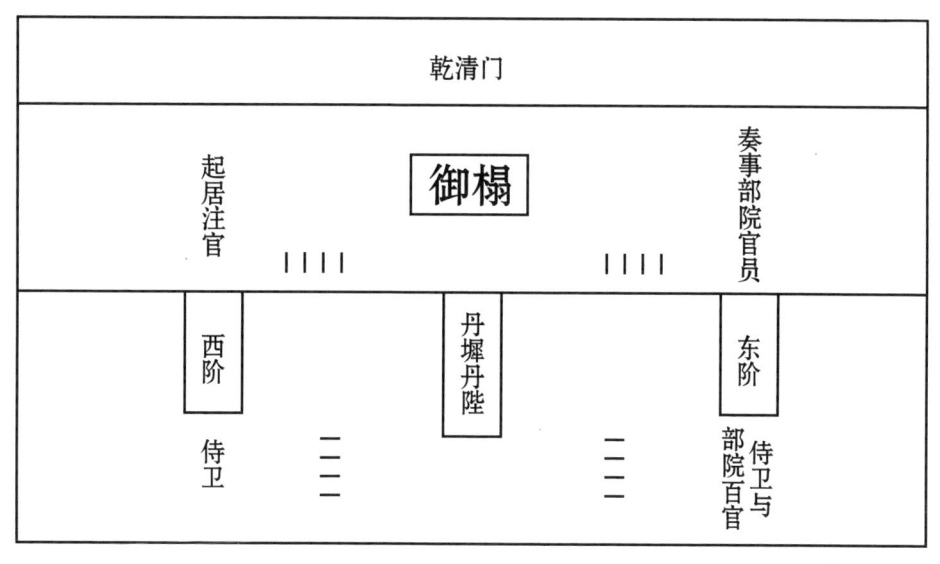

御门听政示意图

御门听政主要分为两个阶段,第一个阶段是听取各部院面奏政事,按照机构行政序列逐一上奏政事,有的皇帝会直接给出处理意见,若是犹豫不定时便会征求众人意见,讨论后分歧仍然比较大的,往往会留待日后再进行处理。第二个阶段为内阁大学士、学士就一些疑难问题向皇帝面奏并请求给出处理意见。

康熙皇帝即位之初,面临着内忧外患的严峻形势,神经始终紧绷着,因此御门听政开始的时间也比较早。春夏定卯正(早晨6:00左右)开始听政,秋冬时节辰初(早晨7:00左右)开始听政,那些参加御门听政的官员要在听政开始前齐集于乾清门前,但很多官员的住处离紫禁城并不近,以至于很多人不得不半夜三更便起床,时间长了难免会有些怨言。

为了体恤臣下,康熙皇帝于康熙二十一年(1682)九月将听政时间稍稍向后推迟了。不过不同文献却记载不一。《康熙起居注》记载，春夏时节辰初刻（早晨 7:15 左右）开始，秋冬时节辰正初刻（早晨 8:15 左右）开始。不过《大清会典》的记载却是春夏时节辰时三刻（早晨 7:45 左右）开始，秋冬时节辰时五刻（早晨 8:15 左右）开始。不管怎样，清朝皇帝的上班时间远远早于现代人。

康熙皇帝在位时听政时间基本都能保证在卯时（早晨 5:00—7:00）；雍正皇帝却是一个很有个性的皇帝，先是将听政时间延后到辰时（早晨 7:00—9:00），后来又提前到寅时（凌晨 3:00—5:00），使得手底下那帮官员半夜便要赶到乾清门参加听政，可谓苦不堪言。鉴于听政时间摇摆不停，乾隆皇帝规定文武百官卯正（早晨 6:00）到齐即可。[①]

康熙皇帝在位时，由于每次需要讨论的事项很多，时常要工作到午后，由于是露天办公，夏天热得要命，冬天冷得厉害，但他不惧严寒酷暑，始终如一。

康熙十八年（1679）十二月二十三，一直超负荷工作的康熙皇帝突然病倒了，臣子们纷纷前去探望，还跪奏请求腊月内暂停御门听政，但康熙皇帝的心中仍旧放不下工作，说自己过几天便会痊愈，即便是生着病仍旧坚持与内阁的大学士、学士等人商议国事。

康熙二十六年（1687）年底，与康熙皇帝感情深厚的皇祖母昭圣皇太后（孝庄文皇后）病入膏肓。康熙皇帝一时间心急如焚，日夜在慈宁宫侍候病重的祖母，不过年事已高的皇太后最终还是走了。康熙皇帝一时间悲痛不已，以至于两个月都未曾举行御门听政，但脱去孝服的第三日，他便身着青色布衣在侍卫们的搀扶下前去听政。曾经光彩熠熠的康熙皇帝此时已然黯淡无光，消瘦中带着无尽的疲惫，臣子们见了无不痛心。

如今春节期间会放 8 天假，清朝的官员们在春节期间也会放假，而且长达将近一个月的时间。每年的腊月二十左右，各衙门便开始封印，一直到次年正

[①] 《乾隆朝上谕档》。

月十五，官员们几乎都不怎么工作。可康熙二十八年（1689）春节前夕，多地遭遇前所未有的大旱，京城附近受灾尤为严重，心系灾民的康熙皇帝一时间忧心如焚，要求各级官员在封印期间不得懈怠，务必要妥善处理好赈灾事宜，当年的御门听政也颇为罕见地一直坚持到了腊月三十。次年正月十一，康熙皇帝便迫不及待地要求各衙门开印并开始进行御门听政。

根据《康熙起居注》的记载，康熙皇帝每月御门听政有20次左右，全年多达240多次。由于《雍正起居注》并不齐全，从雍正二年至七年（不含雍正四年），五年间雍正皇帝共举行听政171次，平均一年的听政次数只有34次，相较康熙朝，降幅竟然高达85%。之后听政次数仍在不断下降，以至于到了咸丰朝居然平均每年还不到5次，为何之后的那些皇帝不再经常性地举办听政呢？难道是因为他们工作不够努力吗？

清代乾隆朝至咸丰朝"御门听政"和"御殿听政"情况[①]

皇帝年号	场所		在位（年）	次数	
	乾清门	勤政殿		总次数	年均数
乾隆	360	345	60	705	11.75
嘉庆	88	145	25	233	9.32
道光	51	119	30	170	5.67
咸丰	28	20	11	48	4.35

奏折居然是御门听政的终结者

清朝延续了明代文书制度，最主要的上行文书为奏本和题本。"国朝定制，臣民具疏上闻者为奏本，诸司公事为题本。"[②]"大小公事，皆用题本，用印

[①] 李文杰：《清代的"早朝"——御门听政的发展及其衰微》，《故宫博物院院刊》2016年第1期。
[②] ［清］伊桑阿等纂：《（康熙朝）大清会典》。

具题；本身私事，俱用奏本。虽有印之官，不准用印。"①有的学者认为两者的区别在于题本上奏的是公事，而奏本上奏的是私事，其实这种区分并不科学，奏本也可以上奏公事，比如对朝廷大政方针的政策建议，两者最本质的区别在于，题本是以单位名义上报的公文，需要加盖所在单位印章；奏本是以个人名义上报的私人文书，可以是建议，也可以是请求，甚至可以是写的检查，但不允许用印。

在御门听政第一阶段，各部院衙门上奏政事时通常会呈报相应的题本和奏本。第二阶段主要处理折本，折本是题本和奏本的衍生品。清朝前期，内外官员的题本和奏本需要先呈皇帝御览，之后内阁根据皇帝的意思拟旨。②如果皇帝同意内阁票拟的处理意见，则用御笔"批红"后交有关部门执行；若皇帝认为内阁的处理意见并不妥当，会将内阁的票签折角后连同题本或奏本一同发还内阁，这时便称为折本，折本涉及的多是复杂、敏感或疑难问题。

从康熙朝开始，一种新型文书——奏折应运而生。起初，奏折并非全都是机密文书，御门听政时还曾公开讨论过奏折内容；不过，后来却渐渐带有越来越强的私密性。起初，奏折只有皇帝最为信任的朝臣才能使用，后来使用范围越来越广泛，涉及内容也越来越丰富。到了雍正朝，奏折从只有极少数人获准使用的非正式文书，渐渐演变为高级官员普遍使用的正式文书。

奏折的最大特点就是保密性强，外省送进京的题本和奏本要通过通政司进行流转，再经过内阁批转，有时还要在御门听政时公开进行讨论，流转的环节多，经手的官员也多，很容易出现泄密的情况。康熙皇帝就曾对泄密之事深恶痛绝，因此他希望借助奏折来拓宽自己的视野，扩充自己的耳目，以免被别有用心的朝臣们联起手来蒙蔽圣听。

奏折分为两类，一类是奏事类奏折，向皇帝上奏一些重要情况，对于这类奏折，皇帝仅仅是看看而已；另一类是请示类奏折，向皇帝请示一些重要事

---

① [清]昆冈等纂:《（光绪朝）大清会典事例》。
② [清]伊桑阿等纂:《（康熙朝）大清会典》卷二《内阁》。

项，对于这类奏折皇帝通常要给出处理意见。经过朱批的奏折有时会送交有关部门办理，但通常会发还上奏者并要求其按照皇帝的意思进行处置。

雍正皇帝还确立了朱批奏折缴回制度，这是因为之前曾经发生了一件让他很气愤的事情。雍正五年（1727），已革贝勒苏努擅自涂抹康熙皇帝生前所作亲笔批示，雍正皇帝得知后极为恼怒，苏努的这种行为应当被认定为谋大逆。雍正皇帝虽然赦免了他的死罪，但还是将他禁锢起来，自此之后，上奏者收到皇帝朱批过的奏章后必须要在当年年底之前送回皇宫销号，违者也将会受到严惩。[①]

由于奏折收发全过程都是保密的，自然也就不方便在御门听政时进行讨论。随着奏折的广泛使用，供御门听政时讨论用的题本数量自然也就大幅萎缩。通过梳理中国第一历史档案馆馆藏清朝题本发现，清代顺治、康熙两朝上报的政务公文中，题本占比高达90%以上；雍正至道光年间，题本占比大致维持在70%以上；咸丰至光绪朝中期，题本所占比重降至50%左右。[②]虽然题本仍旧占据着半壁江山，重要性却是大不如前。

从乾隆朝开始，奏折的保密性又有所弱化，成为官员日常政务活动中频繁使用的官方文书，凡是遇到重要事项往往都会"先奏后题"，也就是先给皇帝上奏折，得到皇帝准许或者获知皇帝意见之后再正式向朝廷上题本，此时的题本已经失去了原有价值，彻底沦为程序性公文。

不过最终让御门听政渐渐淡出历史舞台的还是权力核心的更迭。雍正八年（1730），因西北用兵的需要，雍正皇帝在乾清门西侧设立了军机处，直接处理西北军务，军事指挥、军官任免、军事保障等各项事宜不再通过内阁，雍正皇帝直接向军机大臣面授旨意，军机处按照皇帝要求直接向有关衙门或官员下达指令。西北战事结束后，军机处不仅没有被裁撤，权力反而变得越来越大，总领天下庶务，内阁渐渐沦为一个空架子。

军机处设立前，皇帝旨意下发时需要通过内阁按照政务流程层层流转，由

[①] 《雍正起居注》。
[②] 江桥：《从清代题本、奏折的统计与分析看清代的中央决策》，《明清档案与历史研究·中国第一历史档案馆六十周年纪念论文集》。

于很难做到完全保密，因此这种方式也被称为"明发上谕"。军机处设立后，机密事项由军机大臣密封之后交兵部捷报处直接寄给相关官员，寄送全过程严格保密，称为"廷寄"。只有官员本人才能开启，若是上奏者的子弟僚属擅自开启，一经发现便会被判处绞刑，上奏者也会被革职拿办。

汉人王朝遵循皇帝与士大夫共治天下的原则，相权与皇权相互制衡，对皇帝的言行进行约束。不过专权的明太祖朱元璋却撤销了丞相之职，虽然内阁大学士填补了丞相撤销后的权力空白，不过却只是个正五品的官职，权虽重位却不高，对皇帝的制约作用自然也就不及前朝。

清朝建立后将大学士的品级提高到了正一品，但随后军机处成为新的权力中枢，如果大学士不能进入军机处，手中的实权便十分有限。很多满洲出身的军机大臣在皇帝面前自称奴才，再也没有了与君王共治天下的胸襟与魄力，彻底沦为皇帝的附庸，"奴才文化"也影响至深！

皇帝如何批阅奏章

对于臣下提交的奏折，皇帝通常会用朱砂红笔进行批示，称为"朱批"。皇帝究竟该如何批示，其实并没有固定的格式，想怎么批就怎么批。在康熙、雍正、乾隆三朝，清朝国力正处于鼎盛时期，这三位皇帝也是最为勤政的，康熙皇帝即便在右手受伤时，仍旧忍痛用左手执笔进行批示，他之所以不肯假手于人，既担心旁人会泄露机密，也担心旁人代劳的批示不合他的心意。

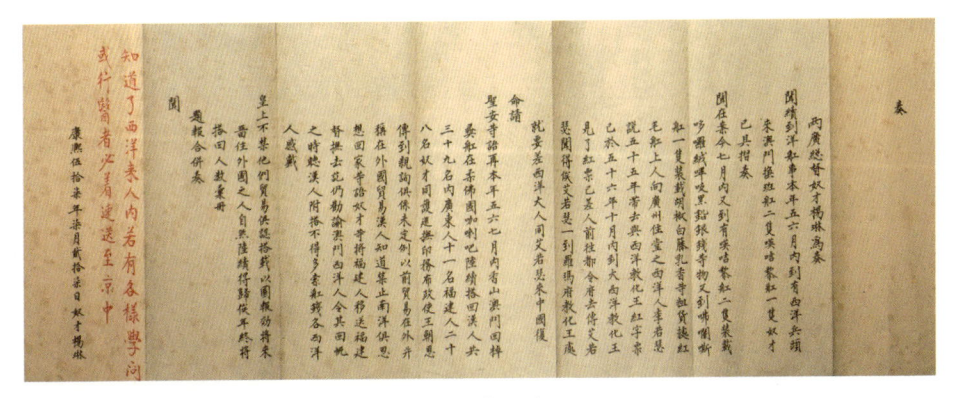

康熙皇帝朱批奏折

在整个清朝，雍正皇帝堪称最为勤政的皇帝，每天伏案批示的奏折多达近百件，他也经常批阅奏折到后半夜。尽管如此，他仍旧鼓励大臣们积极地向他进行汇报，只有充分了解了各方面情况，才能更为有效地治理国家。在批阅奏折的过程中，他不仅会仔细阅读，还会认真思考，不仅在奏折正文的中间、最后面对有关事项进行批示，还会指出文中不得体的地方，甚至是错别字。

接到江南提督高其位的奏折后，雍正皇帝直接将"奴才"两字勾掉，写了一个"臣"字，还特地批示："向后写臣字得体。"满洲人在入关前仍旧保留着部分奴隶社会的风气，旗人见到自己的主子都自称为"奴才"，因此雍正皇帝想要扭转这种风气。

不过满洲官员仍旧沿用"奴才"这个称谓，乾隆三十八年（1773），满族大臣天保、汉族大臣马人龙联合给乾隆皇帝上了一道关于科考舞弊的奏折，署名时写的是"奴才天保、马人龙"，乾隆皇帝看后顿时便怒了，当即将两人召进宫里来一顿训斥。他觉得身为汉人的马人龙冒用"奴才"这一称谓，由此可以看出在乾隆皇帝内心深处满汉官员有别。"奴才"这个原本充满歧视意味的称谓居然成了香饽饽，只有满洲旧臣才允许自称"奴才"。

精明强干的雍正皇帝不仅施政能力强，文字功底也好，他的批示少则几十字，多则洋洋洒洒上千字，有时批示甚至比奏折原文还要长，他可不仅仅只会做官样文章，还时常会流露出自己的真情实感。

雍正二年（1724），朝廷计划从山东、河南购买小米运往江南地区销售，但河南巡抚田文镜上奏说江南人并不喜欢吃小米，可户部尚书张廷玉、吏部尚书朱轼却认为小米煮成粥之后很好吃，南方人定然会喜欢吃的。雍正皇帝最终决定按照原计划行事，谁知小米在江南地区销售时遭到了意料之外的冷遇。

雍正皇帝痛批张廷玉、朱轼等人办事不切实际，褒扬田文镜"办事尽心""实心办事"，还要求吏部对他进行奖赏。田文镜随即给雍正皇帝递交了一封奏折，说自己其实很笨，受到皇上教导之后才有所长进，区区小事就不用劳烦吏部给予奖赏了。雍正皇帝对他更为赏识，于是在他的奏折上写道："朕就是这样汉子，就是这样秉性，就是这样皇帝。尔等大臣若不负朕，朕再不负尔等也，勉之。"他希望每一个臣子都能够尽心竭力，他也发誓不会辜负任何一个臣子!

并非每个皇帝都像雍正皇帝那样勤勉，有的总想着给自己减轻一下工作负担，也并非每个皇帝都像雍正皇帝那样练达博识，于是便让军机处来协助自己处理奏折事务。

根据《南屋述闻》的记载，在皇帝御批之前，奏折先要交由军机大臣代为拟定处理意见。军机大臣将白纸裁成细条，将自己拟好的处理意见写在细条纸上，并将其与奏折一同装入折匣之中，交由太监呈送皇帝。皇帝随后按照军机大臣拟定的处理意见照抄一遍，如此"御批"其实就是"军机大臣批"，当然如果皇帝觉得军机大臣拟定的处理意见不妥，也可以弃而不用，按照自己的想法进行批示。

清朝中后期的皇帝们甚至连照着抄都懒得抄，对于那些只是问安的奏折，皇帝通常只需批示"朕安"两个字，就是这两个字他们都懒得写，由军机章京按照皇帝的笔迹代写。

章京翻译自满语"janggin"，本是"将军"之意，原本用于武职，但后来多用于文官，军机大臣称为"大军机"，地位次一等的军机章京称为"小军机"。其他衙门也设有章京，级别高的类似于如今的秘书长，级别低的类似于今天的秘书。

即便需要由皇帝亲笔批示的奏折，皇帝通常情况下也只会写"览""知道了""该部知道"之类的套话，除非请示的是军国大事，皇帝才会提起笔来写几句批示，由于清朝中后期的皇帝们对政事越来越懈怠，清朝开始迅速衰落。

其实批阅奏折是个技术活儿，因此皇帝在正式上岗之前往往需要接受一定的培训。从光绪八年（1882）开始，在老师翁同龢的辅导下，光绪皇帝开始学习如何批阅奏折，一直到光绪十三年（1887）亲政之后，他才开始正式批阅奏折。

在光绪皇帝亲政前，奏折由军机大臣按照垂帘听政的慈禧太后的旨意，以"议政王军机大臣奉旨"（恭亲王奕䜣辅政期间）或"军机大臣奉旨"的形式，用墨笔而并非是朱笔进行批示，然后交由相关官员进行办理。

皇帝大多数时间并不在紫禁城办公

　　游牧民族出身的皇帝往往不愿被束缚在皇宫之内，元朝的皇帝实行"两京巡幸制"，秋冬季居住在大都（今北京市区），春夏季却前往上都（今内蒙古锡林郭勒盟正蓝旗）。清代皇帝虽然不像元朝皇帝那样来往于两京之间，不过也时常离开紫禁城，因为他们更喜欢居住在皇家园林。

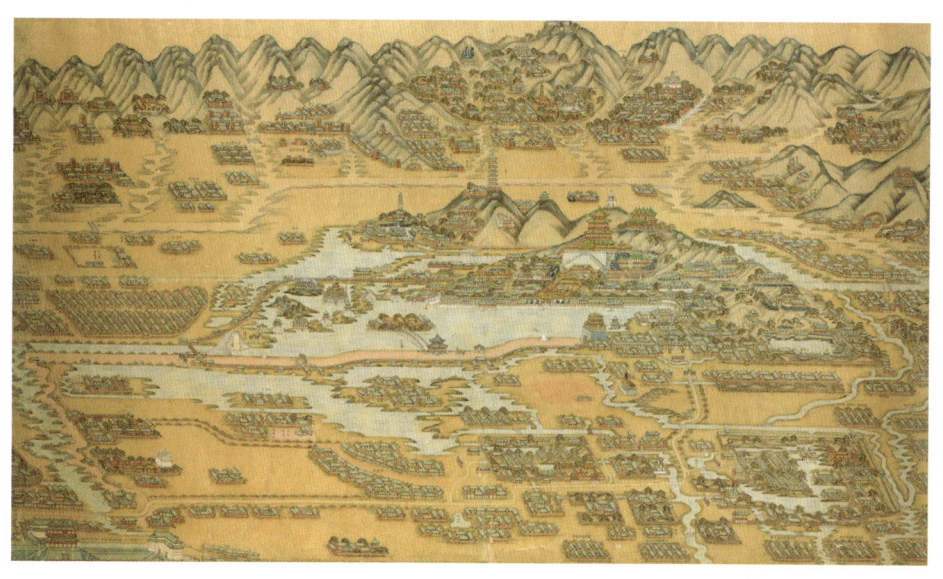

[清] 佚名《三山五园图》

　　清朝政府依托三山（万寿山、香山与玉泉山）修造了圆明园、颐和园、静宜园、静明园与畅春园等五座皇家园林。

　　康熙皇帝最喜欢畅春园，从康熙二十六年（1687）开始，除了前往避暑山庄居住外，他的大部分时间都是在畅春园度过的。通常正月初一在紫禁城太和殿主持元旦大朝会之后，次日他便会驻跸畅春园，直到腊月才会回宫。他一年之中在畅春园最多待过 202 天，并曾经在这里度过了 24 个生日。

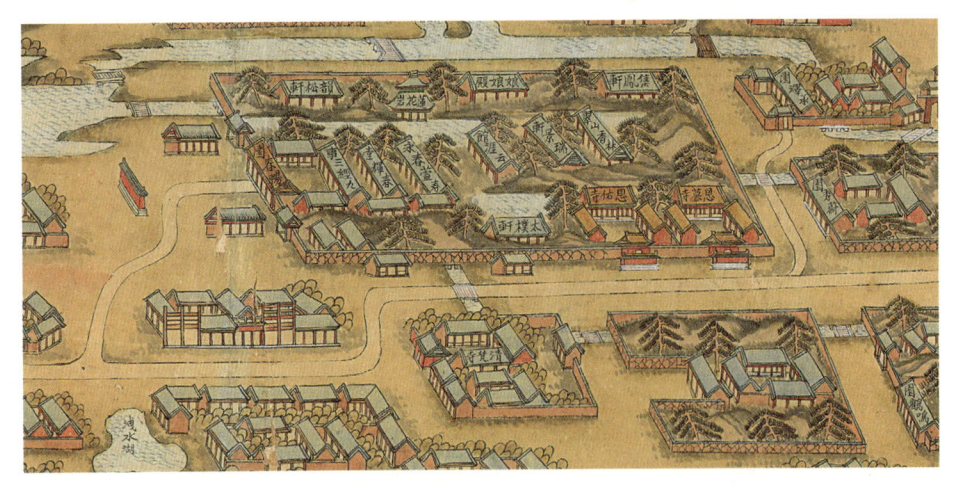

[清]佚名《三山五园图》中的畅春园

畅春园毗邻圆明园,殿宇、河湖、堤岛、寺庙、稻田应有尽有,宫廷区的建筑与紫禁城相似,沿中轴线对称分布,其中的九经三事殿就是康熙时期举行朝会的地方,中轴线东侧的澹宁居是康熙皇帝日常办公的地方。

康熙皇帝去世后,清朝的皇帝们习惯住在圆明园,雍正皇帝每年都要在圆明园里住200多天,最多的一年住了246天。他曾经说:"朕在圆明园与在宫中无异,凡应办之事,照常办理。"①

乾隆皇帝是一个闲不住的皇帝,总喜欢东逛逛,西看看,不停地出京巡幸,待在圆明园的时间自然大为减少,不过平均每年仍旧要在圆明园内住130天左右②,也就是一年中有一少半的时间是在圆明园内度过的。

道光皇帝居住在圆明园的时间更长,以道光二十三年(1843)为例,正月初九,他从紫禁城来到圆明园,一直待到十一月二十六才返回紫禁城,在此期间他曾经临时返回紫禁城7次,由于这一年存在闰月,全年共计384天,他在圆明园居住315天,在紫禁城内只住了69天。③

清朝皇帝之所以如此偏爱圆明园,是因为圆明园不仅汇聚了江南名园胜

---

① 《清世宗实录》卷三十五,雍正三年八月。
② 何瑜:《清代圆明园与紫禁城关系考辨》,《历史档案》2018年第4期。
③ 何瑜:《清代三山五园史事编年(嘉庆—宣统)》,中国大百科全书出版社2015年版,第192页。

景，亭台楼阁、寺庙道观、村居街市一应俱全，甚至还修造有西洋景观。

世人最熟悉的大水法其实并不在圆明园内，而是位于长春园内，圆明园、长春园与绮春园因相互毗邻而被称为"圆明三园"。大水法其实就是大型喷泉，海晏堂前的喷泉边摆放着十二座动物铜像，十二生肖对应一天之中的24小时，这些铜像在各自对应的时间内会轮流喷水，正午时分则同时喷水，蔚为壮观。

[清]郎世宁《圆明园铜版画》中的大水法

既然皇帝绝大部分时间都居住在圆明园，那么他们最主要的办公地点也就在圆明园之内。圆明园四十景中的正大光明就是他们的公务活动场所，甬道两侧分布着六部九卿办公用的朝房与值班用的值房，以及膳房、清茶房等附属设施。

大宫门是圆明园的正门，进出这个门有着严格的规制，中间的大门称为"御道门"，专供皇帝、皇后出入。大门东、西两侧各有一座小门，俗称"罩门"，王公大臣从东门进出，太监、宫女、杂役等下等人从西门出入。

参加朝会的官员们通过大宫门、出入贤良门便可抵达高耸雄伟的正殿——正大光明殿，单檐歇山顶，殿阔七间，台基高大，屋顶高耸，功能定位类似于紫禁城中的太和殿，殿内正中悬挂有雍正皇帝手书的"正大光明"匾额。这里不仅用来举行朝会，也会举办宴会表演，有时还会在这里进行殿试，皇帝根据殿试成绩最终确定新科进士的名次。

［清］唐岱等《圆明园四十景图之正大光明》

毗邻正大光明的勤政亲贤是皇帝在圆明园生活期间最主要的办公场所，皇帝会在这里召见大臣、商议朝政、披阅奏章，也时常在这里吃饭。

勤政亲贤殿面阔五间，前后各带三间抱厦，殿内有皇帝雕龙宝座，宝座前有各种青铜、景泰蓝陈设，宝座后有一巨大紫檀镂空雕刻屏风，屏风两侧各摆有宫扇、翎毛，御座两旁书架上摆放着需要皇帝阅览的奏章。

保合太和殿是勤政亲贤景区最宏伟的大殿，面阔七间，庭院宽阔，大殿正中悬挂着乾隆皇帝御笔题写的"圣训"，西侧暖阁有"勤政亲贤"的匾额，殿内四壁设有多宝阁，存放着皇帝钟爱的各式奇珍异宝。

保合太和殿后是上下两层的富春楼，有螺旋形复廊相通，楼内藏着历朝历代遗留下来的奇珍异宝、名人字画以及其他艺术珍品，进入楼中就如同置身于艺术宝库之中。

[清]唐岱等《圆明园四十景图之勤政亲贤》

　　圆明园风景如画，绿草如茵，清朝的皇帝们选在这里办公，自然要比在庄严肃穆的紫禁城内更为惬意。只可惜咸丰十年（1860），英法联军侵略北京时对圆明园进行了洗劫，出于毁坏他国文明、掩盖自己罪行等目的，随后又将这座有着"万园之园"之称的园林瑰宝付之一炬，成为国人心中永远都无法抹去的痛！

第二章
通过服饰判断品级高低

每次朝会时，皇帝面前都会密密麻麻地站着或者跪着不计其数的官员，怎样区分这些官员的品级大小与职位高低呢？唐朝时主要看官服颜色，紫色是官员之中最为高贵的颜色，但到了清朝，这些判断方法已经彻底失效了，清朝有着自己独特的识别方法。

大清的官与爵

清朝官员的品级分为九级，同时又有正、从之分，因此共分为18个等级。品级最高的文官是正一品的太师、太傅、太保与大学士，不过太师、太傅、太保是位高而权不重的虚职。大学士设置于明朝，协助皇帝处理政事，是实际上的宰相，不过自从雍正皇帝设立军机处之后，不兼任军机大臣的大学士的权力很有限。军机大臣是清朝实际上的宰相，地位最高的称为领班军机大臣。清朝共有30位领班军机大臣，但仅有8位是汉人。不过军机大臣并非体制内的官职，本身并无品级，也没有人数要求，绝大多数时间维持在5—6人。

在官职之外，清朝还有可以世袭的爵位，根据获封对象的差异，分为宗室爵位和异姓爵位两大类。

清朝宗室爵位变化情况

努尔哈赤时期	皇太极时期	顺治年间	嘉庆年间[①]
贝勒	和硕亲王（简称亲王）	和硕亲王	和硕亲王
—	—	—	世子
贝子	多罗郡王（简称郡王）	多罗郡王	多罗郡王
—	—	—	长子
—	多罗贝勒（简称贝勒）	多罗贝勒	多罗贝勒
—	—	固山贝子（简称贝子）	固山贝子
—	—	镇国公（分入、不入八分）	镇国公（分奉恩、不入八分）
—	—	辅国公（分入、不入八分）	辅国公（分奉恩、不入八分）
—	—	镇国将军（三等）	镇国将军（三等）
—	—	辅国将军（三等）	辅国将军（三等）
—	—	奉国将军（三等）	奉国将军（三等）
—	—	奉恩将军（三等）	奉恩将军（三等）

亲王、郡王和国公都是传承千余年的传统汉族爵位；贝勒和贝子是清朝特有爵位，直接从满语翻译而来；四将军之中，镇国将军、辅国将军、奉国将军在明代八等爵位中位列第三等至第五等，奉恩将军为清朝所创。四将军均分为三等，比如镇国将军有一等镇国将军、二等镇国将军和三等镇国将军之别。

世子、长子最初只是一种身份，直到嘉庆朝才被正式列入爵位之中。除了极少数"世袭罔替"的亲王、郡王外，寻常亲王之子袭爵时要降为郡王，不过亲王、郡王的嫡长子通常会被封为世子、长子，世子的地位与待遇要高于

[①] [清]托津等纂：《（嘉庆朝）大清会典事例》卷二。

郡王，长子的地位待遇要高于贝勒，不过这是一项特殊优待措施，并非是普惠制。之所以会有这种制度安排，一方面是为那些因父亲健在而无法袭爵的人员封爵，另一方面也可以借此提高部分人员的待遇。

镇国公、辅国公有"入八分"和"不入八分"之别，努尔哈赤准予八大和硕贝勒共议朝政，各置官属，享有崇高的政治地位，称为"八分"。在此之后获封为公的人通常不会享受相应的政治待遇，称为"不入八分"；如果因功加封至贝子可以"入八分"。[①] 清朝建立后，无论是"入八分"，还是"不入八分"，都已经没有了实际意义，仅仅用于区别爵位等级。

在其他朝代，皇子几乎都会被封为亲王，但在清朝并非如此，终其一生也没能获封亲王的皇子大有人在。不管皇子获封爵位高低，毕竟是皇帝的儿子，因此在服饰等级上都会高于亲王。

清朝异姓爵位变化比较大。努尔哈赤在位时，选用明代武官名称作为爵位名称，如总兵官、副将、参将、游击等，只有备御是满族最基层组织牛录的长官。皇太极在位时，他又在爵位之中添加了"公"这个汉族传统爵位，为了与宗室成员获封的镇国公和辅国公相区别，获封公爵的异姓官员被称为"民公"，此外还将其他爵位全都改为满族名称。顺治皇帝在位时，又增设"侯""伯"这两个传统汉族爵位。乾隆皇帝在位时，将所有爵位都改为传统汉族爵位。

清朝异姓爵位变化情况

天命五年（1620）	天聪八年（1634）	顺治四年（1647）	乾隆元年（1736）
—	公（分四等）	公（分三等）	公
—	—	侯（分三等）	侯
—	—	伯（分三等）	伯

[①] ［清］刘锦藻等纂：《清朝文献通考》卷二百四十六："先是天命年间，立八和硕贝勒，共议国政，各置官属，凡朝会宴餐皆异其礼，是为八分。天聪以后，宗室内有特恩封公及亲王余子授封公者皆不入八分。其有功加至贝子，准入八分，如有过降至公，仍不入八分。"

续表

天命五年 （1620）	天聪八年 （1634）	顺治四年 （1647）	乾隆元年 （1736）
总兵官（分三等）	昂邦章京 （分三等）	精奇尼哈番 （分三等）	子
副将（分三等）	梅勒章京 （分三等）	阿思哈尼番 （分三等）	男
参将（分三等）	甲喇章京 （一、二等）	阿达哈哈番 （分三等）	轻车都尉
游击（分三等）	三等甲喇章京		
备御	牛录章京 （分二等）	拜他喇布勒哈番 （分二等）	骑都尉
—	半个牛录章京	拖沙喇哈番	云骑尉

宗室女子也会根据各自出身给予相应的封号，共分为固伦公主、和硕公主、郡主、县主，以及郡君、县君、乡君等7个等级。

清朝宗室女子封号

父亲	母亲为皇后（或嫡福晋）	母亲为妃嫔（或侧福晋）
皇帝	固伦公主 （地位等同于亲王）	和硕公主 （地位等同于郡王）
亲王	郡主 （地位等同于郡王福晋）	郡君 （地位等同于贝子夫人）
郡王	县主 （地位等同于贝勒夫人）	县君 （地位等同于镇国公夫人）
贝勒	郡君 （地位等同于贝子夫人）	乡君 （地位等同于镇国将军夫人）
贝子	县君 （地位等同于镇国公夫人）	不授封，按照五品官标准发放俸禄。
镇国公	乡君 （地位等同于镇国将军夫人）	不授封，按照六品官标准发放俸禄。
辅国公	乡君 （地位等同于镇国将军夫人）	不授封，按照六品官标准发放俸禄。
不入八分镇国公	不授封也没有俸禄	不授封也没有俸禄
不入八分辅国公	不授封也没有俸禄	不授封也没有俸禄
镇国将军	不授封也没有俸禄	不授封也没有俸禄

续表

父亲	母亲为皇后（或嫡福晋）	母亲为妃嫔（或侧福晋）
辅国将军	不授封也没有俸禄	不授封也没有俸禄
奉国将军	不授封也没有俸禄	不授封也没有俸禄
奉恩将军	不授封也没有俸禄	不授封也没有俸禄

清朝宗室的女婿被称为"额驸"，这些"吃软饭"的男人也会根据妻子的封号获得相应的待遇。

清朝额驸的待遇

妻子	丈夫的称谓	享受的待遇
固伦公主（地位等同于亲王）	固伦额驸	等同于贝子
和硕公主（地位等同于郡王）	和硕额驸	等同于镇国公
郡主（地位等同于郡王福晋）	郡主额驸	等同于民公，后降为一品武官。
县主（地位等同于贝勒夫人）	县主额驸	等同于二品武官
郡君（地位等同于贝子夫人）	郡君额驸	等同于三品武官
县君（地位等同于镇国公夫人）	县君额驸	等同于四品武官
乡君（地位等同于镇国将军夫人）	乡君额驸	等同于五品武官

区分度并不高的朝服与吉服

关于皇帝的服饰将在第三部分进行详细介绍，此处先介绍其他人员的服饰。一等朝服适用于皇太子，包括两款冬朝服与一款夏朝服，均为杏黄色，并非如皇帝那样是明黄色，朝服上也没有象征着至高无上的十二章纹。除此之外，皇太子用一式冬朝服与皇帝用一式冬朝服完全一致；二式冬朝服与皇帝二式冬朝服也只有一处差异，皇帝朝服的前、后襞积上各有九条团龙，但皇太子朝服的正面、背面襞积上各有七条团龙，这也是两者夏朝袍的区别之处。

二等朝服适用于皇子，不论皇子所封爵位如何，在服饰等级上都会高于并非皇子的亲王。皇子的朝服颜色不同于皇帝的明黄色，也不同于皇太子的杏黄色，通体为金黄色。除此之外，皇子用一式冬朝服与皇太子完全一致；二式冬朝服与皇太子也只有一处差异，襞积上并无团龙，袵上没有正龙，下裳上总共绣有八条行龙，前后各有四条，并无正龙，皇帝、皇太子朝服下裳上绣有两条正龙和四条行龙。不过这项制度是在乾隆朝之后才成为定制，如康熙皇帝第十三子怡亲王胤祥所穿金黄色朝服正面下裳上便绣有一条正龙和两条行龙，并非是四条行龙。

三等朝服适用于亲王、世子和郡王，与皇子朝服在造型上并无差异，只是颜色有所不同，一般为蓝色或石青色，若是皇帝对其进行特别赏赐，也可以穿金黄色。

清初将领尚可喜为清朝定鼎中原立下了汗马功劳，获封平南王，与宗室亲王享受相同待

［清］佚名《（康熙帝）皇十三子怡亲王胤祥朝服像》

遇。清朝一共只有五个异姓王，吴三桂、尚可喜、耿仲明（后由孙子耿精忠继承爵位）、孔有德均为清朝立国之初的大功臣，康熙皇帝平定"三藩"后便确立了异姓不得封王的原则，此后只有一个特例，福康安死后曾经被追封为郡王，不过世人纷纷传说他是乾隆皇帝的私生子。

在《平南王尚可喜像》中，尚可喜头戴夏朝冠，前为舍林，装饰有五颗东珠；后面应为金花，装饰有四颗东珠，不过画中并未绘出。冠顶为两层金龙，应装饰有十颗东珠，不过因为视线受阻，画中仅见八颗东珠，冠顶衔一颗红宝石。

尚可喜所穿为蓝色亲王夏朝服，比石青色略浅些，尽管他贵为亲王，但也不能随意穿黄色朝服。他脖子上挂着珊瑚朝珠，腰间朝带上有四块金质衔玉方版，每块装饰有四颗东珠，版中央还装饰有一颗猫睛石（俗称猫眼石），朝带垂下金黄色丝绦，蓝色带帉下部略宽并形成锐角。由于尚可喜生活在清朝早期，他所穿朝服与乾隆朝确立的服饰制度略有差异，比如下摆上并无八宝平水纹。

四等朝服适用于贝勒、贝子、镇国公、辅国公以及固伦额驸、和硕额驸，只能是蓝色或石青色，不能使用金黄色，朝服上绣的也不是五爪龙而是四爪蟒。

一至四等朝服主要适用于皇室宗亲和公主额驸，吴三桂、尚可喜、耿仲明、孔有德四位异姓王只是特殊历史时期的特例。通常情况下，异姓爵、文武官员只能穿五至八等朝服。五等朝服在造型上其实与四等朝服并无多大差异。

康熙朝辅政大臣鳌拜曾被授予公爵，也就是民公。他所穿蓝色朝服上也是四爪蟒，虽然个别民公因获得皇帝宠信也会被赐予五爪龙朝服，却往往将其束之高阁，并不会真的去穿。

［清］佚名《鳌拜像》

六等朝服与五等朝服的区别仅仅在于冬朝服只有一款，即只有二式冬朝服，却并无局部加装紫貂和薰貂的一式冬朝服，其他与五等朝服完全一致。

七等朝服适用于五品至七品的中级官员，并没有冬朝服与夏朝服之分，即五品以下官员一年四季只能穿一款朝服。朝服上的纹饰也比较简单，只是在前胸、后背的方襕上各有一条四爪行蟒。

八等朝服适用于八品、九品的低级官员以及没有品级的胥吏，同样没有冬朝服与夏朝服之分，只有石青色而并无蓝色，朝服上并无蟒纹，只有云纹等纹饰。

清朝宗室和官员的朝服形制

等次	适用人员	一式冬朝服	二式冬朝服	夏朝服
一等	皇太子	通体为杏黄色，披领、下裳用紫貂，马蹄袖用薰貂，两肩、前胸、后背各有1条正龙，襞积上有2条正龙和4条行龙[①]，装饰有五彩云纹。	通体为杏黄色，披领和袖子为石青色，片金镶边并加海龙皮边，两肩、前胸、后背各绣有1条正龙，腰帷绣上5条行龙，衽上1条正龙，襞积上有7条团龙，下裳绣有2条正龙和4条行龙，下摆上绘有八宝平水纹，此外披领上还绣有2条行龙，两端马蹄袖上各绣有1条正龙。	通体为杏黄色，没有海龙皮边，其他与二式冬朝服相同。
二等	皇子	通体为金黄色，其他与皇太子相同。	通体为金黄色，披领和袖子为石青色，片金镶边并加海龙皮边，两肩、前胸、后背各有1条正龙，腰帷绣有4条行龙，下裳绣有8条行龙，下摆绘有八宝平水纹，此外披领上还有2条行龙，两端马蹄袖上各有1条正龙。	通体为金黄色，没有海龙皮边，其他与二式冬朝服相同。
三等	亲王、世子、郡王	蓝色或石青色，若是皇帝赐予金黄色也可以穿，其他与皇子朝服相同。	蓝色或石青色，片金镶边并加海龙皮边，若是皇帝赐予金黄色也可以穿，其他与皇子朝服相同。	蓝色或石青色，若是皇帝赐予金黄色也可以穿，其他与皇子朝服相同。
四等	宗室爵：贝勒、贝子、镇国公、辅国公 额驸：固伦额驸、和硕额驸	蓝色或石青色，不得用金黄色，所绣为四爪蟒，其他与三等朝服同。	蓝色或石青色，不得用金黄色，所绣为四爪蟒，其他与三等朝服同。	蓝色或石青色，不得用金黄色，所绣为四爪蟒，其他与三等朝服同。

[①] ［清］允禄、蒋溥等纂：《皇朝礼器图式》卷四《冠服一》。书中记载襞积上有六条行龙，插图上却绘有两条正龙和四条行龙，应是记载有误。

续表

等次	适用人员	一式冬朝服	二式冬朝服	夏朝服
五等	宗室爵：镇国将军、辅国将军、奉国将军、奉恩将军 异姓爵：民公、侯、伯、子、男 官：文武一、二品官以及文三品官 额驸：郡主额驸、县主额驸、郡君额驸、县君额驸	通体为蓝色或石青色，披领、下裳用紫貂，马蹄袖用薰貂，两肩、前胸、后背各有1条四爪正蟒，襞积上4条四爪行蟒。	通体为蓝色或石青色，披领和袖子为石青色，两肩、前胸、后背各有1条四爪正蟒，腰帷上4条四爪行蟒，其下有襞积，下裳上有8条四爪行蟒。	不加海龙皮边，其他与二式冬朝服相同。
六等	官：文四品官以及武三、四品官	—	与五等一致	与五等一致
七等	官：文武五、六、七品官 额驸：乡君额驸	—	通体为蓝色或石青色，衣料为云缎，领子和袖子用石青妆缎，用片金镶边，前胸、后背的方襕上各有1条四爪行蟒，中有襞积，没有冬夏之分。	
八等	文武八、九品官以及未入流胥吏	—	通体用石青云缎，领子和袖子用青倭缎，没有蟒形纹饰，中有襞积，没有冬夏之分。	

除了朝服之外，清朝宗室和官员还拥有属于自己的吉服。关于朝服与吉服的区别，将在第三部分进行详细介绍。皇帝、后妃以及皇太子的吉服袍被称为"龙袍"，包括皇子、亲王在内的宗室成员以及文武百官所穿吉服袍却只能称为"蟒袍"。

很多人喜欢用五爪和四爪来区分龙与蟒，其实这么区分并不怎么科学。亲王所穿朝服、吉服袍和补服上所绣龙纹均为五爪，朝服上却称为龙，吉服上却称为"五爪蟒",补服上又称为"龙"。之所以会有名称上的差异,主要是因为亲王所穿吉服袍不能被称作"龙袍",只能被称作蟒袍,即便所绣图案为五爪龙,也只能称为"蟒",颇有些指龙为蟒的意味。

吉服袍分为七个等级,前四个等级依然是皇室宗亲和公主额驸,只不过具体适用范围与朝服略有差异。

异姓爵和文武官员只能穿五至七等蟒袍,可以自由选用石青色或蓝色。第五等朝服正面袍身上绣有9条四爪金蟒,除此之外,后背、后面衣领上各有1条四爪金蟒,后襟上有2条四爪金蟒。第六等朝服前后袍身上总共绣有8条四爪金蟒,两肩、前胸和后背各1条,前襟、后襟各2条。第七等朝服前后袍身上总共绣有5条四爪金蟒,前胸1条,前襟、后襟各2条。

清朝宗室和官员的吉服袍形制

等级	适用人员	吉服袍颜色	吉服袍样式
一等	皇太子	通体杏黄色,领子袖子为石青色。	与皇帝龙袍一致,正面袍身上绣有9条金龙,片金镶边,没有十二章纹。
二等	皇子	通体金黄色	片金镶边,正面袍身上绣9条五爪金蟒。
三等	亲王、世子、郡王	通体蓝色或石青色,若是皇帝赐予金黄色也可以穿。	样式与皇子一致
四等	宗室爵:贝勒、贝子、镇国公、辅国公 额驸:固伦额驸、和硕额驸	通体蓝色或石青色,不得用金黄色。	片金镶边,正面袍身上绣9条四爪金蟒。
五等	宗室爵:镇国将军、辅国将军、奉国将军 异姓爵:民公、侯、伯、子、男 额驸:郡主额驸、县主额驸、郡君额驸 官:文武一至三品官	通体蓝色或石青色	正面袍身上绣9条四爪金蟒

续表

等级	适用人员	吉服袍颜色	吉服袍样式
六等	宗室爵：奉恩将军 额驸：县君额驸、乡君额驸 官：文武四、五、六品官	通体蓝色或石青色	前后袍身上绣8条四爪金蟒
七等	文武七、八、九品官以及未入流胥吏	通体蓝色或石青色	前后袍身上绣5条四爪金蟒

无论是朝服还是吉服，都只能大致将宗室、官员进行分类，并没有办法准确知晓其真实的政治地位与官职品级，若想精确识别，只能依靠顶戴与补子。

顶戴花翎中的大学问

无论是朝冠还是吉服冠，均有冬、夏之分，俗称"凉帽"与"暖帽"。冬朝冠与冬吉服冠的外形比较相似，区别在于冠顶。以亲王为例，冬朝冠的冠顶有2层金龙并装饰有10颗东珠，最顶端镶嵌有红宝石，庆僖亲王永璘戴的就是冬朝冠，显得比较高大挺拔；冬吉服冠只是在冠顶装有1个金座，其上镶嵌有1颗红宝石，睿恭亲王淳颖戴的就是冬吉服冠。

只有镇国公以上的宗室爵戴的朝冠才能使用金龙，其他人员的朝冠冠顶只有镂花金座，金座四周装饰有宝石，根据佩戴者品级、地位的不同在镂花金座上镶嵌不同材质的顶珠。吉服冠冠顶并无镂花金座，而是直接在冠顶镶嵌顶珠。

夏朝冠与夏吉服冠在外形上有着较大差异。夏朝冠有帽檐，皇帝、皇太子所戴夏朝冠均是前缀金佛，后缀舍林；皇子、亲王、世子、郡王、镇国公、辅国公所戴夏朝冠均是前缀舍林，后缀金花；民公以下人员所戴夏朝冠前后都是光秃秃的，什么也没有，《于成龙像》中所绘夏朝冠便是如此。夏吉服冠没有帽檐，形如一个斗笠。

虽清朝官员有四种冠，但实际上却只有两种顶子，夏、冬朝冠冠顶相同，

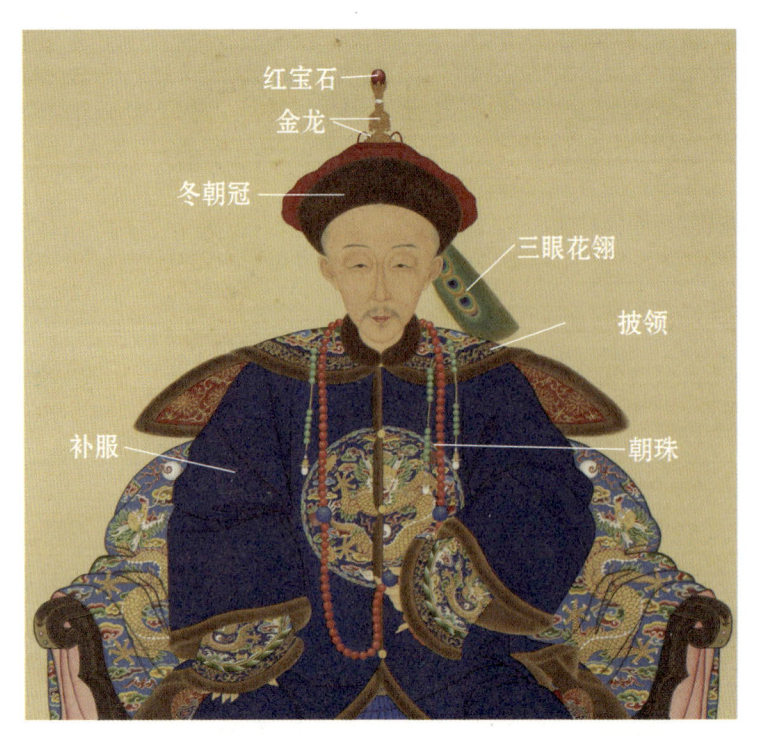

[清]佚名《(乾隆帝)皇十七子庆僖亲王永璘像》

[清]佚名《睿恭亲王淳颖像》

夏、冬吉服冠冠顶相同。冠顶也被称作顶戴。顶珠下有一只长约两寸的玉质或珐琅质的翎管，花翎尾部可以插在翎管之中，花翎分为三眼、双眼和单眼三种。若是官员被革职，那么他所戴冠上的顶戴和花翎都将会被摘下。

清朝宗室、官员的顶戴

品级	朝冠顶子	吉服冠顶子
皇太子	金龙三层装饰13颗东珠，上级1颗大东珠。	红绒结顶
皇子	金龙两层装饰10颗东珠，上缀红宝石。	红绒结顶
亲王	金龙两层装饰10颗东珠，上缀红宝石。	红宝石
世子	金龙两层装饰9颗东珠，上缀红宝石。	红宝石
郡王	金龙两层装饰8颗东珠，上缀红宝石。	红宝石
贝勒	金龙两层装饰7颗东珠，上缀红宝石。	红宝石
贝子	金龙两层装饰6颗东珠，上缀红宝石，戴三眼花翎。	红宝石，戴三眼花翎。
镇国公	金龙两层装饰5颗东珠，上缀红宝石，戴双眼花翎。	入八分用红宝石，戴双眼花翎。不入八分用珊瑚，戴双眼花翎。
辅国公	4颗东珠上缀红宝石，戴双眼花翎。	珊瑚，戴双眼花翎。
镇国将军（同一品）	1颗东珠上衔红宝石	珊瑚
辅国将军（同二品）	小红宝石上衔镂金珊瑚	镂花珊瑚
奉国将军（同三品）	1颗小红宝石上衔蓝宝石	蓝宝石
奉恩将军（同四品）	青金石	青金石
固伦额驸	金龙两层装饰6颗东珠，上缀红宝石，戴三眼花翎。	珊瑚，戴三眼花翎。
和硕额驸	金龙两层装饰5颗东珠，上缀红宝石，戴双眼花翎。	珊瑚，戴双眼花翎。
郡主额驸（同一品）	1颗东珠上衔红宝石	珊瑚
县主额驸（同二品）	1颗小红宝石上衔镂金珊瑚	镂花珊瑚
郡君额驸（同三品）	1颗小红宝石上衔蓝宝石	蓝宝石
县君额驸（同四品）	青金石	青金石

续表

品级	朝冠顶子	吉服冠顶子
乡君额驸（同五品）	1颗小蓝宝石上衔水晶	水晶
民公	4颗东珠上衔红宝石	珊瑚
侯	3颗东珠上衔红宝石	珊瑚
伯	2颗东珠上衔红宝石	珊瑚
子（同一品）	1颗东珠上衔红宝石	珊瑚
男（同二品）	1颗小红宝石上衔镂金珊瑚	镂金珊瑚
一品官	1颗东珠上衔红宝石	珊瑚
二品官	1颗小红宝石上衔镂金珊瑚	镂花珊瑚
三品官	1颗小红宝石上衔蓝宝石	蓝宝石
四品官	青金石	青金石
五品官	1颗小蓝宝石上衔水晶	水晶
六品官	1颗小蓝宝石上衔砗磲	砗磲
七品官	1颗小水晶上衔素金	素金
八品官	阴文镂花金	阴文镂花金
九品官	阳文镂花金	阳文镂花金
一等侍卫（正三品）	1颗小红宝石上衔蓝宝石，戴孔雀翎。	蓝宝石，戴孔雀翎。
二等侍卫（正四品）	青金石，戴孔雀翎。	青金石，戴孔雀翎。
三等侍卫（正五品）	1颗小蓝宝石上衔水晶，戴孔雀翎。	水晶，戴孔雀翎。
蓝翎侍卫（正六品）	1颗小蓝宝石上衔砗磲，戴孔雀翎。	砗磲，戴孔雀翎。

补子里的玄机

皇帝的吉服褂被称为"衮服"，后妃和皇太子的吉服褂被称为"龙褂"，亲王以下宗室爵和文武百官的吉服褂被称为"补服"。

补服通常为石青色，圆领对襟，前襟钉有五颗纽扣，袖长与肘齐，衣长至膝盖，比吉服袍（龙袍和蟒袍）要短一尺左右，有时也会穿在朝服的外面，庆僖亲王永璘和于成龙的画像皆是如此，因此补服也兼具朝褂的性质。

　　补服的得名是因为其前胸、后背缀有代表着地位品级的"补子"。补服上的补子是织好后再缝补上去，衮服、龙褂上的团龙图案却是在织制时直接绣在衣服上，并非事后缝补上去，因此不能被称为"补服"，但团龙纹饰也可以被视为一种特殊形制的补子。

　　清朝的补子分为圆补与方补两种，蕴含"天圆地方"之意，只有皇帝、皇太子、亲王、郡王、贝勒、贝子等皇室成员才能使用圆补，其他人员所用补子均为方补。皇帝、皇太子、亲王、世子、郡王为四团补子，其他人都是两团或者两块补子。

　　补子起源于唐朝，但直到明朝才系统地应用到官服之中，清朝承袭明朝传统，但补子尺寸比明代略小，大约为30厘米见方，通常用彩色丝线绣成或织成。镇国公、辅国公和民公的补子虽为方补，但图案却是彰显尊贵的四爪金蟒。

　　前胸的补子位于对襟处（补服中心线）两侧，实际上是两个半块补子拼成一个完整的补子，补子上端与补服第二颗纽扣对齐；背后的补子为整片，缀在后背正中与胸前补子相对应的地方。

　　民公、镇国公、辅国公以上爵位所用补子为五爪龙或者四爪蟒，两者的区别在于爪子数量的多少，与朝服保持一致。除此之外，文官补子上为飞禽，武官补子上为走兽，均为单只动物且四周装饰有如意云、寿桃、蝙蝠、八吉祥等吉祥纹饰，下部通常还会有海水、江崖、杂宝等纹饰。

　　补子上的飞禽走兽均为雄性，这是因为自然界中雄性动物往往要比雌性动物特征更为突出，颜色更为亮丽，同时也受到了男尊女卑思想的影响。补子上的飞禽有的单腿独立，有的一腿微曲，有的双翅展开呈展翅翱翔之状；走兽一般为奔跑或蹲下的姿态。

　　在清朝268年的历史中，补子上的图案一直都处于不断的演变过程中，越来越突出艺术化表达，反而与现实生活中的真实动物形象存在着一定的差异，辨认起来会有一定的难度，主要区别在头部和尾部。

　　素有"天下廉吏第一"之称的于成龙曾任两江总督等要职，总督虽是正二

［清］佚名《于成龙像》

品，却照例会加兵部尚书兼都察院右都御史，因此于成龙的补子上绣着代表一品官的仙鹤。

顺治皇帝对补子的使用进行了详细规定并一直延续下来，此后只是进行过几次微调。亲王、郡王、贝勒、贝子当时只是确定了龙或者蟒的数量而并未明确具体形制。乾隆皇帝对此进一步予以明确，规定了什么人适用正龙，什么人适用行龙；什么人适用正蟒，什么人适用行蟒。

除此之外，乾隆皇帝还对郡主额驸、县主额驸、郡君额驸、县君额驸、乡君额驸等宗室女婿，一等侍卫、二等侍卫、三等侍卫、蓝翎侍卫等宫廷侍卫，究竟该适用何种补服予以明确。原本拥有补服的诸如公主、王妃等宗室女性却被剥夺了穿着补服的权利，补服就此成为男人的专利。

文官的补子从顺治朝一直沿用到了清朝灭亡，始终未曾进行过调整，只是不同历史时期的具体图案略有差异。武官补子却经历了两次变动，顺治朝确立的武官补子图案存在重复的情形，一品、二品武官均为狮，六品、七品武官均为彪，因此康熙皇帝将一品武官补子改为麒麟，从而与二品武官区分开来。他还将三品武官与四品武官的补子图案进行了对调，三品武官用豹，四品武官用虎，可是六品与七品武官却均为彪，直到光绪皇帝在位时才将七品武官补子改为犀，但与八品武官的补子又重了。

[清] 周培春《清朝文武官员品级图册》

清朝补子变化情况[1]

人员类别	顺治朝	康熙朝	雍正朝	乾隆朝	光绪朝
亲王	四团五爪龙	沿用前朝	沿用前朝	四团五爪金龙，前胸、后背各一团正龙，两肩各一团行龙。	沿用前朝

---

[1] 顺治朝依据《服色肩舆永例》；康熙朝依据《(康熙朝)大清会典》卷四十八《冠服》；雍正朝依据《(雍正朝)大清会典》卷六十四《冠服》；乾隆朝依据《(乾隆朝)大清会典则例》卷六十五《冠服》和《皇朝礼器图式》卷四《冠服一》；光绪朝依据《(光绪朝)大清会典图》卷三百二十八《冠服》。

续表

人员类别	顺治朝	康熙朝	雍正朝	乾隆朝	光绪朝
世子	四团五爪龙	沿用前朝	沿用前朝	四团五爪金龙，前胸、后背各一团正龙，两肩各一团行龙。	沿用前朝
郡王	四团五爪龙	沿用前朝	沿用前朝	四团五爪行龙，前胸、后背、两肩各一团行龙。	沿用前朝
贝勒	两团四爪蟒，前胸、后背各一团。	沿用前朝	沿用前朝	两团四爪正蟒，前胸、后背各一团。	沿用前朝
贝子	两团四爪蟒，前胸、后背各一团。	沿用前朝	沿用前朝	两团四爪行蟒，前胸、后背各一团。	沿用前朝
镇国公	方形补子上绣两条四爪蟒，前胸、后背各一条。	沿用前朝	沿用前朝	方形补子上绣两条四爪蟒，前胸、后背各一条。	沿用前朝
辅国公	方形补子上绣两条四爪蟒，前胸、后背各一条。	沿用前朝	沿用前朝	方形补子上绣两条四爪蟒，前胸、后背各一条。	沿用前朝
镇国将军	麒麟	沿用前朝	沿用前朝	沿用前朝	沿用前朝
辅国将军	狮	沿用前朝	沿用前朝	沿用前朝	沿用前朝
奉国将军	豹	沿用前朝	沿用前朝	沿用前朝	沿用前朝
奉恩将军	虎	沿用前朝	沿用前朝	沿用前朝	沿用前朝
民公、侯、伯	麒麟或四爪蟒	四爪蟒	沿用前朝	四爪正蟒方形补子	沿用前朝
子	未见记载	未见记载	未见记载	麒麟	沿用前朝
男	未见记载	未见记载	未见记载	狮	沿用前朝
一品	文官 仙鹤	武官 狮	文官 沿用	武官 麒麟	沿用前朝	沿用前朝	沿用前朝

续表

人员类别	顺治朝		康熙朝		雍正朝	乾隆朝	光绪朝	
二品	文官 锦鸡	武官 狮	沿用前朝		沿用前朝	沿用前朝	沿用前朝	
三品	文官 孔雀	武官 虎	文官 沿用	武官 豹	沿用前朝	沿用前朝	沿用前朝	
四品	文官 云雁	武官 豹	文官 沿用	武官 虎	沿用前朝	沿用前朝	沿用前朝	
五品	文官 白鹇	武官 熊	沿用前朝		沿用前朝	沿用前朝	沿用前朝	
六品	文官 鹭鸶	武官 彪	沿用前朝		沿用前朝	沿用前朝	沿用前朝	
七品	文官 𪅂鶒	武官 彪	沿用前朝		沿用前朝	沿用前朝	文官 沿用	武官 犀
八品	文官 鹌鹑	武官 犀	沿用前朝		沿用前朝	沿用前朝	沿用前朝	
九品	文官 练雀	武官 海马	沿用前朝		沿用前朝	沿用前朝	沿用前朝	
都察院按察使	獬豸		沿用前朝		沿用前朝	沿用前朝	沿用前朝	
固伦公主	四条五爪龙满翠四补		沿用前朝		沿用前朝	取消	取消	
固伦额驸	未见记载		未见记载		未见记载	两团四爪行蟒	沿用前朝	
和硕公主	四条五爪龙满翠四补		沿用前朝		沿用前朝	取消	取消	
和硕额驸	未见记载		未见记载		未见记载	四爪正蟒方形补子	沿用前朝	
郡主	四条五爪龙满翠四补		沿用前朝		沿用前朝	取消	取消	

续表

人员类别	顺治朝	康熙朝	雍正朝	乾隆朝	光绪朝
郡主额驸	未见记载	未见记载	未见记载	麒麟	沿用前朝
县主额驸	未见记载	未见记载	未见记载	狮	沿用前朝
郡君额驸	未见记载	未见记载	未见记载	豹	沿用前朝
县君额驸	未见记载	未见记载	未见记载	虎	沿用前朝
乡君额驸	未见记载	未见记载	未见记载	熊	沿用前朝
亲王妃	四条五爪龙	沿用前朝	沿用前朝	未见记载	未见记载
世子妃	同亲王侧妃	沿用前朝	沿用前朝	未见记载	未见记载
郡王妃	同世子侧妃	沿用前朝	沿用前朝	未见记载	未见记载
一等侍卫	未见记载	未见记载	未见记载	豹	沿用前朝
二等侍卫	未见记载	未见记载	未见记载	虎	沿用前朝
三等侍卫	未见记载	未见记载	未见记载	熊	沿用前朝
蓝翎侍卫	未见记载	未见记载	未见记载	彪	沿用前朝
亲王亲随	同五品	沿用前朝	沿用前朝	沿用前朝	沿用前朝
郡王亲随	同六品	沿用前朝	沿用前朝	沿用前朝	沿用前朝
贝勒亲随	未见记载	同七品	沿用前朝	沿用前朝	沿用前朝
贝子、不入八分公亲随	未见记载	同八品	沿用前朝	沿用前朝	沿用前朝
未入流的胥吏	未见记载	未见记载	未见记载	练雀	沿用前朝
从耕农官	未见记载	未见记载	未见记载	彩云捧日	沿用前朝

第三章
祭祀可是件大事

清朝祭祀多

《左传》记载："国之大事，在祀与戎。"祭祀与用兵是一个王朝最为重要的两件大事。古代有五礼：祭祀之事为吉礼，冠婚之事为嘉礼，军旅之事为军礼，宾客之事为宾礼，丧葬之事为凶礼。根据《大清会典·礼部》的记载，清朝吉礼几乎占到了五礼总数的一半，太常寺为吉礼的具体承办部门，礼部为吉礼的业务指导部门。

按照祭祀对象分类，吉礼可分为祭祀天地神灵与祭祀祖先先贤、帝王将相，为此清朝专门修建了11坛9庙2殿，共计22处祭祀场所，其中11坛分别为天坛、地坛、祈谷坛、社稷坛、日坛（也称朝日坛）、月坛（也称夕月坛）、先农坛、先蚕坛、天神坛、地祇坛、太岁坛；9庙为太庙、文庙、历代帝王庙、先医庙、都城隍庙、内城隍庙、永佑庙、天下第一龙王庙、昭灵沛泽龙王庙；2殿为奉先殿和传心殿。

按照重要程度不同，吉礼可分为大祀、中祀和群祀。大祀是最为隆重的祭祀活动，通常由皇帝亲自主持，只有在实在无法参加的情况下，才会另行派遣其他人代替自己主持祭祀，祭圜丘、祭方泽、祈谷、雩祀、祭太庙、祭社稷均属于大祀。

[清]徐扬《京师生春诗意图》中的天坛祈年殿

每年冬至日,皇帝会前往天坛,在那里的圆形露天祭坛圜丘上举行祭天大典。皇帝自称为天子,宣称手中至高无上的权力来自于天,因此祭天也是清朝最为隆重的祭祀活动。每年夏至日,皇帝会前往地坛,在那里的方形露天祭坛方泽上举行祭祀大典。

每年正月上辛日,也就是正月的第一个辛日(古人用天干和地支的组合来代表日期,如辛丑日等),皇帝会举行祈谷活动,祈求上天保佑黎民百姓丰衣足食。起初的祭祀地点也在天坛圜丘,但后来专门修建了祈谷坛。

雩祀为求雨的祭祀活动,分为常雩和大雩,常雩为每年孟夏时节(农历四月)举行的例行祭祀活动,大雩是在遇到严重旱灾时,皇帝率百官临时举行的雩祀,雩祀的祭祀地点一般也会安排在天坛圜丘。

太庙是皇家宗庙，供奉着列祖列宗的牌位，那些有大功于社稷的王公大臣也会配享太庙，四孟月朔时，皇帝要照例前往太庙进行祭祀活动。四孟月就是农历四季中每季头一个月，分别为孟春（正月）、孟夏（四月）、孟秋（七月）、孟冬（十月），朔就是每月的初一。除此之外，遇到诸如御驾出征、皇帝登基、皇帝大婚等重大事项也要前往太庙进行祈告，属于清朝皇帝重大事项报告制度。

每年春、秋两季，皇帝会前往位于天安门西边社稷坛进行祭祀。"社"为国土之意，"稷"本来指谷物，后来泛指粮食，历代王朝都会将自己的国家称为"江山社稷"，从全国四面八方取来的土都会集中在社稷坛，称为"五色土"。

中祀是比大祀次一等的祭祀活动，并不要求皇帝亲自主持祭祀，也可以派遣官员来代祭，主要包括祭日神、祭月神、祭历代帝王、祭先师孔子（光绪三十二年被提升为大祀）、祭先农、祭先蚕、祭天神、祭地祇、祭太岁、祭文昌帝君、祭关帝等等。

春分卯时，皇帝自己或者派人前往日坛祭祀日神；秋分酉时，前往月坛祭祀月神；孟春月朔日（农历正月初一），祭祀岁神太岁与月神月将。

清朝沿袭了明朝的传统，在京城设有历代帝王庙，不过明朝供奉的皇帝原本只有十几个，主要是三皇五帝和汉族王朝的开国皇帝，但清朝皇帝属于少数民族，于是将辽、金、元等少数民族王朝的皇帝也纳入祭祀范畴，除了那些无道昏君和亡国之君外，其他皇帝无论功绩大小都会被供奉在历代帝王庙之中，祭祀对象猛增到一百多位。

祭先师孔子通常会在孔庙举行，皇帝有时会来亲祭，行跪拜大礼，以示自己对儒学的尊崇，希望借此营造尊师重道的良好氛围。

祭先农和祭先蚕是中祀中比较重要的祭祀活动。先农、先蚕均为远古时期的神，分别代表农耕与桑织。我国古代一直就有男耕女织的传统，因此祭先农时由皇帝亲祭，祭先蚕时由皇后亲祭，还为此专门修建了先农坛与先蚕坛。祭祀活动结束后，皇帝要亲自扶犁，皇后要亲自采桑喂蚕，接下来我们重点介绍一下这两项祭祀活动。

群祀是等级最低的祭祀活动，皇帝通常并不会参加，主要包括祭先医、火神、炮神、窖神、仓神、门神等各路神仙，还包括祭贤良祠、祭昭忠祠、祭双忠祠、祭诸功臣祠等。

雍正祭祀先农坛

《雍正帝祭先农坛图》共有二卷，卷一描绘的是雍正帝前往先农坛祭拜炎帝神农氏。相传神农氏遍尝百草，制作农具，教民耕种，因此被尊为农业始祖。卷二描绘的是雍正皇帝行耕耤礼的场景，祭祀活动结束后，皇帝会到耤田亲自进行耕种。从周朝开始，为天子亲耕专门开辟的土地被称为"耤田"，下面我们就走进那场充满虔诚与神秘的祭祀活动之中。

先农坛古木嶙峋，松柏参天，那些跟随皇帝一同前来的王公大臣们在笔直的御道上缓缓行进，中下级官员们早早地就在祭坛下排列整齐，静静地等待着皇帝的到来。画面北侧大殿为先农坛重要建筑具服殿。

［清］佚名《雍正帝祭先农坛图》中皇帝身后随行的王公

御道两侧持刀的宫廷侍卫恭敬地笔直站立着，32名宫廷侍卫围成一个半圆

[清]佚名《雍正帝祭先农坛图》中的雍正皇帝

形,其中位于两端的20名侍卫腰间挂着仪刀,手中拿着弓箭,背后背着箭囊,位于中间位置的12名侍卫肩头扛着豹尾枪。在几个近侍的簇拥之下,面色严峻的雍正皇帝沿着御道步履铿锵地走向祭坛,他外侧穿着石青色衮服,里侧露出明黄色下摆,按照礼制他穿的应为吉服,也就是龙袍。

依照"天圆地方"观念,先农坛为砖砌的方坛,坛上靠北处有用金黄色销金绫制成的方形帐篷,称为"幄",里面供奉有神农氏牌位。幄前用黄绫围着的台子为"爵桌",上面摆放着瓷盏、爵(酒器)。爵桌南侧为"笾豆案",上面摆放着祭祀用具笾豆簠簋,这四种器皿原本都是用来盛放食物或粮食,后来渐渐用于祭祀。豆形似高脚盘;笾与豆比较相似,但器形较为平浅沿直,圈足也比较矮;簠为方形器具,主要用于盛放稻(大米)和黍(比较黏的大黄米);簋为圆形器具,主要盛放粱(高粱)、稷(不黏的大黄米)。

笾豆案南侧的红色案子为"俎案",上面摆放着宰割完毕充作祭品的牛羊猪各一头。俎案南侧用黄绫围着的台子为"馔桌",中间摆放着香炉,两侧摆放着烛台。幄前偏西的台子为"祝案",上面放置的白色架子为"祝版架",专门用来摆放祭礼时所需祝文。幄前偏东几位大臣近旁的台子为"福胙桌",专门用于盛放福胙,也就是祭祀所用肉类。

坛上正对俎案的黄绫门框下面摆放着锦垫,此处为"御拜幄"。祭祀时,皇帝要在此处率百官向神农氏行三跪九拜大礼。根据清朝规定,先农坛上参与祭祀的有司香、司帛、司爵等共计15位官员,但画中只绘有9人,要么是出于构图需要省略了6人，要么就是祭祀活动尚未开始，相关人员并未完全就位。

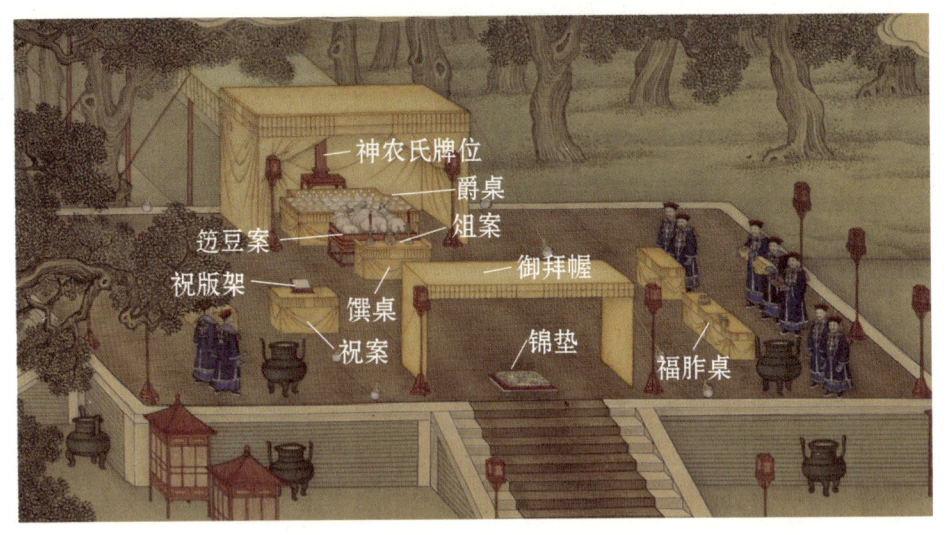

[清]佚名《雍正帝祭先农坛图》中的祭坛

坛下甬路两侧穿红袍之人为太常寺下辖神乐观的乐舞生，其中面向祭坛身穿红色销金花袍的为武舞生。等到皇帝率文武百官向神农氏三跪九拜行初献礼时，他们将率先登场，跳一种据说起源于周代的祭祀舞蹈"干戚舞"。"干戚"指的是盾与斧，图中所绘武舞生腰间隐隐露出斧柄，右手所执红色盾牌也是若隐若现。

武舞生南侧，甬道两旁各站有四列相向而立的身穿红色礼服的文舞生，皇帝率文武百官第二次向神农氏三跪九拜行亚献礼之后，他们便会登场，跳的是据说起源于周朝的"羽籥舞"。跳舞的时候，这些文舞生右手拿着装有木柄的雉羽，左手拿着竹制多管乐器籥，边吹边跳，甚是热闹。祭祀时需要乐舞生202人，不过出于构图需要，显然并未画那么多人。

乐舞生的北边为陪祀王公的站立位置，南侧为陪祀的文武百官，百官已然站定，但王公们此时此刻正跟随雍正皇帝走在长长的御道上。

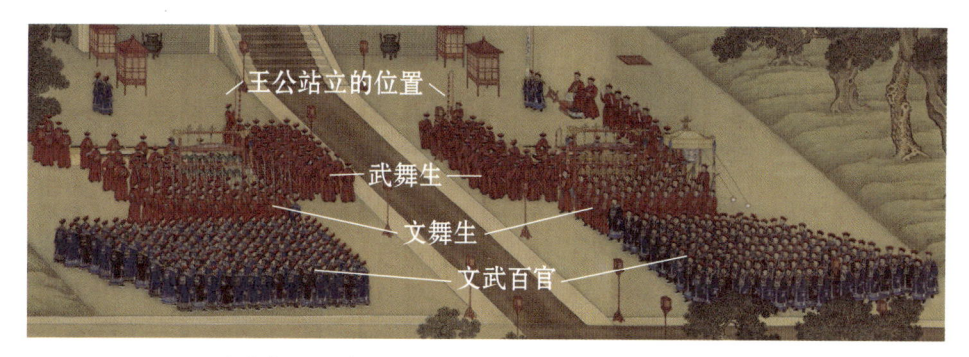

[清]佚名《雍正帝祭先农坛图》中祭坛下的众人

祭先农属于中祀，清朝皇帝通常只在祭祀设立之初或亲政之初才会亲自前往先农坛祭祀，其他年份基本上只会派遣官员代为祭祀。康熙十一年（1672），康熙皇帝首次举行祭祀先农活动，此后50年再也未曾亲自出席过。

唯独雍正皇帝对祭祀先农活动极为重视，他在位13年，除了即位首年，因忙于为去世的父亲康熙皇帝举行大葬等活动而无暇亲祭外，其余12年，他全都亲自出席。位列大祀第一礼的冬至祭天与圜丘祈谷，他却缺席过两次，派遣庄亲王允禄代祭。大祀中的祭社稷、祭太庙等活动，他通常只是遣官代祭，唯独对祭祀先农活动坚持不辍，足见他对国家之本农耕的重视程度，由此可以看出他是一个颇为务实的皇帝！

皇后主持的祭先蚕典礼

在"男尊女卑"思想盛行的清朝，几乎所有祭祀活动都由男人主持，祭先蚕是为数不多的女人主持的祭祀活动。

每年季春三月，礼部会同内务府、宗人府、八旗都统衙门、理藩院等中央部门确定参加陪祀的人员，通常从妃嫔、公主、福晋以及文官三品、武官二品以上的命妇中挑选产生。

祭祀前二日，包括皇后在内的所有参加祭祀的人员要进行斋戒，太常寺官员恭进斋戒牌与铜人立于交泰殿前的黄案上，礼部还会派人前往先蚕坛检查献祭的三牲，也就是牛、羊、猪的宰杀情况。

祭祀前一日，内务府奉宸院的官员要彻底清扫先蚕坛，在坛上供奉先蚕神西陵氏神位。工部官员在祭坛上设置皇后行礼时所用黄幄帐。太常寺官员将先蚕神西陵氏的神位摆放在黄幄帐内，同时准备好供器、供品等祭祀所需用品，随后报请内务府总管进行检查。

祭祀当日鸡初鸣时，内务府总管等人要先进入先蚕坛进行最后的准备工作，在神位前摆放牛、羊、猪等各种祭品与祭器，内务府掌仪司将祭祀所需各种乐器陈列在坛下两侧，同时将洗漱用品摆放在具服殿正殿内。

陪祀的公主、福晋、命妇们身着庄重的朝服，提前来到具服殿配殿之内，恭候着皇后的到来。内务府銮仪卫将皇后仪驾陈列在紫禁城顺贞门外，从神武门到北上门，再到陟山门，沿途两侧都要设置布障，禁止百姓随意通行。辰时五刻（早晨8:00），太常寺卿、内务府总管前往乾清门外，请宫内太监转奏皇后吉时已到，皇后和嫔妃们穿戴整齐，听到奏报后乘舆出神武门前往先蚕坛。

下图中可见先蚕坛道路两旁刚刚发芽的柳枝飞舞，绿草茵茵，一派春意盎然的景象。皇后一行人穿过西苑（北海、中海与南海）陟山门，行过风景秀丽的琼华岛，穿过角门。

[清]郎世宁等《孝贤纯皇后亲蚕图·诣坛》中西苑陟山门

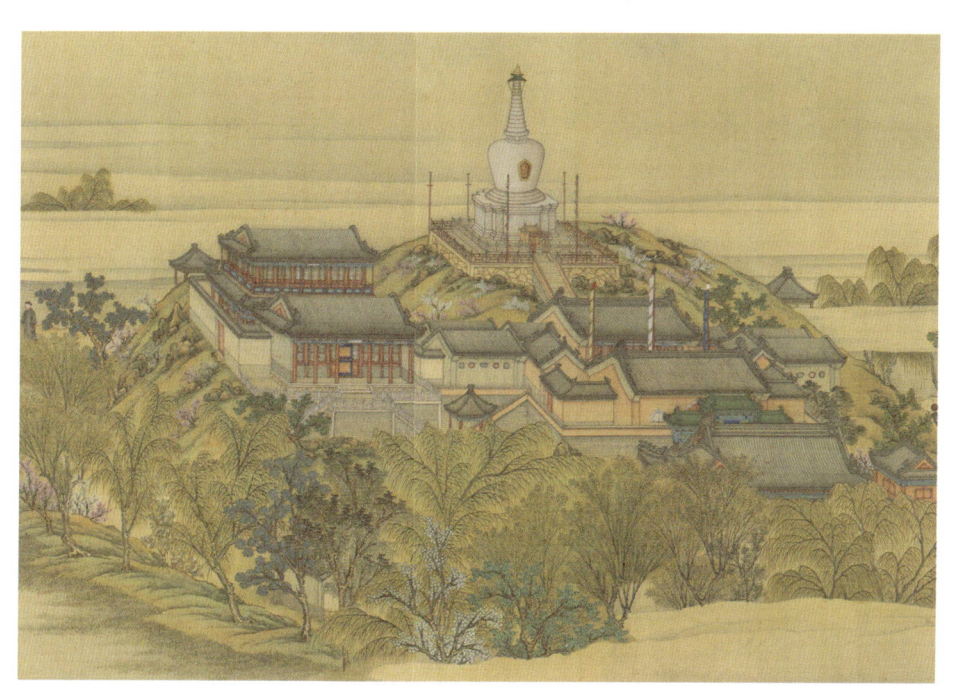

[清]郎世宁等《孝贤纯皇后亲蚕图·诣坛》中的西苑琼华岛

[清]郎世宁等《孝贤纯皇后亲蚕图·诣坛》中正在穿过角门的随行官员

画面中最前方的轿子最大,由16名轿夫来抬,后面的轿子明显小一些,均由8名轿夫来抬。最前方轿中坐的便是乾隆皇帝第一任皇后孝贤纯皇后,按照抬轿人数判断这顶轿子应为凤舆,不过上面却并没有凤纹。

[清]郎世宁等《孝贤纯皇后亲蚕图·诣坛》中的皇后大轿

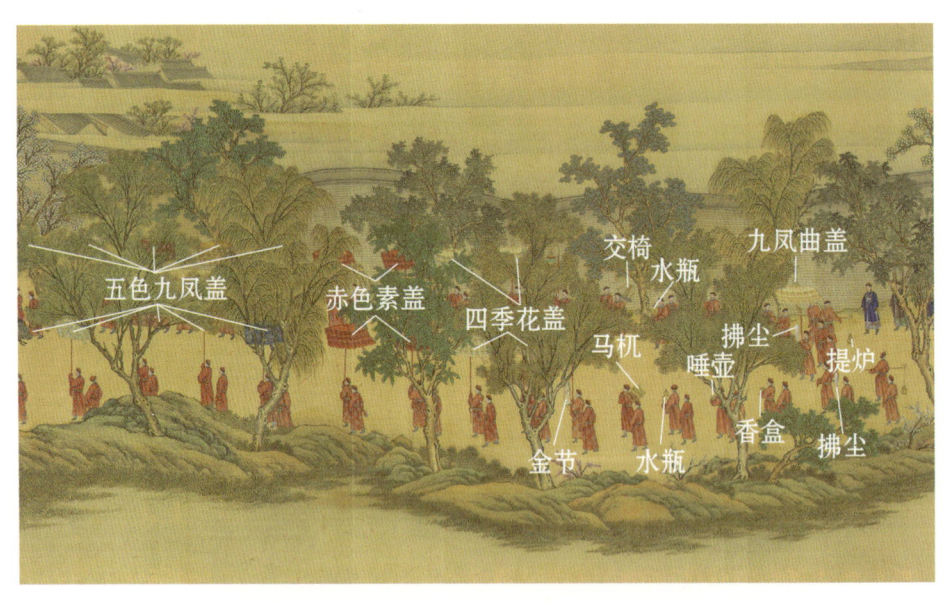

[清]郎世宁等《孝贤纯皇后亲蚕图·诣坛》中的皇后仪驾（一）

　　仪舆前方为规模宏大的皇后仪驾，所有人员均身穿喜庆的红色。凤舆前方不远处是一柄九凤曲盖，其上绣有凤凰图案，是仪驾之中唯一的曲柄伞盖。九凤曲盖前方随行人员之中，有的拿着可以去除灰尘的拂尘；有的捧着放着香料的香盒；有的捧着唾壶，皇后有痰了随时可以吐；有的捧着水瓶，皇后渴了可以随时来一杯；有的扛着交椅（马扎），有的扛着马机（小凳子），若是皇后下轿后走累了可以随时坐。按照礼制，皇后仪驾中应该还会有洗漱用的盥盆，或许是被树木遮挡住了。

随后出场的是各式各样的伞盖，金节前方是四季花盖（也称为花盖），绣着争奇斗艳的鲜艳花朵；紧接着是赤色素盖，其上没有绣任何图案，不过《皇朝礼器图式》中并没有这种伞盖，原本应出现在皇后仪驾之中的方形伞却并未出现，因此赤色素盖后来应该被方形伞所取代；紧接着便是九凤盖，与九凤曲盖的区别在于柄为直柄而非曲柄，共有黄、蓝、红、白、黑五种颜色，每种颜色各有两柄，分列左右两侧。

伞盖前方是各种扇，首先是四柄赤色龙凤扇，紧接着是四柄黄色龙凤扇，画中的龙凤扇形制与《皇朝礼器图式》一模一样，唯一的差别之处在于扇身上所绘为两只凤凰，并非是一龙一凤。龙凤扇之前为鸾凤扇，龙凤扇为圆形，但鸾凤扇是长方形，顶端为圆弧形，绘有两只凤凰。

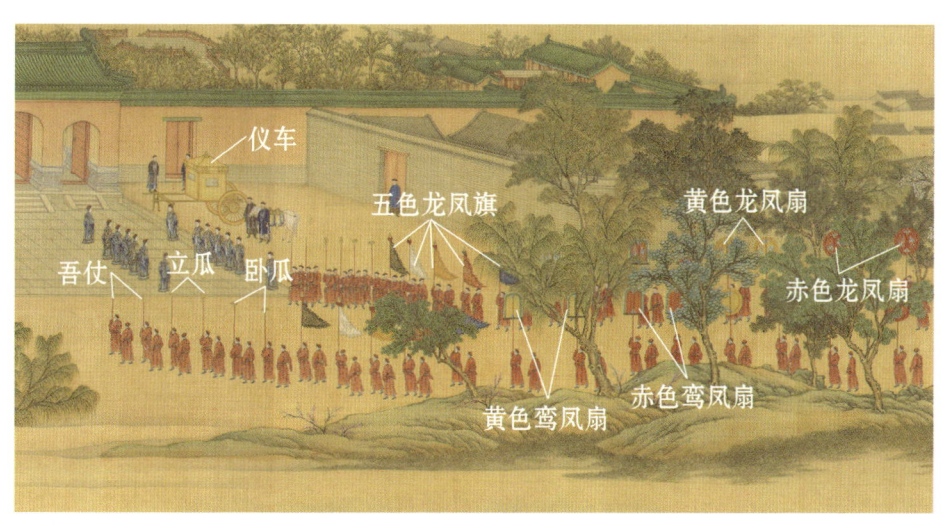

［清］郎世宁等《孝贤纯皇后亲蚕图·诣坛》中的皇后仪驾（二）

扇的前面为五色龙凤旗，旗身为三角形，绘有龙凤图案，共有黄、蓝、红、白、黑五种颜色，每种颜色各有两柄，分列左右两侧。五色龙凤旗之前为卧瓜、立瓜与吾仗三种礼器，卧瓜的柄为竹质，涂有红漆，顶端装有涂金龙首，其上为卧倒的六棱瓜型器物，其实是用木头雕刻而成后再涂上金漆。立瓜与卧瓜形制差不多，区别在于顶上的瓜型器物是立着的而并非是卧倒的。吾仗也是竹质并涂有红漆，两端雕刻有云纹并涂上金漆。

皇后仪驾前方闪现14名身着朝服的女子，分作两列，一字排开，她们应是奉命前来陪祀的公主、福晋和命妇，早就肃立在大门口，恭候着皇后的到来。门前停放着一辆车，应该是与皇后乘坐的凤舆相配套的凤车，但车身上没有凤凰图案。

先蚕坛大门有三个门洞，皇后率领嫔妃从左侧门洞进入先蚕坛，前往具服殿，皇后进正殿，嫔妃们进东、西配殿，在殿内更衣盥洗。此时传赞女官们引领公主、福晋、命妇们面向西立于坛下，乐队和文武舞生也已就位。

担任蚕宫令的太监前往蚕神殿中将蚕神的牌位请出殿来。据传黄帝之妻发明了养蚕之术，因而被奉为蚕神。先蚕坛已然设置好一大一小两个用金黄销金绫制成的方形帐篷，也就是"幄"。蚕神牌位被请出殿后便被安放在大幄之中，幄前设有摆放着瓷盏、爵的爵桌，摆放笾豆簠簋等祭祀用具的笾豆案，摆放猪牛羊等祭物的俎案以及摆放香炉的馔桌。正对着大幄的小幄是皇后祭拜蚕神时的行礼之处，下面设有锦垫，因此这个小幄也被称为"皇后拜幄"。

等一切安排就绪之后，相仪女官奏请皇后祭祀仪式是否可以正式开始，皇后缓缓走出具服殿，在典礼女官的引导之下，缓缓来到馔桌前向蚕神上香，行六肃三跪三拜之礼，嫔妃等人也随着她一同行礼，乐队演奏第一乐章《麻平之章》。

紧接着是初献礼，皇后退至皇后拜幄，典乐女官唱初献乐，乐队演奏第二乐章《承平之章》，在礼乐声中，司帛女官缓缓走上前进献帛，随后司爵女官走上前进献爵，摆放在馔桌中央；紧接着便是亚献，典乐女官唱亚献乐，乐队奏第三乐章《均平之章》，司爵女官再次献爵，放在馔桌左侧；接下来便是终献，典乐女官唱终献乐，乐队奏第四乐章《齐平之章》，司爵女官再次献爵，放在馔桌右侧，随后进献祭祀所用的福酒、胙肉。皇后行四跪二拜二叩头礼之后命人撤馔，也就是将祭祀所用食物全部撤下。

不过祭祀活动并未就此结束，乐队先演奏第五乐章《柔平之章》，再演奏第六乐章《怡平之章》，下面进行的是送瘗与望瘗，瘗为埋葬、埋藏之意，也就是将刚刚所献的帛、馔、香全都送至先蚕坛西北方的瘗坎，注视着这些物品被缓缓掩埋，祭祀活动这才算彻底宣告结束。

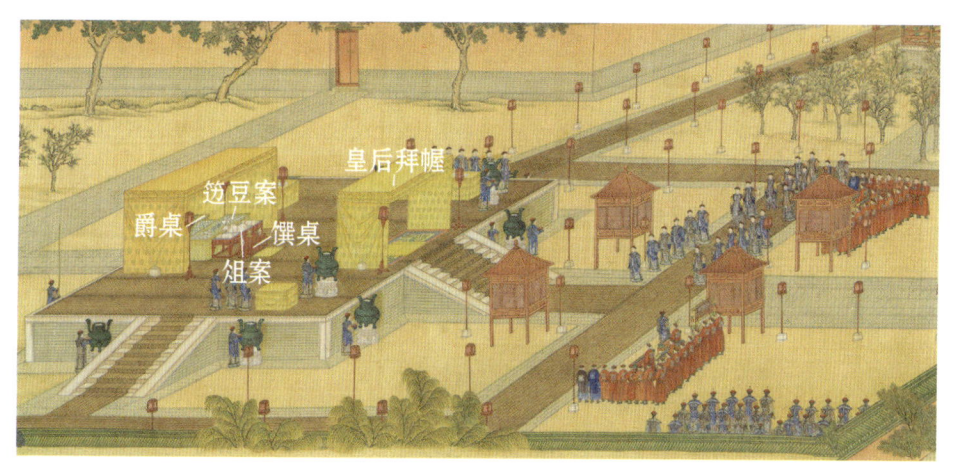

[清]郎世宁等《孝贤纯皇后亲蚕图·祭坛》中的祭坛

[清]郎世宁等《孝贤纯皇后亲蚕图·祭坛》中待命的仪驾

如若蚕能顺利孵化，皇后通常会选在祭先蚕的次日举行躬桑礼，若是天气较为寒冷，蚕未能如期孵化，便要另行挑选吉日。

［清］郎世宁等《孝贤纯皇后亲蚕图·采桑》中的采桑场景

举行躬桑礼时,皇后妃嫔不再穿隆重的朝服而是改穿吉服。在两名蚕母的协助下,皇后用金钩、明黄色筐前往北边数第一行桑树东侧第一株采一条桑叶,再至西侧第一株采两条桑叶。皇帝通常会指定两名嫔妃跟随皇后从采,用银钩、柘黄色筐前往第二行采五条桑叶。皇后采桑时,40名太监挥动彩旗,24名太监吹奏笙箫,10名太监高声唱采桑辞,营造出彩旗飘扬、歌舞喧天的热烈场面。

皇后、嫔妃完成采桑仪式之后,皇后端坐于观桑台宝座上观礼,嫔妃们侍立在她的两旁。那些公主、福晋、命妇有的穿吉服侍班,肃立在观桑台左右,有的穿采服前去采桑叶。三位公主、三位福晋用铁钩、红色筐采桑,在第三行采九条桑叶;四位命妇用铁钩、红色筐采桑,在第四行采九条桑叶。采桑叶时三人一组,每位公主、福晋、命妇左右都会配备一位身着素衣的蚕妇从旁协助。采桑处摆放着红漆牌,以便那些公主、福晋、命妇按照指示前往指定区域采桑叶。[1]

采桑活动结束后,蚕母登上观桑台向皇后行跪拜大礼,然后再从相仪女官手中接过盛放有皇后刚刚所采桑叶的筐,随后退到蚕室之中将桑叶切碎并交给蚕妇们用来喂食春蚕。皇后随后前往具服殿升座,妃嫔、公主、福晋、命妇立于丹陛(宫殿的台阶)之上,蚕母、蚕妇立在丹陛之下,禀报喂蚕的情形,至此躬桑礼便宣告结束。

---

[1] ［清］鄂尔泰等纂:《国朝宫史》卷六。

蚕经过三眠后才会结茧，通常需要 27 天左右。茧成之日，蚕母率蚕妇挑选看上去较为美观的茧献给皇后，皇后再献给皇帝、皇太后，之后皇后再率妃嫔们前往先蚕坛举行献茧缫丝礼。

皇后端坐于织室内宝座之上，龙袍外套了一件石青色龙褂。四名蚕母蚕妇分列两旁，跪在地上，手中各捧着一盆已经浸煮好的蚕茧，皇后亲自动手缫丝，也就是用手从蚕茧之中抽出丝来缠绕在盆上或筐上。皇后还要检阅妃嫔们缫丝，她们每人要缫五盆丝，这些丝随后会被染成朱色、绿色、元色（黑色）、黄色四种颜色，供郊庙时缝制祭服使用，至此皇后主持的亲蚕典礼才算彻底结束。

［清］郎世宁等《孝贤纯皇后亲蚕图·献茧》中的献茧场景

第四章
皇帝的安全保卫工作

宫廷侍卫们穿着很拉风

为了保卫皇帝安全,清朝专门设立了侍卫处,长官为领侍卫内大臣,是清朝级别最高的武官。由于领侍卫内大臣位高权重,为了对他进行制衡与限制,清朝另设有御前大臣,不过却不是正式职务而是差遣,负责统领与皇帝关系最为密切的御前侍卫与乾清门侍卫。御前侍卫随时跟随在皇帝身边对他进行贴身防护,乾清门侍卫负责把守内廷的重要门户乾清门。领侍卫内大臣负责统领其他侍卫,负责值守宫门、巡逻警戒,与皇帝接触的机会其实并不是很多。

清朝侍卫管理体制

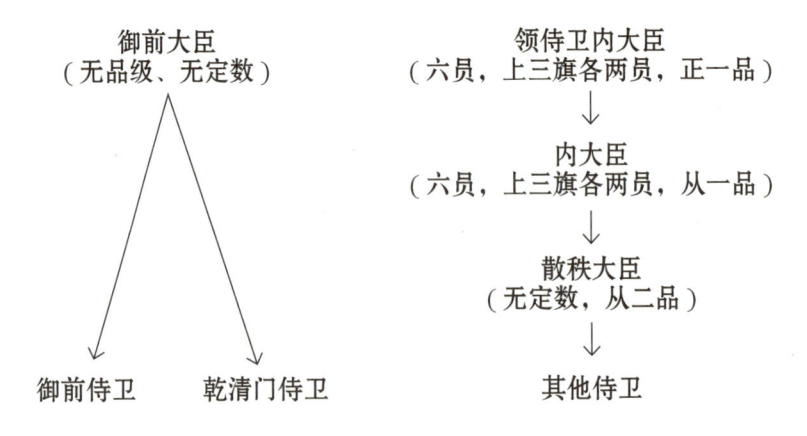

御前大臣
(无品级、无定数)
↙ ↘
御前侍卫　乾清门侍卫

领侍卫内大臣
(六员,上三旗各两员,正一品)
↓
内大臣
(六员,上三旗各两员,从一品)
↓
散秩大臣
(无定数,从二品)
↓
其他侍卫

由于御前大臣并非正式职务，自然也就不会设有专门机构，因此御前侍卫与乾清门侍卫在名义上仍旧隶属于侍卫处，从侍卫处领取工资与福利，不过却受御前大臣的领导，类似于今天的借调。

侍卫处的侍卫编制名额为570人，由上三旗均分。一等侍卫60人，为正三品；二等侍卫150人，为正四品；三等侍卫270人，为正五品；蓝翎侍卫90人，为正六品，不过实际人数与编制数时常存在一定的差异。除此之外，清朝皇帝还会从武进士中挑选汉族侍卫，并不占用上述名额。

乾清门是紫禁城中外朝与内廷的分界线，那些奉诏入宫的官员需要在乾清门外接受御前大臣的核查，核实无误后，御前大臣会派遣侍卫将其带到皇帝面前；召见完毕之后，侍卫会将其带到乾清门外，这个活儿有时也由奏事处的太监干。皇帝出巡期间，御前侍卫会追随在皇帝身边，下图中那些簇拥在乾隆皇帝身边穿着黄马褂的人便是御前侍卫。

［清］徐扬《乾隆南巡图·过德州》（局部）

在《万国来朝图》中，站在太和门外执勤的是领侍卫内大臣统领的宫廷侍卫，大门两侧各有一名一等侍卫带班，另各有三名三等侍卫值守，判断他们的身份与等级主要依靠他们所穿的端罩。端罩是清朝最高贵的外套，只有高级官员、部分岗位比较重要的中级官员以及宫廷侍卫才能穿，普通中下级官员不允许穿端罩。

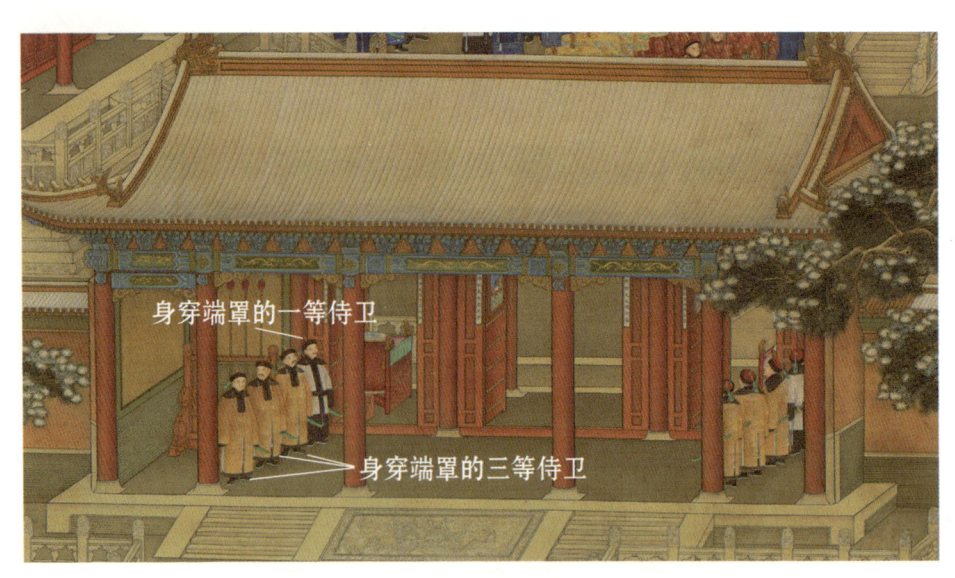

［清］佚名《万国来朝图》中守卫太和门的侍卫

清朝端罩使用范围和形制要求

使用人员	外侧材质	里侧材质	垂带数量	垂带形制	垂带颜色
皇太子	黑狐皮	杏黄色缎	左右两侧各两条	下宽，最底端为锐角。	杏黄色
皇子	紫貂皮	金黄色缎	左右两侧各两条	下宽，最底端为锐角。	金黄色
亲王、郡王、贝勒、贝子、固伦额驸	青狐皮	月白色缎	左右两侧各两条	下宽，最底端为锐角。	月白色
镇国公、辅国公、和硕额驸	紫貂皮	月白色缎	左右两侧各两条	下宽，最底端为锐角。	月白色
民公、侯、伯、三品以上文官、二品以上武官、镇国将军、辅国将军、翰林院和詹事府的官员、六科给事中、御史道	貂皮	蓝色缎	左右两侧各两条	下宽，最底端为锐角。	蓝色

续表

使用人员	外侧材质	里侧材质	垂带数量	垂带形制	垂带颜色
一等侍卫（正三品）	猞猁狲皮中间夹杂豹皮	月白色缎	左右两侧各两条	下宽，最底端为锐角。	月白色
二等侍卫（正四品）	红豹皮	素红色缎	左右两侧各两条	下宽，最底端为锐角。	素红色
三等侍卫（正五品）	黄狐皮	月白色缎	左右两侧各两条	下宽，最底端为锐角。	月白色
蓝翎侍卫（正六品）	形制同三等侍卫					

端罩与皮褂均由皮草制成，但皮褂穿在吉服褂或者常服褂里侧，端罩穿在外侧；皮褂男女都能穿，端罩只有那些有身份、有地位的男人才能穿。

[清] 佚名《万国来朝图》中太和殿前的侍卫

即便在其他季节，侍卫们的穿着依旧很拉风，"着高靴，顶凤翎，腰里系着金蟒绳。背鸟铳，御刀挎，身上扛件儿黄马褂"[2]。对于八旗子弟而言，成为宫廷侍卫是一件极其光荣的事情。

---

[1] 《万国来朝图》中的二等侍卫的端罩带子似乎为月白色，但《皇朝礼器图式》却记载为素红色。
[2] 富察·建功：《晚清侍卫追忆录》，故宫出版社2011年版，第11页。

八旗起源于满洲人的狩猎组织,清太祖努尔哈赤先后设置了正黄旗、镶黄旗、正白旗、镶白旗、正红旗、镶红旗、正蓝旗和镶蓝旗,以八面不同色彩的旗帜作为军旗,并以此为本军的称号。八旗有上、下之分,镶黄、正黄、正白为上三旗,由皇帝直辖,其余为下五旗,由满洲贵族统领。八旗最初仅有满洲八旗,后来又相继组建了蒙古八旗、汉军八旗,八旗通过一整套完整的组织动员体系将本旗旗人、包衣高效地组织起来,平时为民,战时作战。

为了限制太监权力,皇帝将很多原本应由宦官去做的事情交由宫廷侍卫去做,小到祈雨灭火、捕蝗念经、探病放牧;大到宣达上谕、带兵打仗、擒拿叛逆、封赏官员、押解要犯、护送贡品,可谓包罗万象。御前侍卫、乾清门侍卫还负责奏折的接收与发送,在政务流转过程中扮演着极其重要的角色。

正是由于清朝皇帝对侍卫的信任,很多宫廷侍卫日后都能升迁至高位。从康熙朝至同治朝86位出身满洲或者蒙古的大学士、军机大臣之中,侍卫出身的有24人,约占总数的28%。如果将曾任御前大臣、领侍卫内大臣、掌銮仪卫事大臣、内大臣、散秩大臣等侍卫系统官职考虑在内,居然多达61人,占比约为71%。

不过随着统治危机的日益加重,晚清皇帝比以往任何时候都要倚重汉人,因此从光绪三十一年(1905)至宣统三年(1911)六年间,担任大学士、军机大臣的汉人有7人,但同期的满人只有3人。在这个大背景之下,带有浓郁满洲色彩的宫廷侍卫的政治地位自然也就大不如前了,从同治中兴至清朝灭亡的34位大学士、军机大臣之中,仅有恩承一人为侍卫出身。[①]

除了宫廷侍卫之外,负责皇帝外围安保工作的还有护军营、前锋营、神机营以及内务府管辖的包衣护军、包衣骁骑、包衣前锋三营。

护军营从满洲、蒙古八旗下辖每个佐领之中挑选身材强壮、武艺出众的护军17人,共计管辖护军15045人,由8名统领来负责领导。由于雍正皇帝长期居住在圆明园,因此专门设置了圆明园护军营。除了把守宫门、日常巡逻之

---

① 陈章:《满汉殊途,近御治国——侍卫系统与清代中枢政治关系初探》,《北京社会科学》2019年第4期。

外，紫禁城城墙也由护军营、前锋营的官兵轮流守卫。

前锋营由满洲、蒙古官兵组成，共有1800多人，主要负责皇帝出巡时的警卫任务，在皇帝所在的御营一二里之外插上两杆前锋旗，以这两杆旗为基准分左右安营扎寨，白天负责瞭望，晚上负责守卫。皇帝在北京居住期间，前锋营也会配合护军营负责紫禁城的守卫工作。

神机营设立于咸丰十一年（1861）七月，由一名亲王或者郡王担任掌印大臣，具体负责的则是管理大臣，从领侍卫内大臣、都统、前锋统领、护军统领、副都统中选拔。神机营将士约有1万人，均是从各营之中挑选出来的精锐士卒，装备有大量火器。由于神机营设立时间比较晚，并没有什么固定执掌，主要执行机动警备任务，哪里需要就派往哪里，有时还会离京参与平定叛乱。

内务府包衣三营由内务府统领。包衣护军营设统领3人，上三旗各1人，管理1200名护军，负责守卫御花园北门顺贞门等12处宫门；包衣骁骑营，上三旗各设参领5人，承担武英殿、南薰殿等31个执勤点位的值守任务；包衣前锋营，上三旗各设参领2人，主要负责对内务府各仓库、作坊等处的警戒任务。

北京城还设有"提督九门步军、巡捕五营统领"，简称"九门提督"或者"步军统领"，原本管辖步军2.1万余人，还有巡捕五营的马步兵1万余人，总兵力为3万余人，不过后来经过屡次裁并之后，到了光绪年间，九门提督管辖步兵约1万人，马步兵约5000人。

九门提督率兵守卫北京内城九座城门，即正阳门、崇文门、宣武门、朝阳门、东直门、阜成门、西直门、德胜门、安定门；还负责夜间巡逻、抓捕罪犯、消防救援、执行禁令等工作。

九门提督虽是维护京城社会秩序的重要官员，但与皇帝的关系远远不如御前大臣、领侍卫内大臣那么密切，因此原本只是正二品，甚至低于驻防将军、都统与提督，直到嘉庆四年（1799），才升为从一品。

入宫检查很严格

按照明朝制度，如若并未得到皇帝征召，普通朝臣不得主动进宫求见皇帝，这也使得皇帝渐渐沦为孤家寡人，因此清朝废除了这项制度，无论是朝廷官员，还是地方官员，如果有事想要向皇帝禀报都可以递折请训，这使得皇帝可以随时了解各方面情况，但也给皇宫的安全保卫带来了极大的挑战。

嘉庆十八年（1813），天理教领袖林清在北京城南的黄村秘密组织武装，之后潜入北京城内，在已经入教的太监的指引下，他们居然攻进了紫禁城，终因寡不敌众而失败。当时远在避暑山庄的嘉庆皇帝听到奏报后愤怒而又无奈地说："从来未有事，竟出大清朝。"嘉庆皇帝随后针对现有安保工作的漏洞，制定了更为严格的宫禁制度。

紫禁城宫门晚上关闭，白天开启，开启时间最初为丑初时分（凌晨1:00），后来改为子正时分（凌晨0:00），不过由于宫门开启时天色太黑，容易发生危险，因此改为黎明能够分辨来人模样之后再开启。

紫禁城各处宫门均由手执兵刃、身挎腰刀的护军把守，每处还有两名手执红棒的护军坐在门外，即便亲王从该门出入，他们也不用起立。他们专门负责对付擅闯宫门的人，一旦发现类似情形，他们便会挥舞手中红棒，毫不留情地向着他们打过去，坚决防止不法分子混入宫内。

进出紫禁城主要有神武门（北门）、东华门（东门）、西华门（西门）、午门（南门）四座宫门，门外均立有下马石，无论是文武百官，还是皇亲国戚，必须在下马石前下马或者下轿。不过也有特例，贝子以上王公，或者赏赐在紫禁城内骑马的官员才不用下马，但也不能一直骑下去。如果是从东华门入宫，他们只能骑到箭亭旁；如果是从西华门入宫，他们只能骑到内务府前下马。

午门是紫禁城的正门，共有三个门洞，正中那个门洞为皇帝专用，皇后大婚时可以从这个门洞进宫，高中的状元、榜眼与探花可以从这个门洞出宫，除此之外，其他人均不能从这个门洞通过。文武百官从左侧门洞进宫，宗室王公从右侧门洞进宫。

只有在太和殿举行朝会时，王公百官才会从午门进宫。神武门靠近东、西六宫，主要供皇后、妃嫔进出，皇帝从避暑山庄或者圆明园回宫时大多走这个门。官员平日里入宫通常会走两个侧门，也就是东华门与西华门。

起初只有内阁成员才能从东华门入宫，后来上了年纪的一、二品官员也获准从此门入宫，经景运门前往乾清门参加御门听政或是继续向西前往养心殿面见皇帝。

虽然在官员眼中，东华门是权力地位的象征，这座宫门却被称为"鬼门"，这是因为皇帝的灵柩要通过这里运往皇陵，不过，只有顺治、乾隆、同治三位皇帝驾崩于紫禁城，其他皇帝都是去世后才拉回紫禁城举办丧礼。

皇帝与妃嫔前往西郊的圆明园、颐和园等皇家园林时通常从西华门出宫，八国联军侵华时，慈禧太后仓皇西逃时走的也是这个门。

为了加强紫禁城的安保，王公大臣要定期前往紫禁城值班，值班处设在景运门，为此专门设立了档房，由总领笔帖式、关防笔帖式等官员负责具体工作，此外还设有景运门御史衙门，对值守人员进行全程监督。笔帖式是清朝独有的中低级官员，主要负责执掌本部门文书档案。

官员出入紫禁城起初需要持有花名木牌，后来乾隆皇帝在位时改为出示"职名"，也就是相关部门开具的写有本人官衔、姓名等信息的名帖，不过这项制度并未严格执行。鉴于天理教起义的惨痛教训，嘉庆皇帝再度下令，除了经常出入宫廷并为侍卫们所熟悉的王公大臣之外，包括王公大臣护卫、跟班在内的其他人员进宫时必须要出示"职名"并将其交给值班的章京、护军等人，等出宫时再取回；如果冒用他人"职名"，一经发现立即予以逮捕。

王公大臣入宫时严格限制随从人数，天理教起义之后，嘉庆皇帝又进一步削减了随从人数。由于蒙古爵位的政治地位要低于宗室爵位，因此蒙古亲王、郡王入宫时只能携带两名随从，蒙古贝勒、贝子只能携带一名随从。

除了王公大臣之外，书吏、工匠等杂役也需要入宫为皇室提供服务，这些人进宫时必须持有内务府发放的火烙腰牌，他们手中的腰牌每隔三年需要更换一次，新来的人入宫前需要申请腰牌，新发放的腰牌需要报景运门档房进行审核备案。

清朝入宫时随从人员

规定执行时间	亲王	郡王	贝勒	贝子	宗室	文武百官
乾隆六十年（1795）之后	五人	四人	三人	二人	一人	一至二人
嘉庆十六年（1811）之后	三人	二人	二人	一人	一人	一人

如果要押运货物进出宫，押运人员应当持有相关部门开具的出门单，守门人员将出门单送景运门档房审核无误之后才能够放行。紫禁城内的仓库会定期发放或者搬运物资，此时需要大量的库丁、匠人与役人，因此每到开库日，内务府有关官员需要携带有关手续带着这些人入宫，他需要提前将这些人的名册呈报给景运门档房进行审核。

等到太阳落山之后，各处宫门都要关门上锁，景运门司钥章京负责巡视检查太和门、昭德门、贞度门等门的关闭情况，隆宗门护军、苍震门护军、启祥门护军、吉祥门护军分别负责检查午门、东华门、西华门、神武门四座宫门的关闭情况，巡视检查完毕之后，他们要将相关情况及时禀报给景运门司钥章京，同时将各门钥匙一并交还。位于紫禁城外围的端门、天安门、大清门、长安左门、长安右门由值班护军巡视检查完毕之后禀报给左门司钥章京。

紫禁城夜晚时需要有人值班，起初领侍卫内大臣、护军统领、前锋统领各一人负责此事，后来乾隆皇帝将部院大臣（中央各部门负责人）、都统等高级官员也纳入了值班范围，每次由五名官员担任值班大臣。

从二更天到五更天，领侍卫内大臣、护军统领要随时对属下值班情况进行巡查，如若发现有人旷工缺岗或者打瞌睡，需要及时进行惩处。皇帝也会派出御前侍卫、乾清门侍卫对夜间执勤情况进行暗访，发现问题之后直接上奏皇帝，不仅相关人员要受罚，他们的上司领侍卫内大臣、护军统领等人也要被问责。

紫禁城内巡逻实行传筹制度，也就是像接力一样传递筹牌，这样既能加强彼此之间的联系，也能起到监督制约的作用，如若长时间没有接到对方送来的筹牌，那么对方就有可能是出事了，需要立即将有关情况向上汇报。

光绪朝《大清会典》详细记录了紫禁城内的巡逻路线：内廷的巡逻路线是自景运门发放筹牌，向西行进，经过乾清门，出隆宗门之后一路向北，绕过凝华门（春华门）继续向北，然后绕一大圈，最终再回到景运门；外朝的巡逻线路是从隆宗门发放筹牌，然后向东出景运门之后再向南，过昭德门之后向西过贞度门，随后向南行进，过熙和门之后一路向北最终抵达隆宗门。

紫禁城的宫门一旦关闭，任何人都不允许再出入，如若遇到紧急事务，进出宫时必须持有特别通行证，也就是合符。合符是一种铜质椭圆形物件，从中间剖为两半，一半铸有阴文"圣旨"二字，另一半铸有阳文"圣旨"二字。

阴文合符交由景运门、隆宗门、东华门、西华门、神武门等各处守门官员，阳文合符藏于皇宫之内，如果夜间有人奉旨出宫或者入宫，需要持有阳文合符。守门官员接到奏报后，根据合符编号取出对应的阴文合符进行比对，如果两者吻合，那么就予以放行。皇帝出巡期间，阳文合符暂且交由留京办事大臣轮班保管，等到皇帝回京之后再交还给皇帝。皇帝居住在圆明园等皇家园林期间，夜间进出宫时也按照上述流程办理。

皇家仪仗队

无论是皇帝，还是皇后、妃嫔，都拥有自己的仪仗队。在清朝前期，皇帝、太后、皇后的仪仗队都可以被称为"卤簿"，不过从乾隆朝开始，只有皇帝的仪仗队才能被称为"卤簿"。

太后、皇后的仪仗队称为"仪驾"，出行工具为十六人抬的凤舆以及八人抬的仪舆，此外还有马拉的龙凤车与仪车，皇后乘坐的车上只有凤没有龙，称为"凤车"。乾隆帝孝贤纯皇后举行亲蚕礼时乘坐的便是凤舆，环绕在凤舆四周的均是她的"仪驾"。为了彰显对太后的尊崇，她还可以使用二十八人抬的万寿辇。

皇贵妃、贵妃的仪仗队称为"仪仗"，出行工具为八人抬的翟舆与仪舆，皇贵妃还可以乘坐翟车与仪车，但贵妃只能乘坐仪车。翟为长尾雉鸡，翟纹的地位仅次于凤纹。妃、嫔的仪仗队称为"彩仗",出行工具为八人抬的翟舆、四人抬的仪舆以及仪车。

皇帝的车称为"辂",共有五种型号,称为"五辂",最主要的区别在于颜色不同、车顶的装饰不同。其实皇帝并不会乘坐这些车,大朝会时,五辂会摆放在午门外,皇帝出行时,五辂会随行在仪仗队中。

清朝"五辂"的规格[①]

名称	顶子	高	牵引动物	所需数量
玉辂	金黄色圆顶镶嵌四块玉质圆版	一丈二尺一寸	大象	一头
金辂	明黄色圆顶镶嵌四块金质圆版	一丈二尺一寸	大象	一头
木辂	黑色圆顶镶嵌四块花梨圆版	一丈一尺六寸	马	六匹
象辂	红色圆顶镶嵌四块象牙圆版	一丈一尺三寸	马	八匹
革辂	泥银色圆顶镶嵌四块黄革圆版	一丈一尺三寸	马	四匹

皇帝最主要的出行工具是辇与舆,清朝的辇与唐朝名画《步辇图》中的辇有着很大的差异,已经演变为轿子中的一种。专属于皇帝的辇共有两种,分别是玉辇与金辇,两者最主要的区别在于顶子不同。

舆比较特殊,礼舆与轿子较为类似,上面有顶子,三面有帷幔,但步舆、轻步舆既没有顶子,也没有帷幔,类似于今天四川等地区仍在使用的滑竿,做工极为精致考究。步舆上的椅座为造型精美的蟠龙座,冬天放置紫貂坐垫,夏天放置明黄色妆缎坐垫,设有专门放脚的云纹踏几。轻步舆上的座椅靠背、扶手均为象牙材质。

[①] [清]允禄、蒋溥等纂:《皇朝礼器图式》卷十一《卤簿二》。

清朝皇帝出行工具的规格[1]

名称	通高	顶子	内辕	外辕	杆	所需人手
玉辇	一丈一尺一寸	青色顶镶嵌四块玉质圆版	三丈八寸五分	二丈九尺	—	36人
金辇	一丈〇五寸	泥金顶镶嵌四块金质圆版	二丈八尺一寸	二丈六尺一寸	—	28人
礼舆	六尺三寸	两层穹盖	一丈七尺六寸五分	—	大横杆九尺，小横杆二尺二寸五分，肩杆五尺八寸。	16人
步舆	三尺五寸	无顶	一丈五尺五寸	—	大横杆七尺六寸，小横杆二尺八寸，肩杆五尺六寸。	16人
轻步舆	三尺四寸	无顶	一丈五尺四寸五分	—	大横杆九尺一寸，小横杆二尺八寸四分，肩杆五尺八寸五分。	16人

《乾隆大驾卤簿图》中的礼舆与《皇朝礼器图式》有所差异，轿身上并无云龙纹与蟠龙纹，应该是在确定礼舆最终形制时进行了相应的改动。

除此之外，皇帝出巡，尤其下江南时，还会坐船，御船修造得极为繁华。

---

[1] ［清］允禄、蒋溥等纂：《皇朝礼器图式》卷十一《卤簿二》。

[清]徐扬《乾隆南巡图·驻跸姑苏》中的御船

管理皇家仪仗队的机构为銮仪卫，銮仪卫的衙署设在西长安门内，共设有两个仓库专门存放卤簿仪仗用具，内銮驾库位于皇宫东华门内之南，外驾库位于东长安门外。清朝中央机构只设有两个正一品的武官，一个是执掌侍卫处的领侍卫内大臣，另一个就是銮仪卫的长官掌銮仪卫事大臣，由此可见銮仪卫的重要性。

相较于管理宽松的侍卫处，銮仪卫机构设置更为健全，共管辖六所一卫，每所设掌所印满洲冠军使（正三品）一人，掌所事汉军云麾使（正四品）一人。旗手卫设掌印满洲冠军使（正三品）一人，掌卫事汉军冠军使（正三品）一人。六所一卫各辖二司，每司设掌司印满洲云麾使（正四品）一人，掌司事汉军治仪正（正五品）一人。每所还设有并没有什么实际工作的闲散云麾使（正四品）、治仪正（正五品）、整仪尉（正六品），均由满洲人担任。

銮仪卫机构设置情况

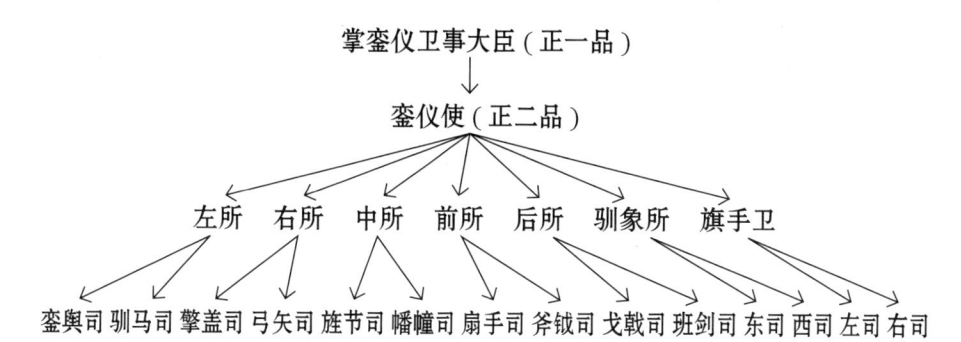

掌銮仪卫事大臣（正一品）

↓

銮仪使（正二品）

左所　右所　中所　前所　后所　驯象所　旗手卫

銮舆司　驯马司　擎盖司　弓矢司　旌节司　幡幢司　扇手司　斧钺司　戈戟司　班剑司　东司　西司　左司　右司

下面说一下皇帝仪仗队的具体构成，包括军尉、旗尉、民尉三类人员。军尉分为亲军尉与护军尉：亲军尉选自上三旗亲军，手执或者随身携带仪刀、殳、戟、弓箭；护军尉选自内务府包衣三旗护军营，手持豹尾枪，还负责牵引仗马。军尉通常为借调人员，根据需要向其所在单位征调，借调期间接受銮仪卫的管理，但任务结束后通常会返回原单位。军尉大多身材魁梧、武艺出众，与御前侍卫共同承担起皇帝安全保卫的重任。

旗尉、民尉隶属于銮仪卫，他们的主要任务是打旗、举礼器。抬辇舆这个活儿通常由旗尉负责，因为旗尉选自内务府三旗包衣，在政治上更为可靠。民尉主要从皇城外的大兴、宛平两县的百姓中选拔，有时也会征调距离北京比较近的外地州县的百姓，不过从乾隆四十四年（1779）之后，朝廷下令不再从外地州县百姓中选拔民尉。仪仗队中的粗活儿多由民尉来做，负责演奏音乐、抽打静鞭、饲养大象。不过，民尉演奏的音乐都是相对比较简单的音乐，难度较大的行幸乐、前部乐由艺术造诣相对比较高的专业人士署史来完成，他们也选自内务府三旗包衣。

此外，还设有蒙古画角军，主要负责吹皇帝巡幸时的特殊乐器画角，选自蒙古上三旗。汉军更夫负责在午门、神武门打更并且按时敲响钟鼓，皇帝出巡或者围猎时，他们也需要随行并负责值更。

銮仪卫管辖亲军尉、护军尉216名[1]，麾下还有旗尉474名，民尉1856人，蒙古吹角军30名，汉军更夫40名，乐部署史148名[2]；仪仗队成员共有2764名。虽然看似规模很大，但与其他朝代相比，所需人员其实并不算多。北宋初年，大驾卤簿需要使用11222人，到了宋徽宗时期激增到20061人，南宋初期财政困难，减至1335人，但等到政局稳定之后，又增加到了15050人。[3] 相比之下，清朝皇帝还算节俭。

其实皇帝出行并非每次都会有如此之大的排场，出行目的不同，仪仗队的规模也会有所不同，分为大驾卤簿、法驾卤簿、銮驾卤簿与骑驾卤簿四种。

只有冬至前往天坛祭天（也称祭圜丘）、正月上辛日前往天坛（后改为前往祈谷坛）祈谷、孟夏时节（农历四月）前往天坛圜丘举行雩祀（求雨），以及举行大阅兵时前往行宫、结束后返回皇宫时，才会使用大驾卤簿，此时皇帝会乘坐等级最高的玉辇。

皇帝祭方泽（地坛）、太庙、社稷坛、日坛、月坛、先农坛、历代帝王庙及先师庙各坛庙，会使用法驾卤簿，祭方泽、太庙、社稷坛时乘坐金辇，其他祭祀活动乘坐礼舆。除了祭祀活动外，皇帝在万寿、元旦、冬至三大节接受朝贺以及举行重大庆典宴会时，会将法驾卤簿设置在太和殿门外至天安门前；皇帝亲临午门举行凯旋后的献俘礼时也会摆放法驾卤簿。

皇帝行幸皇城时使用銮驾卤簿，乘坐步舆。皇帝出巡时使用骑驾卤簿，乘坐轻步舆。皇帝因大阅兵而在行宫居住期间，通常会在行宫外摆设骑驾卤簿。

---

① ［清］托津等纂：《（嘉庆朝）大清会典》卷六十六《銮仪卫·右所》《銮仪卫·中所》。
② ［清］傅恒等纂：《（乾隆朝）大清会典则例》卷一百六十九《銮仪卫》。
③ ［元］脱脱等纂：《宋史》卷一百四十七《仪卫五》。

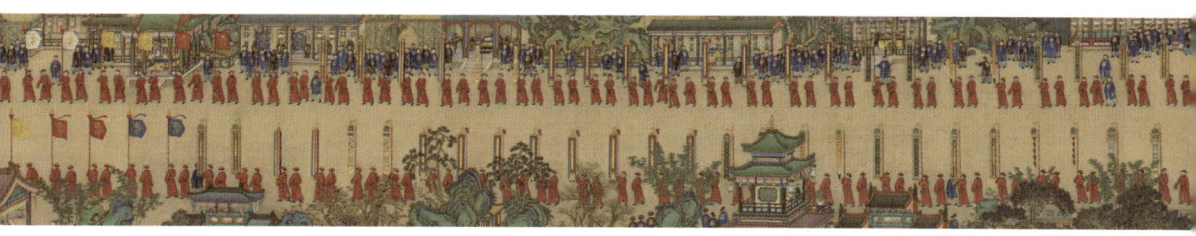

[清]张廷彦等《崇庆皇太后万寿庆典》图中的《铙歌大乐》

皇帝使用銮驾卤簿、骑驾卤簿时，既可以按照礼制乘坐步舆或轻步舆，也可以选择乘马，或是乘坐自己喜欢的便舆，款式、颜色、材质都可以随心选择，不用受礼制的束缚，可以是八个人抬，也可以是四个人抬。皇帝乘坐辇舆在宫内活动，通常由太监来抬，一旦出宫则由旗尉来抬，因为太监不能随意出宫。

在最为隆重的大驾卤簿中，位于最前端的是大象，分为导象与宝象两种：宝象全身装饰，背驮宝瓶；导象又名朝象，全身几乎没有装饰，只是在背上披上蓝色的垫子。大象身后是演奏《前部大乐》的人员，再后面是演奏《铙歌大乐》的人员。

仪仗队围绕在五辂、玉辇、金辇、礼舆两侧，首先是引仗、御仗、吾仗，均为竹质棍子，引杖长四尺三寸八分，上端涂有红漆；御仗长六尺九寸，两端装饰有铜饰；吾仗长七尺一寸，两端有金云龙纹铜镀金装饰。随后是立瓜、卧瓜、星与钺，木质棍子顶端分别雕成立着的冬瓜、倒下的冬瓜、星星以及斧子的形状。

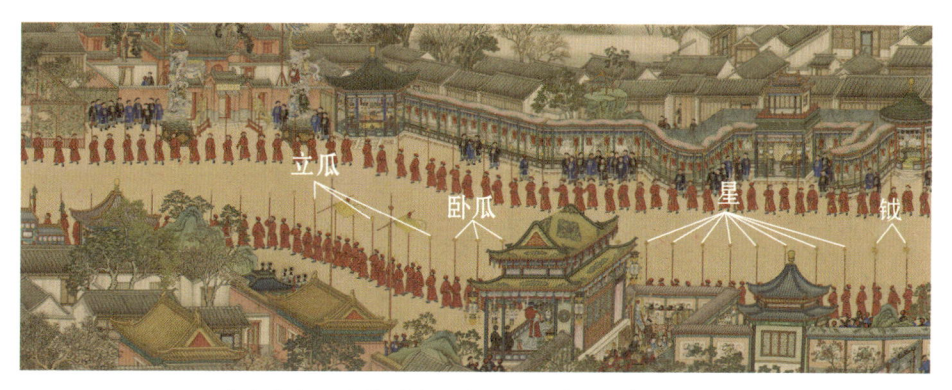

[清]张廷彦等《崇庆皇太后万寿庆典》（局部）

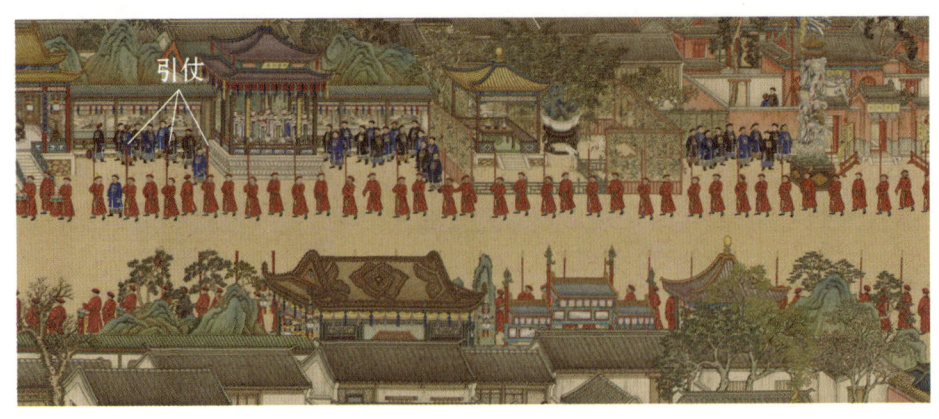

[清]张廷彦等《崇庆皇太后万寿庆典》(局部)

御仗与吾仗长度相差不多，顶端装饰只是略有差异，因此在上图中很难将两者进行区分。

星钺之后是旗帜，包括旗、纛、麾、氅、节、旌、幡、幢共计八大类，尤以旗的种类最多，居然多达97种，不过与现代长条状的旗帜有所不同，均为三角形旗帜。

大驾卤簿中的旗[①]

种类	旗的名称
龙凤类	仪凤旗、青龙旗、五金龙小旗（五种）、甘雨旗
天文类	木星旗、土星旗、金星旗、火星旗、水星旗、二十八宿旗（二十八种）、乾风旗、坎风旗、艮风旗、震风旗、巽风旗、离风旗、坤风旗、兑风旗、五色雷旗（五种）、五色云旗（五种）、日旗、月旗
飞禽类	翔鸾旗、瑞鹤旗、孔雀旗、黄鹄旗、白雉旗、赤乌旗、华虫旗、振鹭旗、鸣鸢旗、游麟旗、朱雀旗、翠华旗
走兽类	驯狮旗、白泽旗、角端旗、赤熊旗、黄黑旗、辟邪旗、犀牛旗、天马旗、天鹿旗、白虎旗、神武旗
山川类	江渎旗、河渎旗、淮渎旗、济渎旗、东岳旗、西岳旗、南岳旗、北岳旗、中岳旗
其他类	门旗、金鼓旗、出警旗、入跸旗

---

① [清]允禄、蒋溥等纂：《皇朝礼器图式》卷十一《卤簿二》。

纛是一种特殊的战旗，大驾卤簿中包括八旗骁旗纛、八旗护军纛、八旗前锋纛与五色金龙纛四种。骁旗纛与护军纛杆顶一致，但护军纛的旗帜是传统的三角形。前锋纛与骁旗纛旗帜相同，杆顶却有所差异：骁旗纛顶端为镂金火焰顶，挂着红色牦牛尾，看上去好似一团熊熊燃烧的火焰；前锋纛顶端为金盘并没有火焰造型，但看上去显得比较长，挂的是豹尾。五色金龙纛也是三角形旗帜，旗帜上有金龙图案，共有蓝色、红色、黄色、白色、黑色五种颜色。

［清］张廷彦等《崇庆皇太后万寿庆典》图中的八旗骁旗、护军、前锋纛

按照《皇朝礼器图式》的规定，骁旗纛与前锋纛均采用八旗旗帜，也就是正四旗的纛为长方形，镶四旗的纛为镶边的五边形。在《崇庆皇太后万寿庆典》图中，前锋纛与《皇朝礼器图式》的记载完全一致，但骁旗纛有所差异：正蓝旗、正白旗居然是五边形而不是四边形，两面正红旗一个是四边形，一个是五边形；镶白旗、镶黄旗、镶红旗居然是四边形而不是五边形。不知是绘画有误，还是形制有所变化。

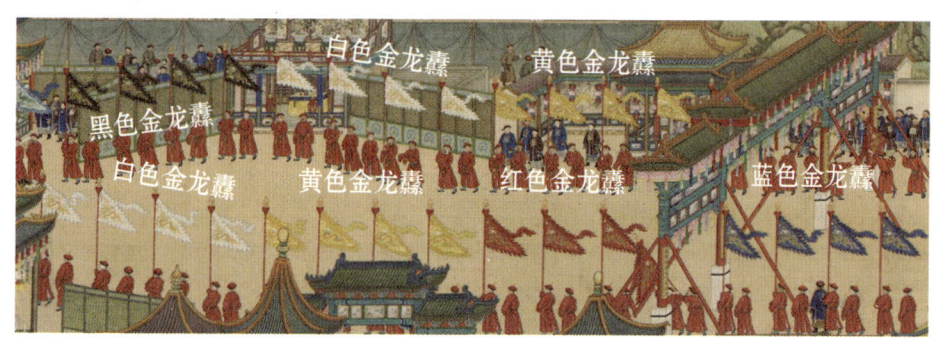

［清］张廷彦等《崇庆皇太后万寿庆典》图中的五色金龙纛

旗与纛只是功能上有所差异，均是可以迎风飘扬的旗帜，但麾、氅、节、旌、幡、幢都是向下低垂，可以视为某种特殊的旗帜。

麾有黄麾一种，氅有仪锽氅一种，节有金节一种。旌的顶端挂有红色牦牛尾并且带有褒扬之意，有进善旌、纳言旌、振武旌、敷文旌、褒功怀远旌、行庆施惠旌、明刑弼教旌、教孝表节旌共计八种，造型几乎一模一样，唯一的不同就是绣花缎面上分别绣有"进善"等汉、满文字。幡有龙头竿幡、豹尾幡、引幡、信幡等四种，幢有羽葆幢、霓幢、紫幢、长寿幢等四种。

旗帜之后是扇、伞、盖。扇有鸾凤扇、雉尾扇、孔雀扇、单龙扇、双龙扇与寿扇，在《崇庆皇太后万寿庆典》图中，两侧道路上每种扇子均为四柄，只有黄色双龙扇为十柄，这是因为在《皇朝礼器图式》中，黄色双龙扇共有三种款式，其他扇子只有一种款式，不过三款黄色双龙扇仅有一些细微差异，很难在图中进行分辨。寿扇与黄色双龙扇也比较类似，不过扇面中间却绣有青色的"寿"字，左右两侧各有一条龙环绕。

盖与伞其实并无实质性区别，所以时常会混用，《乾隆大驾卤簿图》中出现了五色龙伞与五色四季花伞，但在《皇朝礼器图式》中，却只有赤方伞、紫

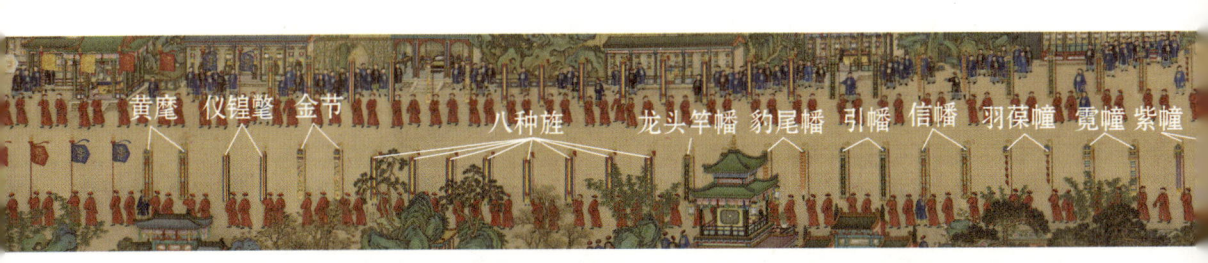

[清]张廷彦等《崇庆皇太后万寿庆典》图中的麾、氅、节、旌、幡、幢

方伞两种，这是因为在制定《皇朝礼器图式》时对两者刻意进行了区分，方形的称为"伞"，圆形的称为"盖"，伞全部为直柄，盖既有直柄，也有曲柄。五色龙伞、五色四季花伞全都改称五色龙盖与五色四季花盖。

［清］徐扬《乾隆南巡图·阅视黄淮河工》中身穿冬常服的乾隆皇帝

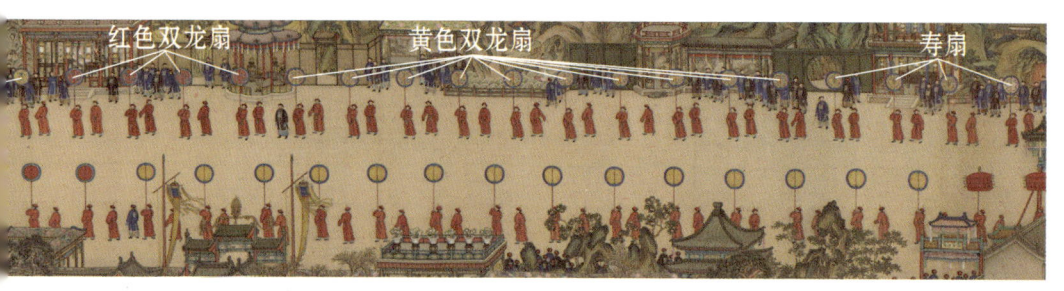

［清］张廷彦等《崇庆皇太后万寿庆典》图中的扇

在大驾卤簿中，最前面为导盖，后面是赤方伞、紫方伞、五色花盖、五色龙盖、九龙盖、翠华盖、紫芝盖、九龙曲盖。按照礼制，伞盖均为三层垂幨，但《万树园赐宴图》《乾隆南巡图》《乾隆射箭图屏》中的乾隆皇帝使用的盖都是两层，应该是为了方便出行而擅自进行了改装，其实并不符合礼制要求。

赤方伞、紫方伞分别用红、紫两种颜色的缎制成，上面没有任何纹饰，不仅造型不同于后面的圆形盖，纹饰也极为简约。

五色四季花盖、五色龙盖分别在黄、蓝、红、白、黑五种颜色的缎上绣有花卉纹、龙纹，在仪仗队内，两者通常会穿插在一起，两柄相同颜色的四季花盖中间是一柄同颜色的九龙盖。九龙盖绣有九条龙纹，与九龙曲盖形制相同，只是前者为直柄，后者为曲柄。

导盖在仪仗卤簿前起到指引和导向的作用，与九龙曲盖形制相似，但尺寸相对较小，细部装饰物也略有差异，导盖绣有八宝彩云纹，九龙曲盖只绣彩云而无八宝纹，九龙曲盖垂幨下缀15个金铃，飘带缀3个金铃，但导盖飘带上只垂五彩流苏而没有金铃。

[清] 郎世宁等《孝贤纯皇后亲蚕图·献茧》中的宫廷侍卫

翠华盖、紫芝盖与其他伞盖的区别是并没有飘带，翠华盖是在孔雀绿缎上绣孔雀翎，紫芝盖是在紫缎上绣24个五色芝纹。

伞盖之后是手持各种武器的军尉，他们共持有五种兵器，分别是戟、殳、豹尾枪、弓箭与仪刀，此外还有装弓的韔以及装箭的櫜，通常情况下韔挂在左侧，櫜挂在右侧。

兵器之后是气势恢宏的仗马，这些马通常从内务府上驷院调用，全都项悬朱缨，鞍、镫均为铜鎏金，鞍为黄毡缘青边，马的头上、身上装饰有黄绒、黄缎。

仗马之后是具有一定实用价值的物品，包括马杌（凳子）、交椅（可以折叠的马扎）、水瓶（也称小瓶，可以放热水）、盥盆（可以洗脸洗手）、唾壶（也称唾盂，可以吐痰）、香盒（可以放置香料）、提炉（可以燃放香料）、拂尘（可以掸去灰尘），均为纯金或者镀金材质，彰显出帝王的尊贵。

这些实用器物之后便是皇帝乘坐的"玉辇"，玉辇前有九龙曲盖，还有佩刀大臣10人，提炉2人。守卫在玉辇两侧的是御前大臣、御前侍卫、御前行走、乾清门行走、蒙古王公、额驸等人，并没有固定数目，由皇帝自行决定人数；这些人的两侧各有20名乾清门侍卫。

玉辇之后有两名骑马佩刀的后护大臣，二人身后是领侍卫内大臣与两位侍卫班领，再往后便是由其统领的呈弧形站位的40名宫廷侍卫，手持豹尾枪的10名侍卫站在最中间，两侧各有5名手持仪刀的侍卫与10名身背弓箭的侍卫。

《雍正帝祭先农坛图》中拱卫在雍正皇帝身后的侍卫也呈弧形队形，不过却并没有手持仪刀的侍卫，中间是手持豹尾枪的10名侍卫，两侧各有10名手持弓箭的侍卫，这或许是因为雍正皇帝前往先农坛祭祀时使用的是比大驾卤簿低一个等级的法驾卤簿。

侍卫身后还有礼舆随行，四周是备份民尉，如果队伍前面承担具体任务的民尉出现了突发状况，他们随时补上。备份民尉身后是由4名内务府总管、17名首领太监、若干执事太监以及1名内库郎中、10名库使等人组成的方阵，这些人随身携带着相关物品，以供皇帝的不时之需。

[清]佚名《雍正帝祭先农坛图》(局部)

王公、散秩大臣、护军统领、御史等人负责殿后,他们身后是另外一位领侍卫内大臣及其率领的亲军与160名侍卫,注意在这些人之中,只有王爷所穿补服上为圆形补子。

清朝消防神器

无论是紫禁城,还是皇家园林,建筑多为砖木结构,极易引发火灾,一旦蔓延开来,无疑将会引发灾难性后果。康熙十八年(1679)十二月初三,气势恢宏的太和殿就曾发生过严重火灾,因此清朝皇帝们大都极为重视消防工作。

紫禁城内共设有大小各异的铜缸、铁缸308口,其中18口鎏金大铜缸陈设在太和殿、保和殿和乾清门两侧。这些缸主要用于防火,平时里面会装满水,到了寒冷的冬季,这些缸的外侧要套上棉被,如果出现了结冰的迹象,还要在缸下烧炭加温,防止缸水冻结。从十一月初一至次年二月初一,一口大缸每日可以领用4斤黑炭,一口小缸每日可以领用3斤黑炭。

绝大多数火灾都是人为引发,因此康熙皇帝曾经专门发布诏令,皇宫内所有人员使用灯火时要格外小心,尤其是在寒风呼啸的隆冬时节,同时宫内所有人都不允许抽烟。清朝吸烟主要有两种,一种是吸鼻烟,也就是将碾成粉末的烟丝吸进鼻子里,吸鼻烟时用不到火,因此并不在禁止之列;另外一种就是抽旱烟、水烟,抽烟时需要将烟丝点燃,因此在禁止范围之内。

抽旱烟在朝中风靡一时，奉命编纂《四库全书》的大才子纪晓岚的烟瘾就特别大，他所用的旱烟锅一次可以装三四两烟丝，有一次他不慎将自己的旱烟锅弄丢了，急得不得了。不过他身边的人却安慰他不要着急，这么大的旱烟锅旁人根本用不了，他果然很快就在地摊上发现了这支烟锅，最终以极低的价格买了回来。乾隆皇帝知道他烟瘾很大，自然也就听之任之，他自诩为"钦赐翰林院吃烟"，不过他一旦进了宫，即便烟瘾再大，也必须要忍着、挨着。

雍正皇帝从步军、护军中挑选了100名精壮士卒，组建了专门用于灭火的"火班"，将咸安宫前墙西侧的25间房作为他们的营房。乾隆皇帝随后将"火班"扩编至180人，同时将他们的营地移到寿康宫西墙外。"火班"士卒昼夜值守，还划定了各自的救火区域，一旦发生火情便立即前去救火。

不过，由于紫禁城很大，火起后征调火班前来灭火需要时间，因此宫内太监编集成队，每队设头领1名，每10队设总头领1名，如果遇到火灾就征召头领先行赶往火灾现场进行紧急处置。

乾清宫等重要宫殿以及各处值班处都配备了杠杆式半机械化灭火器具——激桶，激桶为水桶形状，里面装满了水，为了便于搬运还设有抬杠，由于重量很重，往往需要多人同抬。水桶内设有用于蓄水的圆柱形铜缸，内部设有活塞，彼此之间通过软管与阀门进行连接。使用时，压动压梁，铜缸内的活塞会将里面的水通过出水管压出来，喷向起火点。激桶在当时属于很先进的消防用具。

第二部分
皇帝的生活

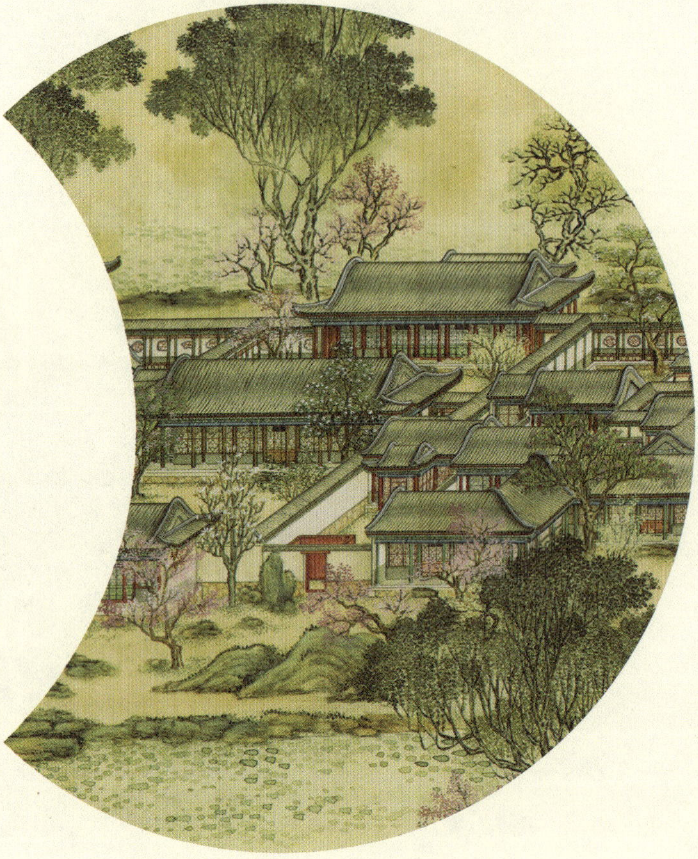

第一章
皇帝喜欢住在哪里

紫禁城的住处很憋屈

自从紫禁城建成之后,明朝皇帝大多住在气势恢宏的乾清宫。明嘉靖二十一年(1542),三十五岁的嘉靖皇帝朱厚熜正在熟睡之际,饱受迫害的十几名宫女想要趁机勒死他,幸亏皇后及时赶到,救下了性命岌岌可危的嘉靖皇帝。他自此便对乾清宫心有余悸,躲进西苑一住便是二十余年,不过这只是一个特例。

顺治皇帝是第一位入住紫禁城的清朝皇帝,由于李自成率领的农民军在撤离北京城时曾下令焚烧紫禁城,乾清宫也受到了波及,因此顺治皇帝只得暂时住在位育宫(保和殿)。

康熙皇帝登基后按照惯例将乾清宫作为自己在紫禁城中的寝宫。康熙六十一年(1722)冬天,康熙皇帝暴亡之后,继位的雍正皇帝却住在养心殿为父亲服丧,即便丧期结束之后,他仍旧赖在养心殿内不肯走。

养心殿始建于明代嘉靖年间,雍正之前的皇帝有时会在养心殿西暖阁用膳、上课或休息,偶尔也会接见近臣。东暖阁是专事造作御用物品的宫廷造办处所在地,是画匠、雕刻匠、油漆匠、漆画匠、木匠、金匠、铜匠、裱糊匠等各式工匠们工作的地方。

养心殿与皇帝正牌寝宫乾清宫简直不能同日而语，就好比经济适用房遇见了大别墅，但就是原本并不太起眼的养心殿在雍正朝奇迹般地完成了逆袭，彻底取代乾清宫成为皇帝的新寝宫。

养心殿不仅偏离紫禁城中轴线，前面也没有像样的广场，南北长约94.8米，东西宽约81.3米，占地面积约7707平方米，在偌大的紫禁城中其实是个并不算大的院落。

养心殿所在院落的南面为养心门，东南开有遵义门，北面开有如意门、吉祥门，主体建筑为工字形大殿养心殿，前后殿有廊连接，形成工字形建筑布局。前殿为黄色琉璃瓦歇山顶，面阔3间，宽36米，长12米，进深3间，正中为明间，迎面悬挂着雍正皇帝御笔所题"中正仁和"的匾额，匾额之下为皇帝御座。明间东侧的东暖阁内也设有宝座，曾是慈安、慈禧两太后垂帘听政之处。明间西侧的西暖阁被分隔为数间房屋，勤政亲贤殿是皇帝批阅奏折、与亲信大臣密谈的地方，三希堂是乾隆皇帝读书的书房，小佛堂是皇帝礼佛的地方。

养心殿后殿为皇帝寝宫，共有5间，正中的明间相当于是客厅，东西两间为寝室，都摆放着床榻，雍正皇帝之后的清朝皇帝几乎都居住在此处。后殿两侧各有5间耳房，主房两侧加盖的进深偏小、高度稍低的小房如同是正房的两只耳朵，故称为"耳房"。

东侧5间耳房称为体顺堂，乃皇后随居之处；西侧5间耳房称为燕禧堂，为高级妃嫔随居之处。同治年间，两宫皇太后垂帘听政时，慈安太后住在体顺堂，慈禧太后住在燕禧堂，以便协助小皇帝处理政务。

这个院落两侧各设有10余间低矮的围房，里面的陈设比较简单，供低级妃嫔等随侍人员临时居住。

养心门后是一个木照壁，木照壁与主体建筑养心殿前殿之间有一块并不大的空地。梅坞花园位于养心殿西侧，并包括养心殿西耳房的一部分。这是一处既简陋又狭小的袖珍园林，紫禁城最北部的御花园面积为1.2万平方米，乾隆花园的面积也有5920平方米，但梅坞花园只有100平方米，只有些树木和假山。

这个院子虽是个两进院落，却被两侧的配房、围房等附属用房挤得满满当当，前殿与后殿之间的距离也很小，穿堂两侧的空间还没有那些高官或者富商家中的院子宽敞。

雍正皇帝为何会舍弃宽敞气派的乾清宫住到养心殿里来呢？有的学者认为："那里已经停放过顺治、康熙两位皇帝的遗体。深受汉文化影响的雍正皇帝显然对此事有一定心结。"[①] 但为何深受儒家思想影响的明朝皇帝对此并无心结，唯独雍正皇帝这个满族皇帝对此有心结呢？

也有学者认为养心殿被皇帝选作寝殿是因为它得天独厚的地理位置，位于内廷南缘西侧，北与西六宫相连，南与御膳房相邻，东面隔街通往乾清宫的月华门，向南出内右门就是横贯紫禁城东西的乾清门外横街，掌管枢密要政的军机处设在养心殿南侧的内右门外，因此皇帝与军机大臣们商讨军国大事比较方便。

这的确是养心殿被雍正皇帝选中的原因，却并非是他抛弃乾清宫的原因。气势恢宏的乾清宫位于紫禁城中轴线上，与皇帝九五至尊的身份更为吻合，又毗邻皇后所住的坤宁宫，便于夫妻间的沟通交流，有着作为皇帝寝宫得天独厚的优势，雍正皇帝却将其弃而不用，恐怕另有隐情，极有可能与康熙皇帝之死有关。

根据《清圣祖实录》的记载，康熙六十一年（1722）十一月十三，康熙皇帝病情突然加剧，命人将诸子征召到御榻前，在弥留之际传位于雍正皇帝，这一切看似很正常，但事实果真如此吗？

有一个偏远山村的教书先生曾静，曾鼓动手握重兵的川陕总督岳钟琪反清复明。岳钟琪是名将岳飞的第二十一世嫡孙，当年岳飞因为坚定地抗击金兵而被宋高宗、秦桧等人谋害，当年的金人与满洲人同属女真族，因此曾静恳请岳钟琪能够继承岳飞遗志驱除鞑虏，恢复中华。

---

① 朱起鹏：《清朝皇帝爱住养心殿》，《山海经》2018年5月号（上）。

为了说服岳钟琪，曾静还罗列了雍正皇帝的十大罪行，分别为谋父、逼母、弑兄、屠弟、贪财、好杀、酗酒、淫色、诛忠和任佞。关于谋父，他曾这样说，当时病重的康熙皇帝在畅春园内养病，还是雍亲王的胤禛趁机献上了一碗人参汤，康熙皇帝饮完之后便一命呜呼了。

岳钟琪自然知道此事事关重大，决不能意气用事，于是将此事上奏朝廷，曾静随后被逮捕。面对弑父等十项指控，雍正皇帝与他当面进行对质，还特地将两人的对话编成《大义觉迷录》并向社会公开发行。他还派朝廷大员带着曾静前往江宁、杭州、苏州等地进行宣讲，以期消除由此产生的不良影响，不过却给人欲盖弥彰之感。

野史之中还有另外一种说法，康熙皇帝弥留之际征召皇十四子胤禵入宫，可一睁眼却发现站在自己面前的竟然是皇四子胤禛，怒不可遏的康熙皇帝摘下自己随身佩戴的佛珠狠狠地掷向胤禛，不久之后便传出他暴亡的消息。胤禛随后拿出被自己篡改的遗诏，向诸兄弟及文武百官宣布父皇决意传位给自己，并以佛珠为证。康熙皇帝生前所立遗诏上原本写的是传位十四子胤禵，但胤禛将"十"篡改为"于"，将"禵"改为"禛"。

其实，清代正式诏书中提到皇子时都会称为"皇某子"，这个"皇"字是必不可少的，而且当时用的是"於"字而不是"于"字，更关键的是清朝诏书通常都用满汉两种文字书写，即便汉文因笔画相近能被篡改，满文又如何篡改呢？

来自意大利的传教士马国贤因擅长绘画和雕刻而得到康熙皇帝的赏识，于是成为宫廷画师。康熙皇帝在畅春园暴亡时，他当时就在场，曾这样记述当时的情形："驾崩之夕，号呼之声，不安之状，即无鸩毒之事，亦必突然大变，可断言也。"康熙皇帝驾崩当晚，畅春园内乱作一团，因此他断定当时肯定发生了什么大变故。

康熙六十一年十月二十一，六十九岁的康熙皇帝曾前往南苑打猎，说明此时他的身体还算硬朗。十一月初七，他突感不适，于是前往畅春园进行休养，当时病得应该并不重，谁知十三日晚却突然传出他驾崩的消息，更为蹊跷的是侍奉康熙皇帝六十余年的总管赵昌在康熙驾崩当晚被刚刚即位的雍正皇帝处死，那夜究竟发生了什么已然成为一个永远无法解开的谜。

雍正皇帝的祖父顺治皇帝、父亲康熙皇帝都被安葬在如今河北遵化境内的清东陵，可他却另辟蹊径在今河北易县境内修建了清西陵，专门用来安葬自己。

不论是皇帝，还是贵族，一家人生在一起、葬在一处一直是千百年来的重要传统，比如今北京昌平境内天寿山南麓的明十三陵便是如此。明朝共有十六位皇帝，只有三位皇帝并未葬在明十三陵，不过却全都事出有因。

明太祖朱元璋建立明朝后定都南京，死后葬在了南京的明孝陵。第二位皇帝建文帝朱允炆在位时，明朝的都城依旧在南京，他被自己的四叔朱棣赶下了台，当时南京城破时，正史记载他自焚而亡，但分析现有史料，他远遁他处的可能性更大。景泰皇帝朱祁钰是个名不正、言不顺的皇帝，当年他的哥哥明英宗朱祁镇在土木堡之变中被瓦剌人俘获。在大明岌岌可危之际，朱祁钰被朝臣们拥立为新皇帝，不过朱祁镇后来却被那些不怀好意的瓦剌人放了回来，趁着弟弟朱祁钰病重之际发动了夺门之变，夺回了原本属于自己的皇位。朱祁钰此后被废，自然也就没有资格葬在明十三陵。

不仅明朝如此，其他朝代的皇帝们也大多埋葬在一处，只有辽皇帝的陵墓分在两处，主要是因为在辽前期，开国皇帝耶律阿保机的长子耶律倍的子孙与次子耶律德光的子孙交替掌权，这才会被分在两处。

雍正皇帝却出人意料地选择与自己的父亲不葬在一处，这使得后来即位的乾隆皇帝遭了难。他素来仰慕祖父康熙皇帝，一直在效法自己的祖父，于是他在清东陵营建自己的陵墓，却又不愿让自己的父亲雍正皇帝一人孤零零地待在清西陵，因此便确立了"隔代葬"的政策。清东陵有顺治皇帝的孝陵、康熙皇帝的景陵、乾隆皇帝的裕陵、咸丰皇帝的定陵和同治皇帝的惠陵等五座皇帝陵；清西陵有雍正皇帝的泰陵、嘉庆皇帝的昌陵、道光皇帝的慕陵和光绪皇帝的崇陵等四座皇帝陵。

雍正皇帝不住在父亲康熙皇帝居住的寝宫乾清宫而是住进了局促的养心

殿，未葬入安葬有祖父、父亲的清东陵而是另行修建了清西陵，种种反常举动说明他应该对父亲心中有愧，即便在九泉之下也不愿与父亲见面。

他极有可能与父亲的死脱不了干系，所以才会如此急迫地将康熙皇帝驾崩当晚的重要见证人赵昌处死。当时康熙皇帝应该还没有到病入膏肓的程度，自然也就没有来得及留下遗诏。雍正皇帝手中所谓的遗诏极有可能是他与舅舅隆科多炮制出来的，隆科多后来也遭了毒手，应该是他在杀人灭口。

园林中的住处

其实清朝皇帝大部分时间并不住在紫禁城，而是喜欢住在风光秀丽的皇家园林之中。康熙皇帝最爱畅春园，畅春园共分为五部分，宫廷区、前湖区、后湖区、北湖区由南向北依次展开，农耕区位于西侧的狭长地带，康熙皇帝在这里可以享受一下"农家乐"。

畅春园的南面主要用于皇帝办公，中部与北面主要用于皇帝日常生活，风景秀丽的后湖区是康熙皇帝最主要的休息娱乐场所，位于这一区域的清溪书屋就是康熙皇帝的寝宫，周边有观澜榭、集凤轩、疏峰等优美景点，对这里情有独钟的康熙皇帝最终在清溪书屋走完了自己的一生。雍正皇帝即位后，在书屋旧址建造恩佑寺，为其父"荐福"，后乾隆皇帝又在恩佑寺旁建恩慕寺，以寄托对皇太后的哀思。

随着康熙皇帝的逝去，畅春园的地位逐渐被圆明园所取代，从雍正皇帝开始，直到被英法联军损毁，圆明园一直是清朝皇帝最主要的住处。在偌大的圆明园之中，到处都是令人心旷神怡的美景。位于后湖南侧的九州清晏最受皇帝青睐，其核心建筑九州清晏殿便是皇帝在圆明园生活期间的寝殿，雍正皇帝就死在这里。

九州清晏景区中轴线东侧是后妃们的居住区域，称为"天地一家春"，乾隆皇帝曾在"天地一家春"西北部修建了皇后殿，与自己的寝殿九州清晏殿通过游廊相连接。中轴线西侧设有戏台，皇帝后妃可以在这里观赏演出。"乐安和"是乾隆皇帝的书房，他有时也会睡在那里，此外还有湛静斋、怡情书史等建筑。

　　道光十六年（1836）九月二十六，位于中轴线上的九州清晏殿等三座主殿被大火焚毁。由于皇后佟佳氏已经在三年前病逝了，此时地位最高的全贵妃钮祜禄氏并不住在东侧的"天地一家春"，而是居住在西侧的湛静斋，咸丰皇帝就在这里出生。咸丰皇帝登基后，将"湛静斋"改名为"基福堂"，此处又成了他的皇后慈安皇后的寝宫。道光皇帝重修九州清晏殿时并没有修建通往"天地一家春"的走廊而是修建了围墙，同时拆除了皇后殿，取而代之的是两座院落，每个院落均设有前、后正房，供妃嫔居住，慈禧太后还是妃嫔时便居住在这里。

［清］唐岱等《圆明园四十景图之九州清晏》

　　道光皇帝极为钟爱圆明园，除了因出席皇家活动必须要住在紫禁城外，其他时间他几乎都会住在圆明园。不过他在九州清晏殿住久了便有些腻了，为了获得更好的睡眠体验，于是将九州清晏殿西侧的怡情书史、安乐和等建筑拆除，新建造了一座面阔5间的三卷勾连式大殿，取名为"慎德堂"，自此之后，这里便成了他的寝宫。1850年2月25日中午，一生碌碌无为的道光皇帝病逝于自己亲手修造的慎德堂，仅仅10年后，他所钟爱的圆明园便被英法联军焚毁。

慈禧太后垂帘听政之后仍旧怀念着昔日住处"天地一家春"，因此同治皇帝曾经试图修复圆明园，但所需银两实在太过巨大，当时清朝又处于风雨飘摇之中，最终只得无奈作罢。之后即位的光绪皇帝为了让慈禧太后安度晚年，以操练海军为名转而重修受损程度相对较轻的清漪园。

乾隆十五年（1750），乾隆皇帝为了孝敬母亲崇庆皇太后，动用448万两白银，以昆明湖、万寿山为基址，以杭州西湖为蓝本，汲取江南园林的设计手法，建成大型山水园林清漪园。清漪园也被英法联军焚毁，光绪皇帝将其重修之后改名为"颐和园"，此后慈禧太后的大部分时间都在这里度过。

慈禧太后垂帘听政期间，在颐和园接见大臣，处理政务，举行典礼。光绪皇帝亲政后也时常来这里居住。在昆明湖东岸、仁寿殿西侧的一处独立院落中，正殿玉澜堂就是光绪皇帝的寝宫，这里与外界隔着一座假山，是一处清幽的所在。光绪皇帝时常在这里读书、休息与批阅奏章。戊戌变法失败后，慈禧太后曾一度将光绪帝幽禁于此，派人砌墙封堵了通往外界的所有通道，不过她还是不放心，随后又将光绪皇帝迁往南海瀛台。

宜芸馆的正殿是光绪皇帝之妻，同时也是慈禧太后的侄女隆裕皇后的寝宫，两厢还建有配殿，东侧名叫道存斋，西侧名叫近西轩，光绪皇帝有时也会留宿在这里。

皇帝如何御寒和避暑

北京城的冬天颇为寒冷，皇帝又是如何御寒的呢？皇帝居住的建筑大都坐北朝南，可以最大限度地吸纳阳光。无论正房还是偏房，全都建有厚厚的墙壁与屋顶，既能隔热，又能保暖。

一道道高大的宫墙将紫禁城分割成若干个独立的院落，在保证私密性的同时，也能有效地抵御西北风的侵袭。由于木窗户密闭性并不是太好，冬季来临前，内务府下辖的掌仪司会抽调各司工匠糊窗棂，起到防风的作用，一些重要宫殿外面还会搭盖毡棚进行保暖。

不少宫殿的地下还挖有火道，殿外廊下设有两个一人多深的坑洞，这里便是火道的灶口，其上覆盖着木盖。康熙皇帝、同治皇帝和光绪皇帝结婚的洞房坤宁宫东暖阁等许多宫殿都采用这种暖阁结构。这种火炕至今在东北农村地区仍旧广泛存在，即便外面天寒地冻，里面依旧是温暖如春。

除此之外，殿内还会放置火盆，也称为熏笼，熏笼有大有小，大的熏笼有一米多高，重达数百斤，犹如体型巨大的暖气。

每年十一月初一，紫禁城中便开始烧热炕，设围炉火盆，这一天也被称作"开炉节"。为了防止殿内被炭火烧得黑黢黢的，皇宫之中所用火炭都经过精挑细选，之后又经过特殊加工，其中有一种烧完后炭灰为白色，因此被称为"白骨炭"；另一种烧完后炭灰呈青灰色花瓣状，因此被称为"菊花炭"。这种炭燃烧时火苗很旺，热量很高，却既无火星，也无烟尘，更无异味。

北京的夏天颇为炎热，皇帝又是如何避暑的呢？

每当夏季来临，宫殿前便会搭盖凉棚、罩棚，起到防暑降温的效果。养心殿与东、西六宫等宫殿的纸窗外安装有纱棂，俗称"替窗"，类似于今天的纱窗。门上还会挂起堂帘，也就是按照门的尺寸制作的大竹帘，既能屏蔽蚊虫，又便于采光通风。

每天早晨八九点钟，太监宫女们便会放下堂帘，落下支窗，使得殿内保持相对密闭的状态，外面的滚滚热浪难以侵袭进来；等到夕阳西下，把堂帘卷起来，将支窗支起来，使得外面的凉风可以吹进屋内。

为了降温，殿内还会放置木质冰桶，看上去与木质水桶差不多，约一尺五寸高，二尺见方，周遭有铜箍，下面还有高约一尺的木座，最上端是两块带孔的木盖。冰桶内盛放着大量冰块，慢慢融化的冰块会给殿内带来丝丝凉意。

更为高端的便是柏木冰箱，不似冰桶那样为圆桶状而是方形，冰箱上有一对箱盖，每个盖上各有两个铜钱纹小孔，方便使用者提拉箱盖。盛夏时节，冰箱内会放入大量冰块，四壁包有铅皮，可以屏蔽外面的热气，减缓冰块融化的速度。冰箱内设有一层格屉，食物可以放在屉板之上，起到冷藏的效果。冰箱两侧各有两个铜提环，方便提拉冰箱。冰箱下端为造型精美的木座，座面、束腰及鼓腿拱肩处均包有铜片，木座四条腿下连着托泥。

紫禁城内设有5座冰窖，共计藏冰2.5万块；景山西门外设有6座冰窖，共计藏冰5.4万块；德胜门外设有3座冰窖，共计藏冰2.66万块；德胜门外还有两座土窖，藏冰4万块；正阳门外有两座土窖，藏冰6万块。上述冰窖、土窖共计藏冰20余万块，每块贡冰重约66公斤，御用藏冰总重量高达1.4万吨，在农历五月初一至七月二十近三个月的炎炎夏日里，皇家用冰根本不用愁。

不过最直接、最高效的降温方式还是扇扇子。传统扇子自然是手摇扇，折扇、象牙丝编织纨扇、缂丝纨扇、团扇、羽毛扇、孔雀毛扇等样式各异的扇子应有尽有，不过宫女们的力气往往比较小，太监们力气虽大些，却因被阉割过身上总会带着某些异样的气味。雍正皇帝对这种气味很是厌恶，于是有人便心领神会地设计出了一款拉绳扇，太监宫女只需站在殿外拉绳子便可驱动殿内的扇子不停地扇动，既不会打扰殿内的皇帝，也能为皇帝带去阵阵凉意。

紫禁城中还有更为先进的机械扇，分为发条式和按钮式两大类，要么是西洋制造的，要么是宫廷造办处仿制西洋制造的。

发条式机械扇是在西洋座钟的基础上发展而来，铜镀金染牙箱童子风扇便是如此，一个笑容可掬的童子跪坐在装饰有染色象牙片的基座上，侧面开有用于上弦的小孔。稚嫩清秀的女童一手持扇，一手握方巾，上弦之后，女童会上下挥动手中的扇子。

红木人物风扇钟本是一架座钟，钟上端的平台上跪着一个面带微笑的女童，左手持桃，右手握着一柄很小的桃形扇，女童身后为木雕山石和花树，两者中间有一只双耳粉彩瓷瓶，瓶中插着一个拥有蝙蝠状扇叶的风扇，上紧发条之后，女童手中的风扇将会不停摇动，她头顶上的风扇也会不停地旋转，此种样式的风扇与今天的风扇已经很接近了。

按钮式机械扇是通过按钮来开启风扇，化学描金花手摇风扇便是如此。

"化学"指的是这柄风扇为塑料材质,其上还描有金花,色彩艳丽,小巧轻便,三个扇叶有巴掌那么大,只要轻轻按动按钮,便能给皇帝带去阵阵凉风,这种样式的小风扇至今仍在使用。

每年端午节前,宫廷造办处下辖的锭子药作会赶制出名为锭子药的防暑药,主要有紫金锭、蟾酥锭、离宫锭、盐水锭等,通常会放在随身携带的荷包或香袋中,若是出现中暑等症状便可立即服用。锭子药有时还会赏赐给文武官员,对于他们而言可是莫大的恩宠。

除此之外,宫廷造办处还会生产避暑用的避暑香珠和大黄扇器,根据清宫医案的记载,将香薷、甘菊、黄檗、黄连、连翘、香白芷等六种药材放入水中用慢火煮,等到药汁变稠后再加入透明朱砂末等十二种药末,用其制成手串状的珠子,无论是拿在手中还是挂在衣间,都会在炎炎夏日里带来丝丝凉意。挂在扇柄之下的扇坠大黄扇器也有一定的避暑效果。

其实清代皇帝夏天很少在紫禁城内居住,康熙皇帝一到夏天便会去西苑(中南海和北海)、南苑(在北京城南十公里的永定河故道上修建的皇家园林),在执政中后期时常去位于西郊的畅春园。雍正皇帝夏天长期住在圆明园,早在登基前他便奉命看护那里,对圆明园的感情自然很深。圆明园四十景之一的"水木明瑟"有一种用流水驱动的大风扇,在夏日里会给人带来久违的清凉。

[清]唐岱等《圆明园四十景图之水木明瑟》

北京城周边的那些皇家园林和行宫要么临水而建，要么地处清凉，都比紫禁城里要凉快许多，不过最佳的避暑胜地还是康熙皇帝兴建的热河行宫（承德避暑山庄），距离北京大约有两日的路程，那里有河流，有湖泊，有山峦，有森林，即便是在炎炎夏季，来到这里仍旧会感到凉爽如春！

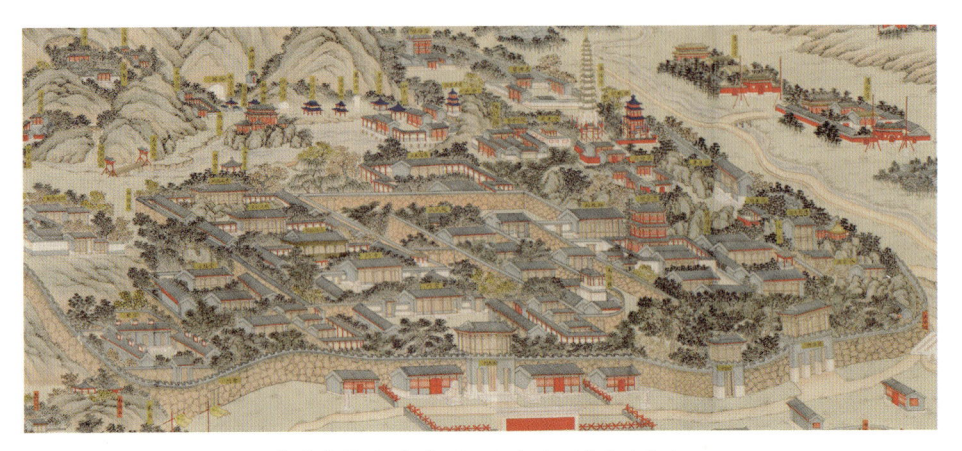

［清］管念慈《热河行宫全图》（局部）

第二章
清朝太监很难混出头

男人为什么要当太监

［清］佚名《万国来朝图》中正在搬运山石花卉的太监

不仅仅是皇帝，王公大臣也喜欢使用太监充当自己的下人，这样可以省去很多后顾之忧。天命六年（1621）七月初四，清太祖皇帝努尔哈赤曾经告诫诸位贝勒说："你们府上的那些下人应当趁着他们年幼时净身，这样他们的父母日后才有可能会享受荣华富贵，否则时间长了，他们势必会与你们府上的妇人私通,一旦败露他们便是死路一条,你们如今不将他们净身实际上是在害他!"①努尔哈赤分明是打着爱你的幌子在伤害你!

按照规定,王公大臣可以按照等级配备一定数量的太监,亲王为25人,世子、郡王为20人,贝勒为15人,贝子为8人,公、侯、伯、一品大臣为2人,二品大臣为1人;不过这些人却时常凭借手中权力超限额配备太监。

道光十年(1830),一向以抠门著称的道光皇帝下令:"嗣后王公一、二品大臣使用太监数目,不必定以限制多少,听其自便。"②朝廷只担负限额之内的太监的钱粮,超编的太监由王公大臣自掏腰包支付报酬,朝廷自此之后不再设定限额。

选择成为太监无疑要舍弃掉男人的尊严与生活,但走上这条路的仍旧大有人在,其中最主要的原因就是贫穷,家中孩子太多或者遇到天灾人祸实在无法养活,只能忍痛将儿子送入宫中,这样还能为他留条生路。不过,也有狠心的父母想要通过这种方式来补贴家用,甚至是享受荣华富贵。当然也有人贩子将拐卖的男孩阉割后进行变卖,还有人犯下重罪之后通过入宫来躲避追捕,也有人因受到了旁人的蛊惑,想要通过当太监来实现阶级跨越。

清朝时,如今的北京昌平与平谷、天津静海、山东乐陵、河北沧州与保定等地都是出产太监的地方。晚清太监马德清曾经回忆说,自己的父亲在光绪三十一年(1905)前后通过哄骗的手段将他按在铺上,亲自给他净身,由于当时并没有麻醉药品,他疼得死去活来。阉割完之后,父亲在他的尿道上插了一根管子,以防尿道会被新长出来的肉堵塞。此后他躺在床上休养了将近四个月的时间,其间还需要不断地换药,也就是用涂着白蜡、香油、花椒粉的棉纸在他的伤口上不停地涂抹,每次他都会感到疼痛不已。

当然,绝大多数父亲都下不去手,也没有阉割的手艺。在乾隆朝之前,朝廷一直严格禁止私自净身,一旦发现会被判斩监候,因为私自净身的死亡率极高;不过朝廷后来对因衣食无着而被迫净身的人网开一面。

乾隆四十八年(1783),直隶安肃县(今河北保定徐水区)百姓王二格因

---

① 《满文老档》卷四。
② 《钦定礼部则例》卷一百二十。

家贫私自将十一岁的儿子王成净身，王成被判斩监候，王二格也被一同监禁。后来乾隆皇帝得知了他这么做的苦衷，于是下令豁免所有因贫困而私自净身之人的罪行，准予他们到内务府当差，如果是其他原因擅自净身，内务府需行文地方官员进行调查，但不允许再监禁其家属。①

北京城内南长街会计司胡同的"毕五"，地安门内方砖胡同的"小刀刘"，是当时专门做净身生意的专业人士，每个季度都会向内务府输送四十多名太监，他们虽然经验丰富，但手术方式很落后，净身时仍旧会使得对方痛不欲生。

起初，净身之人需要先向礼部报名记档，然后再交内务府验看，后来改为内务府全权负责，由其下辖的会计司、掌仪司的官员对其进行政审与体检，还会邀请见多识广的老太监协助查验。没有净身之人要想混入宫中难如登天，一旦发生此等情形，相关人员全都要处死，谁也不敢拿自己的身家性命开玩笑。

新入宫太监的年龄通常会限制在16岁以下，后来因太监数量短缺，放宽到了20岁以下，但仍旧时常有人超龄。遇到这种情形，需要与王公大臣府上的太监进行调换，将相对年轻些的太监换入宫中。

太监正式入宫前需要先前往内务府慎刑司认旗，也就是确认自己的旗籍身份，随后由内务府有关人员领进宫去。这些新太监通常会被送往养心殿等处，跪着等候皇帝或者垂帘听政的太后挑选，皇帝、太后手中会拿着写有他们名字的牌子，对他们一一进行验看与观察，从中挑选出中意的人留在身边，其他人会被分配到宫内各处，宫内无处安置的太监会被送到王公大臣的府上。

10—20岁之间的新入宫太监会得到5两赏银作为自己的安家费。嘉庆十三年（1808）六月，嘉庆皇帝将赏赐的年龄下限降至六七岁，原本并无赏银的20岁以上的新太监也可以额外获得3两赏银。8年之后，他又将赏银分别提高到了8两、6两。不过有些人在领取赏银之后竟然逃走了，嘉庆皇帝对此极为恼火，于是便降低了赏银标准，自愿入宫当太监的百姓赏银6两，王公大臣进献的太监赏银4两。②

---

① ［清］裕诚：《总管内务府现行则例》卷三《会计司》。
② ［清］裕诚：《总管内务府现行则例》卷三《会计司》。

清朝太监的收入

级别	每月待遇
正四品宫殿监督领侍	银八两、米八斛[①]、公费银一两三钱。
从四品宫殿监正侍	
五品宫殿监副侍	银六两、米六斛、公费银一两二钱。
六品宫殿监副侍、执守侍	银五两、米五斛、公费银一两一钱[②]。
七品执守侍	御膳房等处总管、首领：银五两、米五斛、公费银一两。 乾清宫等处总管、首领：银四两、米四斛、公费银一两。
八品侍监	静明园等处首领、副首领：银四两、米四斛、公费银七钱三分三厘[③]。 敬事房笔帖式及鹰房等处首领、副首领：银三两、米三斛、公费银七钱三分三厘。 掌仪司、营造司及三大殿等处首领：银三两、米三斛、无公费银。
无品级首领和副首领	一等差事：银四两、米四斛、无公费银。 二等差事：银三两、米三斛、公费银七钱三分三厘。 三等差事：银三两、米三斛、无公费银。 四等差事：银三两、米二斛、无公费银。 五等差事：银二两五钱、米二斛半、公费银七钱三分三厘。 六等差事：银二两五钱、米二斛半、无公费银。 七等差事：银二两五钱、米一斛半、无公费银。 八等差事：银二两、米二斛、公费银七钱三分三厘。 九等差事：银二两、米一斛半、无公费银。 十等差事：银一两五钱、米三斛、无公费银。 十一等差事：银一两五钱、米一斛半、无公费银。
无职务太监	一等太监：银三两、米三斛、公费银七钱三分三厘。 二等太监：银二两五钱、米二斛半、公费银七钱三分三厘。 三等太监：银二两、米一斛半、公费银七钱三分三厘。 奏事处、养心殿部分太监：银四两、米四斛、公费银七钱三分三厘。 圆明园兼长春园技勇太监：银三两、米四斛、公费银七钱三分三厘。

---

① 一斛为五斗。

② 圆明园兼长春园总管的公费银为一两。

③ 清漪园首领、遵义门首领为六钱六分六厘。

注意无职务与无官职是两个概念，无官职是指没有担任九品以上的官职，不过却有可能会担任首领、副首领等职务。无职务太监未必就比有职务太监挣得少，在奏事处、养心殿等核心岗位工作的无职务太监或是武艺出众的技勇太监，实际享受着八品侍监的待遇。

无职务太监分为三等，但级别最低的第三等太监的收入并非是太监中最低的，甚至会高于部分无品级的首领、副首领。如畅春园副首领每月收入仅为银二两、米一斛半，还没有公费银。这是因为随着康熙皇帝的去世与圆明园的建成，皇帝很少再去畅春园。道经厂充道士首领每月收入仅为银一两五钱，米一斛半，也没有公费银。因此不能仅仅看太监是否有职务，还要看他在哪里任职，岗位是否重要。

由于太监入宫前要先认旗，因此他们每月的工资，也就是应领银米，由内务府三旗的参领等人造册之后送内务府会计司，审核无误后加盖本旗铃印，然后再从户部领取。朝廷在东华门外空闲围房设立了恩丰仓，太监的粮食便从这里领取。公费银实际就是太监的办公经费补贴，宫殿监必须要在前一个月的十五日前向内务府广储司申报补贴数额，广储司审核无误后再向户部行文领取。

如果太监请病假超过一年，那么他当年所领工资需要如数退回；请病假超过半年但不足一年的，大约需要退还一半的工资，有职务的太监还会被革职；病假超过一个月但不足半年的，大约需要退还六分之一到四分之一的工资；病假一个月以内的，不会扣工资。清朝比较人性化的一点是，患病的太监痊愈之后如果仍旧能够当差，那么之前所扣工资会如数补发。

对于普通太监而言，每月领取一二两银子与一二斛米，虽说并不算多，但在宫内吃住都不需要自己额外花钱。普通农民都是靠天吃饭，即便是收成好的时候，每年也只有十到十五两银子的收入，旱涝保收的普通太监自然比他们要强上许多。

每逢万寿、元旦、冬至三大节以及端午节、中秋节等传统节日，抑或是皇帝登基、皇帝亲政、皇帝大婚、皇帝生子等喜庆时刻，宫内大小太监通常都会额外获得恩赏，有时甚至比当月工资还要多。若是获得了皇帝后妃的青睐，他们还会时不时地得到赏钱，甚至是珠宝玉器、名人字画等名贵物件。

如果有幸随同皇帝参加出巡、狩猎、谒陵等活动，太监还会获得出差补助与伙食补贴，称为盘费银两，乾清宫总管以上的太监每日加盘费银三钱，其他各处总管、首领等每日加二钱，普通太监每日加一钱。如果追随皇帝下江南，一来一回通常要将近四个月的时间，盘费银两均是按日计算，这可是一笔不菲的收入。

太监的福利待遇还算不错，如若祖父母、父母亡故，可以获得 10 两银子的抚恤金，相当于普通农民一年的收入，还准予回家料理丧事；若是兄弟亡故，可以获得 5 两银子的抚恤金。本人亡故之后，朝廷还会向其家人发放抚恤金：总管病逝后，向其家人发放 20 两银子；有官职首领、每月 4 两以上银子的无职务太监病逝后，向其家人发放 15 两银子；无官职首领、每月 2 两以上银子的无职务太监病逝之后，向其家人发放 10 两银子；其他太监病逝之后，向其家人发放 5 两银子。

宫女通常年满 25 岁便可以出宫嫁人了，但太监并没有明确的出宫年龄，等到年老体衰实在干不动活了，可以提出退休申请，经批准之后才能出宫为民。康熙二十三年（1684），康熙皇帝下令命礼部负责收养那些退休的太监，每四人给一间房，每月还发放银五钱、米一斛，待其去世后交由五城兵马司安葬。

不过许多退休的太监并不安生，仍会利用自己残余的政治影响力生事。雍正皇帝连续下发多次上谕要求退休太监一律返回原籍，只有 65 岁以上的高龄太监以及因公致残的太监才可以继续留在京城。内务府、九门提督与巡城御史负责对不符合留京条件的宦官进行遣返，还将遣返人员名单发送给地方官，由其对退休太监进行监管，如若退休太监擅自在外省居住，地方官将会被从重治罪。[①]

如果那些退休的太监在进宫当差期间时常接济家人，家人对其感恩戴德，

[①] ［清］鄂尔泰等纂：《国朝宫史》卷三。

或许可能会接纳他，但绝大多数出宫太监面临着无家可归的窘境，好在他们都会有一定的积蓄，大多会选择寺庙道观作为自己最后的栖身之所，通过向僧人道士进行施舍来安然度过自己的晚年。

［清］佚名《万国来朝图》中正在打水、扫地的太监

太监不仅仅要伺候皇帝

清朝皇帝对太监的管理极为严格，出台了《太监犯赌治罪条例》《逃走太监分别治罪条例》等名目繁多的规定。如太监不得将宫内之事告诉外人；不得将宫内之物私自携带出宫；不得与宫女认亲，更不能像明朝的太监那样与宫女结成假夫妻；没有事情不能在主子屋内久立闲谈。诸如此类的规定多如牛毛，不论是首领太监，还是普通太监，如有违反都会受到惩处。

为了不走或者少走弯路，新太监入宫之后通常要先拜师父，有资格当师父的人多是总管太监或首领太监，只有积极地向他们求教，才能在短时间内对明面上的规矩以及桌面下的潜规则了然于胸。

太监边法长曾经回忆说，无论是端茶倒水，还是交谈问安，宫内样样都有规矩，以称谓为例，皇帝称为"万岁爷"，慈禧太后称为"老佛爷"，后妃称为"主子"。如今妻子习惯称呼自己的丈夫为"老公"，但其实清朝时"老公"是太监的专属称谓，不过只能背地里说，谁都不能当面称呼太监为老公。平辈儿的太监之间互相称为"爷"，比如张爷、李爷等，晚辈称呼长辈为"师父"。

绝大多数师父都将新太监视为自己的奴仆，天不亮，新太监就要起床为师父准备漱口水、洗脸水，等时辰到了，他们再毕恭毕敬地去叫师父起床，伺候师父穿衣服。穿衣服也很有讲究，不能让师父的身子随着你，你要随着师父的身子给他穿。晚上师父下班之后，他们还需要悉心服侍师父，等师父睡了他们才能去睡，还不能睡得太死，师父晚上有事叫你，需要随叫随到。

向主子、上司回话或者接受训话时，太监要洗耳恭听，决不能走神，因为人家往往只会说一遍，即便没有听清，也不能要求人家再说一遍或是解释一下。如果要是听明白了，新太监要大声地说"嗻"，不能毫无表示，也不能说"嗯""啊""好嘞"等民间俗语。无论是晚上坐更，还是白天站班，即便没事的时候，也不能彻底放松下来，更不能擅离职守，要随时随地听候主子的吩咐。

太监们的膝盖是最不值钱的，动不动就得下跪，但又不能乱跪。谢恩、请赏时，太监需要行三跪九叩大礼，跪三次，每次叩三下头，为了表示感激，往往还需要磕出声响来，称为"磕响头"。平日里向主子回事、请安时，太监只需双腿跪即可，但要先左后右，身子要挺直，从头上摘下来的帽子要放在身子右边，身上穿的袍子不能压在腿下。如果向地位高的太监而不是主子回事、请安时，通常只需要单腿跪即可。

虽然宫中禁止抽烟，但仍旧有很多妃嫔习惯在饭后抽水烟或旱烟，太监需要知道主子什么时候想抽烟了，然后恰到好处地递过烟袋。后妃们大多喜欢抽水烟，烟草燃烧后产生的烟雾经过水过滤之后才会被人吸入嘴中，因此并没有那么呛。如果主子用的是仙鹤腿水烟袋，太监需要跪在地上，用手握紧水烟袋；如果是小水烟袋，太监只需站着将烟袋捧在手里，随时准备为主子装烟、吹纸捻儿，最紧要的是把握好火候儿，如若不是细心观察、用心体会是万万做不好的。

跟随主子去旁人宫里做客，抑或是去某处遛弯，两名亲信太监会分列主子左右进行搀扶，其他太监需要识趣地与主子保持一定的距离，恭敬地捧着主子出行时叮嘱要携带的东西，如果主子有需要及时递过去。妃嫔出行大多乘舆或者乘车，太监要不远不近地跟随在车舆周围，无论是起轿、落轿还是搭帘子，都要格外小心谨慎，如若让主子感到一丝不适，就有可能会招致责打。

［清］佚名《万国来朝图》中伺候在乾隆皇帝身边的御前太监

伺候在皇帝身边的太监称为"御前太监"，《万国来朝图》共绘有四名御前太监，他们均身穿补服，胸前挂着朝珠。他们所穿补服为圆形补子而且有四团，按照礼制，只有亲王、世子、郡王才能穿四团龙补服，由此可见御前太监所受恩宠之大。不过他们的工作内容却比较单一枯燥，乾隆皇帝身前的那位双腿跪地，似乎在回禀一些事情，他的身后共有三位，其中一位捧着唾盂，供皇帝吐痰用；另外一位捧着金尊，里面装的应该是茶或者酒，渴了可以喝两口；最后一位捧着一只金如意，供皇帝空闲时把玩。

根据曾经担任过御前太监的魏子卿、戴寿臣、刘子杰、孙尚贤等人的回忆，御前太监住在东、西夹道，分班服侍皇帝。每天天刚蒙蒙亮，他们就需要洗漱穿衣完毕，跟随带班御前太监前往皇帝住处。带班御前太监进殿之后，双膝下跪给皇帝问安，听一听皇帝今日有什么吩咐，然后退至殿外给众人安排工作，安排完之后，他们便可以去歇息了。

其他人也正式开始了一天的工作,虽然并不累,却需要细致严谨。给皇帝梳头时,他们既要轻柔,又要麻利,速度与力道把握得要刚刚好。无论是穿衣服,还是穿鞋袜,他们都要讲究技巧,既不能耽误皇帝时间,又不能让皇帝感到不适。皇帝穿戴整齐之后,他们还需要伺候皇帝吃早点。

吃完早点之后,他们通常会陪着皇帝前往上书房处理政事。他们会分里、外屋站班,随时听候皇帝吩咐,主要工作就是端茶倒水。由于清朝后期的皇帝们很少举行御门听政,因此他们的上午时光多是在上书房度过,大约十一点左右他们就要开始准备午饭,但究竟何时吃要听从皇帝吩咐。

皇帝想吃饭了,他们需要立即通知御膳房,那里的太监会将做好的饭菜一样一样地送过来,他们需要将这些菜一一摆在两张连在一起的大八仙桌上,前一张桌子与皇帝座位前的宴桌连在一起。

伺候皇帝吃完午饭之后,早班御前太监就可以下班了,新换班的御前太监通常会陪着皇帝四处走一走,看一看,不过有的皇帝却有午休的习惯,要是皇帝睡下了,他们也就没啥事干了。

晚上八点钟,敬事房总管太监会传下口号,"上闩(上门闩)""打钱粮(上锁)""灯火小心",这些口号通过众太监的口一直喊下去,直到各处宫门全都关门上锁。此时除了太监、值班的御医以及尚未开府的皇子之外,皇宫之中不会再有其他的男人了。

皇帝就寝时,另外一班御前太监便开始上岗了,服侍皇帝睡下之后,他们要时刻守在皇帝身边,有人守在皇帝床前,有人守在外屋,称为"坐更"。他们每天都要按时将皇帝睡眠、吃饭等情况向太后、太妃、皇后进行汇报。

太监王悦澂曾经说,太监分为三六九等,彼此之间有着天壤之别。伺候在慈禧太后身边的李莲英、伺候在隆裕太后身边的小德张等总管太监、首领太监,过着锦衣玉食的生活,除了在主子面前献殷勤、讨欢心之外,他们一天到晚几乎没有什么正经事做。相较之下,底层的小太监们却如同坐牢一般,处处受限,时时被罚。

虽然按照规定,各宫首领太监如若不是奉主子之命不得擅自责打太监宫女，但大太监凌辱小太监是司空见惯之事。不过最可怕的还是遇到飞扬跋扈的主子，心狠手辣而又喜怒无常的慈禧太后时常因为一点小过错而责打太监，还实行连坐制度，只要有一个太监犯错，同屋的太监都会受罚。

宫中还针对太监专门设立了杖刑与板刑，杖刑用的是五尺长、直径为五分的圆形实心竹棍，板刑用的是长五尺、宽五分的竹板。行刑的时候，受刑的太监会被按在地上，两人按住他的头，两人按住他的腿，一个负责打，一个负责喊数。受刑的太监被打时需要识趣地高喊求饶，否则就是顽固不化，行刑之人需要加重力道，直到将他打服为止。行刑结束后，两个太监会架起受刑之人，挨打的太监还要在主子面前叩头谢恩。

为了在挨打时少受些皮肉之苦，太监们自制了两块一尺长、五寸宽的牛皮绑在自己的腿上，美其名曰"护身佛"。不过慈禧太后还有更为狠辣的招数，太监刘兴桥曾经回忆说[1]，她曾经逼着一个老太监将他自己拉下来的粪便硬生生吃了下去，受到如此奇耻大辱的老太监很快便悲惨地死去了。

如若太监多次犯错或者罪行严重，主子或上司在奏明皇帝之后会将其移送内务府治罪，轻则杖打，重则丧命。颐和园万寿山、景山与南苑吴甸专门设有关押太监的地方，在押期间也不能闲着，需要不停地给马铡草。

清朝太监为什么没前途

东汉、唐朝、明朝的宦官都曾经猖獗一时，东汉中后期的皇帝即位时年龄通常都很小，需要太后来辅政，势必要借助外戚的力量，等到皇帝长大成人之后，想要夺回属于自己的权力，只能依靠宦官。唐朝与明朝宦官专权的原因是制度使然，比如明朝专门设立了由宦官执掌的二十四司，此外还有特务机构东厂、西厂。

顺治十年（1653）六月，已经亲政的顺治皇帝在明朝宦官机构的基础上陆续设立了乾清宫执事官以及司礼监、御用监、内官监、司设监、尚膳监、尚衣

---

[1] 本文参考的诸位太监回忆载于王树卿《清朝太监制度（续）》，《故宫博物院院刊》1984年第3期。

监、尚宝监、御马监、惜薪司、钟鼓司、直殿局、兵仗局，称为"十三衙门"，随后下令裁撤了专门为皇族服务的内务府。

顺治皇帝这么做是为了摆脱满洲贵族的制衡与束缚，想要借助太监的力量来巩固自己手中的权力，不过他也担心明朝宦官专权的一幕会再度上演，于是特地颁布诏令："凡系内员（太监），非奉差遣，不许擅出皇城。职司之外，不许干涉一事，不许招引外人，不许结交外官，不许使弟侄亲戚暗相交结，不许假弟侄等人名色置买田屋，因而把持官府，扰害人民。"[1]

尽管如此，太监们一旦掌握了权柄，势必变得忘乎所以，乾清宫执事官被称为"都管中堂大人"，俨然就是内廷的内阁大学士；各监的掌监太监被称为"部堂大人"，俨然就是内廷的各部尚书、侍郎。

顺治十一年（1654）冬至次日，顺治皇帝大宴群臣，以乾清宫执事官孟进禄为首的十三衙门掌监太监依仗着皇帝的宠信，居然超越诸位亲王的班次，率先入殿向皇帝行拜舞大礼。户科给事中郝杰见到此情此景当即入殿对他们进行弹劾，历数历朝太监祸国殃民的罪行。顺治皇帝听后深受触动，当即下令太监不得按照明代制度入班行礼，随后又将孟进禄等十三衙门的掌监太监交刑部惩处，这也是清朝皇帝第一次惩处太监。

次年六月，顺治皇帝特地命工部在十三衙门的门前立下铁牌："（太监）但有犯法干政、窃权纳贿、嘱托内外衙门、交结满汉官员、越分擅奏外事、上言官吏贤劣者，即行凌迟处死，定不姑贷。"这些铁牌至今仍藏在故宫博物院之中。

随着顺治皇帝的去世，太监们的好日子也就到头了。由于即位的康熙皇帝尚且年幼，鳌拜等人奉命辅政，他们早就看不惯太监分割满洲贵族权力的做法，当即裁撤了仅仅存续了八年的十三衙门，同时恢复了内务府，继续为皇室服务。虽然鳌拜这么做主要是出于私心，但他如此激进而又决绝的做法彻底铲除了太监专权的土壤。

---

[1]《清世祖实录》卷七十六，顺治十年六月癸亥。

内务府下属机构职能

部门	职能定位	职责
广储司	户部	执掌内务府府藏的出纳
都虞司	兵部、吏部	内务府各司书吏五年期满后由该司考核等次并送吏部铨选任用，还负责内务府所属武官的铨选任用，管辖内务府三旗包衣骁骑、护军、前锋三营及养鹰鹞处。
掌仪司	礼部	执掌内廷礼乐
会计司	户部	管理内务府庄园地亩，还负责宫女、太监选用事宜。
营造司	工部	执掌宫廷修缮工程
慎刑司	刑部	执掌上三旗的刑狱案件
庆丰司	户部	执掌牛羊畜牧事务
织染局	—	负责织染绸缎
上驷院	—	负责管理御马
武备院	—	负责制造武器、器械
奉宸苑	—	负责管理皇家园林与河道水渠

十三衙门被裁撤之后，太监划归内务府管理，但内务府并没有管理他们的专门机构，康熙十六年（1677）五月，此时鳌拜已经被铲除八年之久，康熙皇帝设立了专门管理太监的机构敬事房。敬事房隶属于内务府，内务府的长官为"总管内务府大臣"，简称为"内务府总管"或者"内务府大臣"，由王公大臣担任，继续将太监置于朝臣的管辖之下。

虽然顺治皇帝设立了十三衙门，但由于成立时间很短，直至裁撤时也没有明确衙门等级与太监品级，等到康熙六十一年（1722）十二月，太监才被正式授予官职。

敬事房人员组成[1]

敬事房正四品大总管、宫殿监督领侍衔（一人）
↓
敬事房从四品大总管、宫殿监正侍衔（二人）
↓
敬事房六品副总管、宫殿监副侍衔（六人）
↓
敬事房七品首领、执守侍衔（两人）
↓
敬事房八品笔帖式、侍监衔（四人）
↓
普通太监二十六名

敬事房是管理太监的中枢机关，除此之外，乾清宫、乾清门等处均设有首领太监，重要的地方设七品总管或者首领，一般的地方设八品首领，级别较低的地方只设无官职首领、副首领或者不设首领。乾隆七年（1742）十月，乾隆皇帝下令太监最高只能是四品官，就此限制了太监的上升通道。

清朝的皇帝们一直严防太监插手或者打问政事。皇帝召见大臣称为"叫起"，那些被叫起的王公大臣入宫之后，奏事处的太监会负责引导陪同，将王公大臣领到殿门口之后，撩起帘子请王公大臣进去，随后放下帘子，关好殿门；他们只能在殿外廊下候着，既不能太远，否则不能及时听到皇帝召唤，又不能太近，以免听到殿内的谈话。等王公大臣从殿内出来之后，他们还负责将其送出宫去。

道光三十年（1850）那个冬天格外寒冷，刚刚即位的咸丰皇帝准予入宫等待召见的朝臣们在紫禁城西南的懋勤殿内歇息。皇帝有时会在这里读书赏画、批阅奏折，因此太监们时常在那里候着。作为朝臣休息之所后，咸丰皇帝担心

---

[1] ［清］鄂尔泰等纂:《国朝宫史》卷二十一《官制二》。

太监们会借机偷听朝臣之间的谈话，于是在次年特地命人在乾清宫西阶下修建了一座板棚，大臣们等待皇帝召见期间可以在这里休息。

皇帝还会命御前大臣、军机大臣随时留心观察哪个官员与太监交往交谈，一旦发现太监结交朝臣便会予以严惩。道光三年（1823）七月，奏事处五品总管太监曹进喜因在勤政殿门外向军机大臣询问各省道府官员名单抄录一事而被革职重责。

［清］佚名《万国来朝图》中正在忙碌的太监

《万国来朝图》中，在一众正在忙碌的宦官中间，有四位身穿朝服的官员，补子上绣着飞禽，应该属于文官，他们应该就是总管太监或首领太监，正在向下属太监布置工作。

明朝太监多达 10 万人，以至于形成尾大不掉之势。乾隆十六年（1751）正月，乾隆皇帝将太监人数限定为 3300 人，虽然相较明朝减少了许多，但仍时常不满员。乾隆五十八年（1793）十二月，宫内外太监总数为 2605 人，满员率为 78.94%。同治十三年（1874）十二月，宫内外太监总数仅有 1596 人，居然缺员一半多，之后太监人数虽有所增加，但也仅仅维持在 2000 人左右。

天理教起义时，那些暗中入教的太监充当了内应，嘉庆皇帝对此十分恼火，要求新太监入宫时，除了内务府进行审核外，所在地的地方官需要进行实地走访，调查此人有没有劣迹，家中有没有出过盗匪，还要为其出具担保。地方官担心日后会被问罪，自然对进献太监之事大多持消极抵触态度，以至于太监来源日渐枯竭。

由于嘉庆皇帝对新太监心存猜忌，不敢轻易使用，往往要先安排在宫外各处或是王公大臣府上慢慢进行考察，但太监出逃之事又时有发生，以至于皇宫面临着无太监可用的窘境，于是便出现了极为奇葩的一幕：皇帝居然要求王公大臣进献太监。

由于皇宫规矩多，管理严，出头难，太监们更喜欢在王公大臣府上当差，甚至有人从皇宫里逃出来之后，改名换姓前去伺候王公大臣。

慈禧太后执政时，太监的处境有了极大改善，涌现出了安德海、李莲英、小德张等一批当红太监。

同治八年（1869）七月初，安德海以为同治皇帝准备大婚所用龙袍等结婚用品为名，得到慈禧太后同意之后，乘坐太平楼船沿着京杭大运河兴冲冲地前往江南，他俨然以钦差大臣自居，船上居然悬挂着两面大旗，分别写着"奉旨钦差""采办龙袍"八个大字。

沿途地方官员争先恐后地逢迎巴结安德海，使得他变得更加忘乎所以。山东巡抚丁宝桢一向刚正不阿，认为他违反了"太监不许出宫"的祖制，于是派人将其抓获，并于八月初七斩首于济南，随后还暴尸三日。虽然慈禧太后得知后心有不悦，但丁宝桢是按照祖制行事，并无不妥，只得对外宣称安德海是擅自行事，安德海的随行人员要么被处死，要么被发配黑龙江。

鉴于安德海的悲惨下场，清末第一大太监李莲英虽然史无前例地获得了二品顶戴，但他为人行事始终谨小慎微，不敢越雷池半步，即便到了混乱不堪的清末，太监对政局的影响依旧微乎其微，清朝堪称对太监管理最成功的朝代。

第三章
皇帝也是人

皇帝日常生活中并不会称"朕"

在几乎所有清宫剧中,皇帝都习惯性地自称为朕,其实皇帝在日常生活中并不这么说话。

《康熙朝汉文朱批奏折汇编》收录了直隶巡抚(加总督衔)赵弘燮于康熙五十三年(1714)九月二十七所上的一份奏折。当时密云县城城墙倒塌,康熙皇帝得知后命亲信大臣鄂伦岱向赵弘燮传旨。赵弘燮在这份奏折中详细记述了鄂伦岱所传康熙皇帝的旨意:"密云县的城是我常走的地方,交给巡抚料估(估算)修了好。我记得先曾料估过,不知道料估了多少。"

在这份奏折上,康熙皇帝用朱笔将一些口语化色彩比较浓的词句进行了修改,尤其是将"我"改为了"朕"。

十月十六,赵弘燮就此事再次向康熙皇帝呈送奏折时又引用了他的旨意,不过这次用的却是康熙皇帝润色修改后的,写道:"密云县是朕往来常走之处,传于巡抚料估奏闻,朕曾记得似先曾料估过。"

通过对比便会发现,鄂伦岱所上第一份奏折原原本本地引用了康熙皇帝托鄂伦岱给他传的话,当时康熙皇帝用的是"我"而并非是"朕",不过康熙皇帝看后却觉得那些口语化的话显得不太郑重其事,于是便用朱笔进行了修改,可见清朝皇帝在日常生活也似普通百姓那样自称为"我"。

皇帝的儿子们也很"卷"

末代皇帝溥仪曾在自传《我的前半生》中说:"我的学业成绩最糟的,要数我的满文。学了许多年,只学了一个字……跪在地上用满族语说了一句照例请安的话之后,我必须回答的那个:'伊立(起来)!'"作为清朝皇帝,溥仪的满语水平居然会如此之差,一些人据此推断清朝皇帝们几乎不再使用满语,事实果真如此吗?

溥仪3岁登基,只当了3年皇帝,退位时还只是个6岁的孩子,当时大清已处于风雨飘摇之中,他所接受的教育自然比前朝的皇帝们要逊色许多,因此他的满文水平在皇帝之中最差也就不足为奇了。

不过,随着年龄的增长,溥仪的满语水平也在不断提高,不但能用满语与他人对话,还能用满文写字,在留存下来的溥仪的英文练习册中,他还曾用满文字母来标记英文单词读音,经过刻苦努力,他长大后已经基本掌握了母语满语。

其他皇帝的满语水平比溥仪要高上好几个档次,比如好学的康熙皇帝能够熟练掌握满文、汉文、蒙文、藏文等多种文字,对西方的拉丁文也有所涉猎。他的满文水平很高,汉文造诣也不低,存世的诗文集就有176卷之多。

清朝皇帝极为重视皇子教育,专门在宫廷内设立上书房,在宫廷外设立宗室子弟学校,能到上书房读书的主要是皇子。乾隆皇帝是我国历史上最长寿的皇帝,一直活到了89岁,他在位时,皇子、皇孙、皇曾孙、皇玄孙四代人同时在上书房读书,一时间传为了美谈。除此之外,近支王公(也就是皇帝近亲的子孙)和公主额驸经皇帝批准之后也能到上书房读书,不过往往只是伴读的身份。

上书房虽设立于康熙二十三年(1684),不过真正实体化运行却是在雍正朝中期以后。康熙皇帝的儿子们都是分散在宫内各处上学,因为康熙皇帝的儿子人数众多,年龄差异也很大,分散教学可以按照不同年龄、不同学业进度进行一对一教育。

上书房的入学年龄为6岁，毕业年龄却不固定，皇子们通常15岁左右分府封爵，娶妻生子，开始独立生活，因此最短的学习年限为9年，颇有些九年义务教育的意味。皇子们分府后如果有了差事便可以毕业了，若是迟迟没有差事便只能继续学习，嘉庆皇帝第五子绵愉年过三十才被任命为上书房总谙达，这才算完成了从学生到老师的身份转变。

上书房设师傅与谙达。师傅负责教授皇子们文化课；谙达本是蒙古官名，既教授皇子们骑射，又是他们的贴身侍卫，地位要低于师傅。

师傅均为兼职，有"直上书房"和"上书房行走"之分。乾隆三十年（1765）之前，三品以上官员到上书房担任师傅多称"直上书房"，三品及以下官员多称"上书房行走"。但也并不绝对，翰林院修撰庄有恭只是六品官，却仍称"直上书房"，主要因为他是乾隆四年（1739）的状元，自然被皇帝高看一眼。乾隆三十年之后，上书房师傅均被称为"直上书房"。

师傅之上设总师傅，谙达之上设总谙达，能够担任总师傅、总谙达的官员无不是官居一品的朝廷重臣，负责对师傅、谙达们的教学活动进行监督，类似于今天的校长。

能够成为上书房的师傅可是莫大的恩宠，也是无上的荣耀，虽然有些师傅的品级并不是很高，却依旧可以享受很高的礼遇：凡是参加宴会，获得赏赐，他们与王公和一品大臣享受相同的待遇；若遇到大事召对，他们的班位在军机大臣、大学士之下，六部尚书之上；乾清宫朝贺，他们可以与大学士、尚书在门内；前往太和殿、慈宁宫、宁寿宫朝贺，他们位居侍郎之下，在总督、巡抚之上。[①]

每天寅时（清晨3:00—5:00），皇子们就需要来上书房上课，在早自习中等待师傅的到来。卯时（早晨5:00—7:00），师傅们便会来到上书房教课。皇子们需要一直学到申时（下午3:00—5:00）才能下课。在这中间给他们留

---

① 吴士鉴：《含嘉室自订年谱》。

了两刻钟，也就是半个小时，作为他们吃午饭的时间。

曾在乾隆朝以军机处行走身份在军机处当差的赵翼时常很早就来上班，他的其他同僚还都没有到，不过却看到内务府苏拉等人穿行在黑夜之中，由于起得太早，困倦不已，居然靠在柱子上打着瞌睡。他还隐隐看到暗夜深处传来一盏盏白纱灯的光亮，他知道这是皇子们正在通过隆宗门前往上书房上课。他曾经感慨说，我们这些指望着读书吃饭的人尚且不能每天如此刻苦，帝王之家的子孙却能天天如此，怎会学不好呢？

皇子们可不能像如今的孩子们那样享受寒假与暑假的快乐时光，一年之中，除了元旦、端午、中秋、皇帝皇太后生日、本人生日之外，他们几乎都要上课。

等到这些皇子们当了皇帝，大多会延续苦读的习惯，每天早晨四点半至五点便会起床，洗漱、拜佛完毕之后便开始早读。每天鼓楼上五更的亮更鼓尚未敲响，北京城内绝大多数人都还在睡梦之中，紫禁城中已经有两处亮起了灯光：一处是上书房，皇子们在那里开始了早自习；另一处就是皇帝的寝宫乾清宫或者养心殿，他们在阅读《圣训》，也就是前朝皇帝的重要诏令、谕旨的汇编。

如果皇子立了功，受了赏，他们的师傅、谙达也会获得相应的封赏。嘉庆十八年（1813），嘉庆皇帝前往避暑山庄，天理教首领林清趁机发动叛乱，率领教众攻打紫禁城。皇次子旻宁（道光皇帝）原本也应随父亲一同去避暑山庄，却因临时有事而耽搁了，叛乱时恰巧就在宫内。

旻宁临危不乱，举枪打伤多人，击毙两人，成功地守护了紫禁城。嘉庆皇帝认为其临危不惧、沉着应对与谙达平日悉心教授不无关系，于是上书房谙达毕勒哈纳、全善保、明喜、济克津扎布、富英阿等人全都官升一级。[①]

若是教授的皇子最终成为皇帝，与其感情深厚的师傅往往会一步登天。嘉庆皇帝的师傅朱珪，道光皇帝的师傅万承风、秦承业，咸丰皇帝的师傅杜受田

---

① 《清仁宗实录》卷二百七十八，嘉庆十八年十一月上。

全都身居要职，即便是他们的子孙也都会被赏给举人，可以直接参加会试。在小说《儒林外史》中，屡遭失利的范进五十多岁时才幸运地高中举人，旁人奋斗一辈子都未必能企及的高度，这些帝师们的子孙却可以轻轻松松地达到。

不过上书房的师傅却并不好当，若是过于严厉，皇子们势必会产生强烈的逆反情绪；可若是过于宽松，一旦皇子们犯了错，师傅也会受到牵连，轻者贴告批评、杖责、罚俸，重则降级、革职。

上书房虽是清朝最顶尖的贵族学校，却也有着极其严格的制度，皇子们必须按时来上课，如若临时有事来不了，需要事先向师傅请假；如若无故旷课，擅自出行，不仅皇子们会受到责罚，师傅们也会因教导不严而受到惩处。

乾隆三十五年（1770），二十四岁的皇八子永璇顽劣成性，不仅不来上课，居然还私自出城。乾隆皇帝得知后勃然大怒，不仅严厉申斥了永璇，还对上书房的师傅、谙达们进行了贴告批评。[①]

师傅们不仅要严格约束皇子，自己也要以身作则，按时到岗，用心教书。上书房管门太监会随时记录师傅们的到岗、离岗情况，形成入直门单，有时皇帝会亲自进行调阅。

乾隆五十四年（1789）三月初七，乾隆帝查阅入直门单时惊奇地发现从二月三十到三月初六，上书房的师傅们居然连续七天都没来上课，随即将上书房总师傅刘墉和师傅谢墉、胡高望等十余人交部严加议处。内阁学士阿肃、达椿负责教授皇子满文，得到的处罚也最重，革职后各打四十大板[②]；王懿休、谢墉被免去上书房师傅的职务；刘墉虽得以继续留任总师傅，却被降职为吏部侍郎。

不仅旷工会受到追究，迟到早退同样会被问责，嘉庆朝上书房师傅万承风、桂芳、戴殿泗经常早退，于是三人被罚俸半年。[③]

[①]《清高宗实录》卷八百五十八，乾隆三十五年五月上。
[②]《清高宗实录》卷一千三百二十四，乾隆五十四年三月上。
[③]《清仁宗实录》卷一百七十，嘉庆十一年十一月上。

前期的皇帝们不仅对自己要求严格，对皇子们的学习普遍抓得都比较紧。嘉庆十二年（1807），嘉庆皇帝觉得皇子们学得实在太苦了，决定从夏至到立秋的炎炎夏日里，每日只上半天课。也正是从此时开始，清朝开始走下坡路。嘉庆帝的儿子道光皇帝当政时，英国侵略者打开了大清的国门。嘉庆帝的孙子咸丰皇帝、曾孙同治皇帝都是受不得读书之苦的学渣，同治皇帝年幼时总以生病为由旷课出去玩，即便去上课也总是无精打采，心不在焉，以至于某些文章段落居然要背诵若干年才能记得住。

当时的世界却处于前所未有的大变革之中，不仅皇子们学习劲头锐减，学习的内容也是一成不变，学的仍是经书、史书等传统经典著作，并没有做到与时俱进。康熙皇帝曾经读过一些西方数学、地理、医学等方面的书籍，可之后的皇帝却对西方的科技与文化嗤之以鼻。英国马戛尔尼使团曾将望远镜等西方科技仪器赠送给乾隆皇帝，可直到英法联军火烧圆明园时仍旧静静地躺在库房之中，从未被认真研究过，清朝的衰亡自然也就变得不可避免了！

皇帝病了怎么办

皇帝生病之后会传太医院的医官们前来诊治，御医、实授吏目和预授吏目都可以被称为医官，有时并无品级的医士也会被列入医官行列之中。

太医院医官设置情况[①]

官职名称	品级	人数	身份
太医院使	正五品	1人	太医院长官
太医院左、右院判	正六品	各1人	太医院副长官
御医	正七品（雍正七年前为正八品）	15人	主任医师级医生
实授吏目	八品	15人	副主任医师级医生
预授吏目	九品	15人	主治医生

---

① [清] 昆岗等纂：《（光绪朝）大清会典事例》卷一千一百五十《太医院》。

续表

官职名称	品级	人数	身份
医士	无品级	—	见习医生
医生	无品级	—	太医院学习的学生
经承	无品级	—	行政人员

太医院的医官们要轮流值班，不过却分为宫值和外值。宫值的值班地点在御药房，位于皇帝寝宫乾清宫大院东南部、日精门南侧的配殿内，主要是为皇帝后妃进行诊治。外值的值班地点为东华门内的太医值房，主要为太监宫女进行诊治。

获准在御药房值班的医官通常只有10个名额，往往会从医术精湛、品行端正的医士以上等级的医官中进行选拔，进宫前需要在太医院供职满6年，具备一定的理论基础和实践经验并且测试合格者才有资格入选，有时也会从各省总督、巡抚举荐的当地名医中进行挑选。

御药房的隶属关系几经变更，先由总管太监管理，后转隶太医院，还曾一度被裁撤，恢复后先隶属太医院，后转隶内务府，至此隶属关系便稳定下来。由于宫中的太监也受内务府管辖，因此御药房之中常驻有太监。

若是皇帝、后妃、皇子或皇女生病，御药房的太监会陪同值班的医官到后宫去为他们进行诊治。在电视剧《甄嬛传》中，太医温实初可以独自在宫中溜达，还与皇帝的妃子沈眉庄发生了私情，其实这在清朝是不太可能发生的。

无论是为皇帝、后妃看病，还是为皇子、皇女看病，哪怕是为太监、宫女看病，太医院的医官们都需要将诊治的时间、诊视的病情、号脉的脉象、病理的诊断、开具的药方甚至用药说明一一写明，医官和太监还要在登记簿上签字确认，当时称为"某某进药底簿""某某用药底簿"或"脉案"，以备日后有关部门进行核查，据此来进行责任追究。

寻常人家看病通常只会请一个医生，但给皇帝诊治的医官有多个，有的时候甚至七八个医官同时为皇帝一人看病；不过为皇帝诊脉的往往只有一两人，其他人只能在一旁候着。等诊完脉之后，所有医官要共同斟酌研究诊疗方案，彼此诊疗思路不一致时往往以诊脉者的意见为主。

为皇帝开具药方之后，医官、太监还要负责熬制汤药，药熬好之后，医官和太监要先行品尝，品尝无异样之后再送交皇帝服用。①

由于后宫之中多为女人，太医院专门设有"妇人科"，涌现出一大批精通妇科的医官。生育是后妃人生之中的一件大事，从后妃有妊娠迹象开始，医官们便开始予以关注并对症下药地进行调理，从怀孕到产后，四五个医官会全程进行追踪。后妃怀孕到一定月份后，医官们还要轮流值夜班，以防她们夜里会发生什么突发状况。②

由于医官都是男人，后妃分娩时他们不便在场，因此接生这个活儿交由有过侍奉孕妇、接生经验的"姥姥"来负责。她们都是曾经生儿育女的过来人，还大多精通些医术，可以为怀孕的后妃把脉，也可以检查胎儿的发育情况，临产时为后妃接生，还会念吉歌。顺利分娩之后，她们还要为小皇子或小皇女举办"洗三"礼。

尽管如此，皇室婴幼儿的死亡率仍旧居高不下：清代共育有 78 位皇子，其中 25 人未成年便夭折了，夭折率为 32%；共育有 82 位皇女，其中 37 人未成年便夭折了，夭折率高达 45%。这主要是因为当时的接生技术还比较落后，对于婴儿急重症的诊治水平很有限，以至于许多新生儿死于破伤风。

寻常人家的妇人分娩后需要喝米汤或粥糜来催乳，若是效果不理想往往还会服药催乳。但后妃们分娩后不仅不会催乳还要服用"回乳汤"，因为她们所生子女并不会喝亲生母亲的乳汁，早在分娩前便已经提前选好了身体健康、乳汁丰沛的乳母，主要从上三旗包衣的产妇中挑选。生于包衣世家的曹雪芹的曾祖母孙氏便曾做过康熙帝的乳母。既然自己的孩子并不会喝自己的奶，后妃们便要设法止乳，若是乳汁分泌过多又迟迟排不出便很容易诱发乳腺炎，当时称

---

① ［清］托津等纂：《（嘉庆朝）大清会典》卷六十四《太医院》。
② ［清］庆桂等纂：《国朝宫史续编》卷四十五《宫中遇喜》。

为"乳疮",所以她们才会及时服用"回乳汤"。

太医院中那些有机会为皇帝诊病的医官可谓全天下医术最高超的医生,也代表着大清最高医疗水平,但他们每次给皇帝看病时依旧是战战兢兢,诚惶诚恐。当时人们常说这世间最难写的,一个是翰林院的文章,另一个便是太医院的药方,若是一着不慎不仅前功尽弃,甚至还会有性命之忧!

康熙三十二年(1693),康熙皇帝身患疟疾,医官孙斯百、孙徽百、郑起鹍、罗性涵奉命进行诊治,所开药方中包含人参等进补的药材,康熙皇帝服用后甚感烦躁,素来以仁慈治天下的康熙皇帝居然命三法司将四人治罪。三法司见皇帝动怒了自然也不敢怠慢,经过审理居然判处四人斩刑。

就在四人命悬一线之际,康熙皇帝的身体却渐渐好了起来,也不似之前那般愤怒了,觉得仅仅因为开药不当便将四人问斩,处罚实在是太重了。鉴于孙徽百后来给康熙皇帝调治身体颇有些疗效,于是特地将他从宽免死;孙斯百、郑起鹍、罗性涵三人虽也从宽免死,却各打了二十大板,将三人从太医院中开除,永远不许三人再行医,等于吊销了三人的行医许可证。

其实康熙皇帝的病情之所以会好转并非是因停用了人参,而是服用了西洋药奎宁(金鸡纳霜)。对于治疗疟疾等感染性急症,西药效果通常要好于中药,只可惜那四位医官却险些命丧黄泉!

这其实并非只是个案,刘声芳是康熙、雍正年间太医院里首屈一指的名医,一路升任太医院院使,颇受雍正皇帝的赏识和器重。他担任的虽是太医院内的最高职务,却也只是正五品,因此雍正皇帝特地赏赐给他户部侍郎衔(正二品),他的一个儿子还被破格赏为举人,此时的刘声芳可谓人生的大赢家。

谁知天有不测风云,雍正九年(1731),刘声芳照例为雍正皇帝进行诊治,不过即便华佗再世恐怕也未必总能手到病除,但素来刻薄寡恩的雍正皇帝并不理会这些,对他的诊治极为不满,于是革去他的户部侍郎衔,令他在太医院赎罪行走,以罪人身份继续效力,他儿子的举人身份也被一同革去。

刘声芳虽然很倒霉,可他的同事吴谦却更倒霉,雍正皇帝本就对他印象不好,他又未能为皇后治愈风寒,脸上还毫无愧疚惶恐的神情,雍正皇帝一怒之下责令九门提督将他锁拿抄家。

那些医官们看似光鲜亮丽，却不知明天与意外究竟哪一个会先到。无论他们诊治时多么尽心，多么精心，若是皇帝不幸病故了，他们依旧难辞其咎。

偏偏清朝后期皇帝的寿命都不长，这可苦了那些本就整日提心吊胆的医官们了。同治皇帝驾崩后，太医院左院判李德立、右院判庄守和即行革职，戴罪当差。光绪皇帝、慈禧太后先后死亡，太医院院使张仲元以及多位医官均被革职，戴罪效力。可见医官是一个多么高危的职业！

给皇帝理发如临大敌

理发对于普通人而言实在是一件普通得不能再普通的事情，但由于皇帝身份尊贵，就变得不那么普通了。

皇帝的理发时间相对比较固定，每月初一、十一、二十一是他固定的理发日期，如若遇有大的庆典或者祭祀，为了以更好的形象示人，也会临时理发。

皇帝理发的时辰很有讲究，通常会选在太阳升到东南角时，此时光线比较好，还有旭日东升的美好寓意。

理发前的安检极为严格，理发师手中的刀既能理发，也能杀人，皇帝身边的那些侍卫们自然会密切关注理发师的一举一动。御用理发师每次进宫当差时都要接受严格检查，脱掉自己的衣服，换上专门的理发服，以防他会随身携带什么违禁物品。他日常理发时所用的刀子是万万不能带入宫的，每次理发前，理发师会被太监领到皇帝面前叩头请刀子。皇帝侍卫手中捧着一个套着黄云龙套的檀木盒子，取出盒中的御用剃刀递给理发师。

给皇帝理发是一项颇具挑战性的技术活儿，为寻常人理发时，理发师有时会轻轻地用手按一下被理发者的头，但给皇帝理发时万万不敢如此做。理发师右手拿着剃刀理发，左手要始终下垂，这无疑极大地增加了理发的难度，若是不慎轻轻擦破了皇帝的头皮，将会交由内务府慎刑司严加处置，最终是死是活就要看自己的造化了。理发师因高度紧张而不慎出了一口大气，那么便是擅自向皇帝头上喷秽气，也是大不敬之罪！

御用理发师们每次给皇帝理发时都是如临大敌，如临深渊，很多人给皇帝理一次发即便休息好几天都缓不过劲儿来，依旧感到两腿酸软，浑身酸痛。虽然给皇帝理发颇具挑战性，但御用理发师每次理完发后都会得到一笔丰厚的赏钱，没有金刚钻可是万万不要揽这个瓷器活儿！

曾经服侍慈禧太后长达八年之久的宫女何荣儿在《宫女谈往录》中提及过那些御用理发师刻苦练习理发技艺的场景：他们一天不练手就会发颤，眼就会发花，因此他们一刻也不敢松懈。由于不能随便给旁人理发，他们在冬春时节只能在自己的胳膊上练，在自己的手背上练，以至于将胳膊、手背上的汗毛统统刮光，时间一长左臂的皮肤显得特别粗糙。等到夏秋时节，他们会跑到集市上买来许多长着长毛的冬瓜，给那些冬瓜刮毛，刮完一个冬瓜便累得汗流浃背，气喘吁吁！

由于皇帝手中掌握着至高无上的权力，那些在皇帝身边的人不得不时时小心，处处留意，因为皇帝既可以让你上天堂，也能让你下地狱！

第四章
皇帝吃喝可不简单

晚膳可不是晚上吃

皇帝吃的饭称为"膳",吃饭称为"进膳",开饭称为"传膳"。为了让皇帝吃得好,宫中专门设立了"御茶膳房",隶属于内务府,其下设有茶房(由三名总领负责)、清茶房(由四名承应长负责)与膳房(由三名总领负责),其中真正负责做饭的机构是膳房,不过膳房却并非只有一个,如太后居住的寿康宫也设有膳房,圆明园、颐和园等皇家园林中也设有"园庭膳房",在热河、滦河、张三营等行宫中设有"行在御膳房",但平日里为皇帝供应饭菜的还是寝宫养心殿南侧的膳房,后来被称作"御膳房"。

御膳房之下还设有买办肉类处、肉房、干肉库等附属机构,由库长、库守负责管理,主要负责各种肉类和海鲜品的采进、保管和供应。

宫中还设有专门为皇子们服务的饭房和茶房,但名称千万不能叫错。嘉庆十一年(1806),管理茶膳房大臣苏楞额在呈递的奏单上写有"内有阿哥内膳房、外膳房"的字样,嘉庆皇帝看后不禁勃然大怒,为皇子们做饭的只能称为饭房不能称作膳房,于是苏楞额被罚俸半年,就因写错一个字而丢了半年的工资,实在是可惜!

除此之外,朝中还有一个鲜为人知的机构也与皇帝的饮食息息相关,那就是掌关防管理内管领事务处,俗称"关防衙门",主要负责食材的储存保管,也会对其进行简单的加工,下设内饽饽房(负责皇帝及其后妃所需饽饽、元宵、粽子、月饼等面食甜点的制作)、外饽饽房(负责宴会用面食、寺庙用供饼的制作)、菜库(负责皇帝膳食所需瓜菜、蔬菜的保管)、酒醋房(负责制作酒、醋、酱等调味品以及美味酱菜)、官三仓(负责米面、杂粮等粮食的保管)等机构。

皇帝的正餐有早、晚两顿,早膳也就是早餐,一般会在卯正一刻(早晨6:15),不过有时也会推迟到辰正之后(上午8:00—9:00)。晚膳却并非是晚上吃,通常会安排午正一刻(中午12:15)。康熙皇帝每天都会参加御门听政,经常工作到中午以后,因此晚膳时常会推迟到未正之后(下午2:00—3:00)。

估计很多人会对这种饮食安排颇为不解,要是皇帝晚上饿了怎么办呢?在两顿正餐之外,皇帝在下午或晚上还有酒膳,也会供应各种小吃,不过却没有固定时间。

无论是紫禁城,还是皇帝常去的圆明园等皇家园林,都不设专门用于皇帝吃饭的餐厅,因为这些地方规模都很大,若是专设一个餐厅,皇帝吃饭时难免会跑来跑去,自然颇为不便,皇帝在哪里居住或者活动便会在哪里用膳。

根据乾隆朝内务府档案记载,乾隆十二年(1747)九月三十辰初(早上7:00),乾隆皇帝在弘德殿用早膳毕。十月初一未正(下午2:00),乾隆皇帝在重华宫正谊明道东暖阁进晚膳,当日还准备一桌酒膳,有十五道菜,送到皇帝居住的养心殿。酒膳并非是正餐,因此菜品种类明显少于正餐。

具体吃饭时间并不固定,完全看皇帝的心情,若是皇帝想吃饭了便会对跟前的御前太监吩咐一声。如果皇帝此时正好在寝殿养心殿,御前小太监便会照例向守在养心殿前殿的殿上太监说一声"传膳",殿上太监又把这话传给立在养心门外的太监,就这样接力传到御膳房内。

"传膳"之声仍旧余音袅袅,几十名穿戴齐整的太监们便从御膳房鱼贯而出,抬着大小不一的膳桌,捧着几十个绘有金龙的朱漆盒,浩浩荡荡地直奔养心殿而来。殿内早就套上袖头的御前太监赶忙接过朱漆盒，在东暖阁摆好膳桌，平日里摆放两桌菜肴，冬天会另设一桌火锅，此外还有点心、米饭、粥品各一桌，咸菜一小桌。皇帝进膳时所用餐具处处透着奢华与高贵，有金银的、玉石的、水晶的、玛瑙的、珊瑚的、犀角的、玳瑁的、象牙的，还有官窑烧造的大量精美瓷器，每一件都是价值连城。

末代皇帝溥仪在《我的前半生》中记述，每个菜碟或菜碗都有一个银牌，这是为了戒备有人下毒而设。因此饭菜摆好后，皇帝并不会马上吃饭而是先看看那些小银牌会不会变色，即便如此仍不放心，往往还要叫身旁的御前太监将每样饭菜都先尝上一遍，叫"尝膳"，看看他们吃了之后会不会有什么中毒反应。

康熙、雍正两朝《大清会典》都对尝膳进行了专门规定，御膳先由掌勺的厨子进行品尝，若是不品尝杖六十；然后再由有关官员进行品尝，若是不品尝答四十。不过这么做却未必就如溥仪所言仅仅是为了防止有人趁机下毒。

清宫饮食极其注意防范食禁，也就是不当使用食材或者将两种相克的食材搭配在一起，违反食禁的厨子会被杖一百[①]，比未尝膳处罚还要重。因此"尝膳"制度很可能主要是为了防止食材选用不当或者烹饪不当而可能引发的食物不良反应，当然对投毒也有一定的预防效果。

宫女何荣儿在回忆录《宫女谈往录》中说，宫中有一个规矩，吃菜不许过三匙，舀完第三匙，站在旁边的太监便会喊一声："撤！"这个菜十天半个月都不会再露面。这样做主要是为了使得皇帝的喜好不为外人所知，既防止有人会趁机投毒，也防止官员投其所好，投机钻营。

作为历史亲历者，何荣儿所言自然比较可信，不过却也不免令人生疑。乾隆皇帝南巡时将擅长做苏杭菜的张东官带入宫中，为他做了将近二十年的饭，张东官多次因所做饭菜可口而获得封赏，可见乾隆皇帝并不会刻意隐藏自己的喜好。

[①] ［清］昆岗等纂：《（光绪朝）大清会典事例》卷七百六十七。

其实皇帝的每一顿膳食都会详细记录在案，若想探知皇帝的喜好并不难。即便宫女何荣儿所言属实，也仅仅是在政局动荡的晚清，慈禧太后或者光绪皇帝如此，并非所有清朝皇帝都会如此。

文武百官如果想要求见皇帝，会照例在皇帝吃饭的时候递呈牌子，宗室王公用的是红头牌子；副都御史以上的文官、副都统以上的武官用的是绿头牌子；来京的外官之中，按察使以上的文官，副都统、总兵以上武官用的是一般的牌子。皇帝看过这些牌子后决定是否接见，由于这些牌子是在皇帝吃饭时递呈的，因此被称为"膳牌"。

皇帝饭菜要求高

清朝御膳主要有三大菜系，分别是满洲菜、山东菜与苏杭菜。在清代初期，满洲菜所占比重很高，除了牛、羊、马等常见肉类外，野味所占的比重很大，虎、熊、鹿、狍、獐、野猪、山鸡、野雉、野鸭等野生动物大量充斥在皇帝的餐桌之上，烹饪也比较简单，洗净后割成大块放入锅中，再加入盐、葱、姜、花椒、大料等调味品，倒上酱油等调料，煮熟后便可以食用了。不过清朝入关后，满洲菜在保留传统饮食风格的基础上，又结合中原饮食习惯进行了改良，变得愈加精致。

清朝宫廷中的山东菜主要传承自明朝，明成祖朱棣迁都北京后招募的御厨大多来自山东，于是山东菜便在宫中渐渐传播开来，朱棣在北方戍边多年，对中原饮食文化的集大成者山东菜也比较偏爱。苏杭菜进入宫廷主要得益于乾隆皇帝，他南巡时对精致的苏杭菜赞不绝口，于是开始命御厨学做苏杭菜，还将江南名厨带入宫中。

虽然清朝宫廷中的膳食风格相对稳定，但不同皇帝的喜好有着很大的差异。康熙皇帝延续了满洲传统风格，餐桌上有很多产自东北的野生动物。乾隆皇帝的餐桌上除了东北的山珍野味外，苏州菜等具有浓郁南方风味的菜品开始大量涌现，不过他却并不太喜欢吃海鲜与河鲜，记录他日常膳食的膳单上很难找到鱼翅、海参、大虾、鲍鱼等菜肴，即便是那些家常鱼类都难得一见。光绪皇帝却恰恰相反，对海鲜情有独钟，鱼翅、海参、海蜇、海带等带着浓郁海洋风味的菜肴几乎每餐都会有。慈禧太后的最爱是鸭子，熏烤类菜肴和带有糖醋味、果味的菜肴也很对她的口味，此外她还偏爱各种菌类与新鲜蔬菜。

为了准确掌握皇帝的口味和偏好，御膳房中主管膳事的官员会仔细观察皇帝每一餐时每道菜的食用情况，哪个菜最讨皇帝欢心，哪个菜皇帝一口未动，吃了哪个菜后龙颜大悦，吃了哪个菜后眉头紧皱，还时常会向皇帝身边的宦官们打探讨教，以便今后所做饭菜更合皇帝的心意。

皇帝的每一餐都要事先进行详细筹划并写在膳单之上，比如使用哪种膳桌摆膳、在何地用膳、饭菜品名以及盛送的器具，有的菜品还会特地指明由哪位御厨来做。这些膳单由膳房拟定后交由内务府总管审核，若是并无异议便在膳单上写一个"行"字，称为"画行"，膳房便开始照此进行准备。[①]

皇帝每顿饭到底有多少道菜呢？有的记载是108道，有的记载是120道，不过查阅记录皇帝用餐的膳单，其实并没有那么多。皇帝正餐菜品数量并不完全一致，少则二三十道菜，多则四五十道菜。不过，一道御膳通常会选用多样食材，烹制时，刀工细腻，火候独到；装盘时，饱满平整，松散浑圆，还要冠以吉祥的名字，如万寿无疆席、江山万代席、福禄寿喜席。

虽然御膳并没有传说中的那么多道菜，但皇帝依旧吃不完，每次用膳之后，那些吃不完，甚至动也不曾动过的御膳便会用来赏赐给妃嫔、皇子、公主，还有御前大臣、内务府总管、军机大臣、南书房入值大臣等亲信大臣。在皇权至上的时代，哪怕是得到皇帝赏赐的一盘残羹冷炙都会感到无上光荣。

除夕晚上的年夜饭无疑是最为隆重的，御厨们从中午就开始做准备，地点通常会设在乾清宫。等到太监们上好冷菜之后，皇帝开始就座，同时音乐声响

---

① ［清］吴振棫：《养吉斋丛录》。

起，皇后、妃嫔以及在宫内居住的皇子、皇女、皇孙依次入席。等到众人坐定之后，太监们先上汤菜，皇帝是红白鸭子大菜汤、粳米膳、燕窝炖鸡汤与豆腐汤。伴随着喜庆的音乐，众人开始喝汤，先润润喉；等到喝完汤之后，音乐停了，好戏开场了，在看戏过程中，太监会为众人进献奶茶。

看完戏之后，音乐再度响起，宴会也正式拉开了帷幕，太监们先上一些精致的点心，太监们捧着5对飞龙宴盒将20道荤菜与20种果子一一摆放到皇帝面前。皇帝单独坐一桌，皇后妃嫔分坐在其他餐桌前，每桌15道菜，其中有7道荤菜与8种果子。上完菜后，音乐停止，众人正式开吃，偌大的乾清宫内顿时便洋溢着欢乐温馨的气息。

次日凌晨两点左右，皇帝在养心殿各处拈香，随后会来到东暖阁准备开笔。他在"金瓯永固"杯中倒上屠苏酒，点燃旁边的玉烛，拿起笔放在古铜质八吉祥炉上轻轻熏一熏。等到吉时，他将笔放入砚台中蘸一蘸朱墨，写下自己的新年愿望。

雍正皇帝在登基后的第一个春节写道："一入新年，万事如意，五谷丰登，天下太平，民安乐业，边尘永息，大吉大吉。"乾隆皇帝在即位后的首个新年开笔时写道："登基宜良，天下太平，五谷丰登，风调雨顺，日月光明，万民乐业，四海清宁，刀兵永息，长享升平，所求如愿，所愿遂成。"

嘉庆皇帝首次新年开笔时在纸笺上写道："嘉庆元年元旦良辰，宜入新年万事如意。"右边写"三阳启泰，万象更新"，左边写"和气致祥，丰年为瑞"。可惜他的美好愿望最终只停留在了纸上！

皇帝并不喝北京城里的水，无论是平时饮用，还是御膳房煮饭做菜，用的都是从北京西郊玉泉山运进城中的泉水。皇帝吃的米是黄、白、紫三色老米，在京西的玉泉山、丰泽园和汤泉等地有专人负责种植，此外全国各地还会进贡上等好米以及具有本地特色的山珍海味、奇瓜异果和特色干菜。皇帝日常所吃羊肉和所喝牛奶主要由内务府庆丰司来供应，清朝前期，鸡、鸭、鱼、猪肉和时鲜蔬菜主要依赖于皇庄供应和各地进贡，但中期以后也开始在市场上进行采买。

清朝喝茶之风颇为盛行，但皇帝平日里喝的是保健饮品"代茶饮"，采用天然植物配方，似茶非茶，似药非药，将色、香、味巧妙地融为一体，喝起来清香甘甜，喝后身心愉悦，既能调理身体，又能防病保健。康熙朝时，"代茶饮"是皇帝的专属饮品，到了道光朝，后妃们也开始饮用并在宫中迅速流传开来，不过随着清朝的灭亡，"代茶饮"的配方已然失传了。

皇帝赐宴排场大

皇帝赐宴可谓名目繁多，有庆祝定都的定鼎宴，有农历大年初一举办的元日宴，还有冬至举办的冬至宴，皇后或摄六宫事皇贵妃庆贺生日的千秋宴，皇帝结婚时举行的大婚宴，举行耕耤礼后的耕耤宴，皇家家庭聚会的宗室宴，宴请外藩首领或者使臣的外藩宴，还有慰劳出征将士胜利归来的凯旋宴。下面我们便通过乾隆朝凯旋宴来感受一下皇帝宴会豪华的大排场。

紫光阁位于西苑中海西岸，东侧为福华门，水面上横架有金鳌玉蝀桥，与北海的琼华岛永安寺白塔、团城以及中海的湖心亭水云榭、万善殿遥遥相对。紫光阁虽仅有两层，却是中海之中最高的建筑，单檐歇山顶上铺着绿琉璃黄剪边瓦，面阔七间，前有五间卷棚歇山顶抱厦，抄手游廊将紫光阁与后面的武成殿打造成一间相对独立的院落。

清代承袭明制将紫光阁作为皇帝校阅将士骑射的场所，每年中秋前夕，皇帝都会亲临紫光阁观看上三旗将士们在阁前进行操练。顺治二年（1645），顺治皇帝将此处确定为武举殿试的场所，每逢殿试时，皇帝便会来到这里亲自考核参加武举的那些考生们的骑射水平、武艺高低以及军事韬略。正是由于紫光阁独特的军事职能，凯旋宴通常都会安排在此处举行。

《紫光阁赐宴图》描绘的是乾隆二十六年（1761）正月初二，为了庆祝成功平定西域的叛乱，乾隆皇帝在紫光阁举行的盛大庆功宴。参加宴会的有大学士傅恒以下诸位功臣，满汉文武大臣，107位蒙古王公、台吉，还有11位前来觐见的回部、哈萨克部等部族的首领或使者，场面蔚为壮观。

皇帝端坐在紫光阁正中央的御阶之上，身穿龙袍，外着衮服，坐北朝南，威风凛凛。他的左、右两侧各站着3名侍从官员，身后两侧各站着9名身穿黄马褂的侍卫，暗含着九五至尊之意。

御阶之下，与皇帝一同宴饮之人分为两列，东侧为朝廷高官，西侧为外族王公贵族。宴席间，乾隆皇帝时常会将外族王公贵族召至御榻前，亲自赐酒，彼此寒暄，通常并不会使用翻译（称为舌人），而是亲自用少数民族语言亲切询问当地情形，借此笼络这些外族王公贵族。

［清］姚文瀚《紫光阁赐宴图》（局部）

赐宴现场共有三支乐队，最隆重的是中和韶乐乐队，专门负责在祭祀、朝会和宴饮时进行演奏，堪称皇家顶级乐团，演奏最高等级的宫廷乐曲。

中和韶乐乐队的乐工们全都身穿红衣，面北而立，看上去喜气洋洋而又磅礴大气。乐队分为中和清乐、丹陛清乐两部，乐队指挥（称为掌麾者）立在紫光阁东侧，周边有镈钟（铸刻有花纹图案的大型单体钟形打击乐器）、编钟（大小不同的扁圆钟按照音调高低的次序排列起来的一组钟）、建鼓（一种鼓身长而圆的鼓）、柷（用木棒击奏的一种方形打击乐器）等乐器。

紫光阁西侧的乐器比较多，有特磬（单个的大磬）、编磬（一组音调高低不同的石质或玉质的磬）、敔（形如伏虎并用竹条刮奏的打击乐器）、埙（用陶土烧制的一种六孔吹奏乐器）、排箫（将若干支同种材质的音管用粘接、捆绑等方式固定而成的吹奏乐器）、篪（一种低音横吹竹管乐器）、笛（单管横吹的吹奏型乐器）、箫（单管直吹的吹奏型乐器）、瑟（弦平行分布的长方形弹奏乐器）、琴（一头大一头小并且弦从细的一头呈发散状射向另一端的弹奏乐器）、笙（十七根长短簧管插于铜斗之中，用手按指孔，利用吹吸气流振动簧片发音的吹奏乐器）、筊（类似于如今的快板）、搏拊（一种形似鼓，用两手拍击的乐器）、镈钟等乐器①，根据宴会的需要演奏不同的乐曲。

第二支乐队是位于紫光阁外的蒙古乐队，乐队前方有一个官员模样的人，应为乐官领队。前排乐工共有五人，均身着蟒袍，他们手中所拿乐器从左至右分别为胡笳、筝、琵琶、火不思和拍板；后排乐工共有六人，但有一人手中的乐器被遮挡，其他五人手中所持乐器从左至右分别为月琴、提琴、胡琴、云锣和月琴。除了演奏蒙古音乐外，他们还会演奏回部音乐、缅甸音乐、安南音乐、廓尔喀音乐等，主要是为了配合民族舞蹈的演出，也是为了对相关部族进行政治拉拢。

第三支乐队为仪仗乐队，乐工们也身穿红衣，位于长长的皇帝仪仗队最前端，分为东、西两列。当万众瞩目的乾隆皇帝乘坐步舆驾临时，仪仗乐队便开始奏乐，所奏之乐主要是喜庆欢快的乐曲，使用的乐器有戏竹、锣、钹、导迎鼓、笙、龙头笛、云锣、小铜角、大铜角等，要么是打击乐，要么是吹奏乐，不过等到宴会正式开始后，他们便没有什么事做了。

仪仗乐队左侧摆着一个用黄布铺就的台子，台子上摆满了丝绸布帛，应是皇帝赏赐之用，赏赐给立下军功的将士，还有那些外族王公贵族。

气势恢宏的皇帝仪仗队身穿鲜艳的红衣在中海西岸分列于道路两旁。

① 《清史稿》卷一百一十。

［清］姚文瀚《紫光阁赐宴图》中的仪仗乐队

［清］姚文瀚《紫光阁赐宴图》（局部）

由于参加宴会的人员很多，只有那些身份地位比较高的官员贵族才有机会在紫光阁内陪着皇帝推杯换盏，其他人员会被安排在殿外。广场上摆满了一张张小型宴桌，东侧为朝中官员，西侧为前来觐见皇帝的外族王公贵族，均是跪坐着用餐。

［清］姚文瀚《紫光阁赐宴图》中在院外宴饮的官员与贵族

　　如此之多的人同时赴宴而且全都是大清首屈一指的大人物，光禄寺、御膳房等宴席承办部门自然不敢有一丝一毫的马虎。在紫光阁外的院子里，工作人员们正在紧张地忙碌着，有的在挑水，有的在烧火，有的在上菜，有的在刷碗，承办部门的官员也站在一旁进行监督指挥。

［清］姚文瀚《紫光阁赐宴图》中准备宴席的工作人员

　　宴会过程中通常都会安排歌舞、杂技、百戏等节目，清朝皇帝赐宴时通常会安排具有浓郁满族风格的舞蹈庆隆舞，不过凯旋宴上通常会安排德胜舞，但

《紫光阁赐宴图》所描绘的并非是歌舞而是冰嬉。

紫光阁赐宴时正值冬季，西苑太液池中结了厚厚一层冰，正是进行冰嬉的好时节，画中所绘为冰嬉中的"转龙射球"，众人排成相关队形之后，一边滑着冰一边举起手中的弓箭射向悬在半空中的小球，同时还要保持队形。满族是马背上的民族，由于入关后生活变得越来越安逸，清朝皇帝希望通过阅兵、射猎、冰嬉等方式延续满洲人尚武的传统，同时也借此作为展示武力、威震外藩的一种手段。

［清］姚文瀚《紫光阁赐宴图》中的冰嬉

《平定西域战图·凯宴成功诸将士》与《紫光阁赐宴图》描绘的是同一场宴会，但宴饮地点安排在紫光阁外。紫光阁前架设起具有浓厚游牧特色的蒙古包（称为大幄次），正中间最大的蒙古包为穹庐式御幄，直径七丈二尺，下有支柱，上覆毡布，四面开窗，里面铺有彩色地毯，正中为皇帝御座，御座之后摆放着硕大的屏风，门口设有踏板（称为踏垛）。御幄两侧各有一座较小的圆幄，为外族王公贵族的座席。乐队位于御幄与圆幄之间，御幄之后是正在紧张而又忙碌地准备宴席的工作人员。

此次宴会中乾隆皇帝乘坐十六人抬的步舆缓缓而来，抬舆的旗尉们穿的是小团花红色长袍，用绿带束腰。乾隆皇帝头顶和仪仗最前方各有一名侍卫手持黄色九龙曲盖，注意这个曲盖也是两层而并非是三层垂幨。乾隆皇帝四周遍布着身着补服的官员和携带兵刃的侍卫，外藩王公与功臣将士们分列两旁跪迎圣驾。

［清］郎世宁等《平定西域战图·凯宴成功诸将士》（局部）

  乾隆皇帝曾发动过两次征讨大、小金川的战役，第一次打了两年，第二次打了7年，中间的20年时间虽然并未爆发大规模战争，却也是冲突不断，总共耗时29年之久，死伤数万人才彻底讨平大、小金川。乾隆四十一年（1776）四月二十八，为了庆贺此战告捷，乾隆皇帝特地在紫光阁设宴款待负责平叛的阿桂等有功将士。①

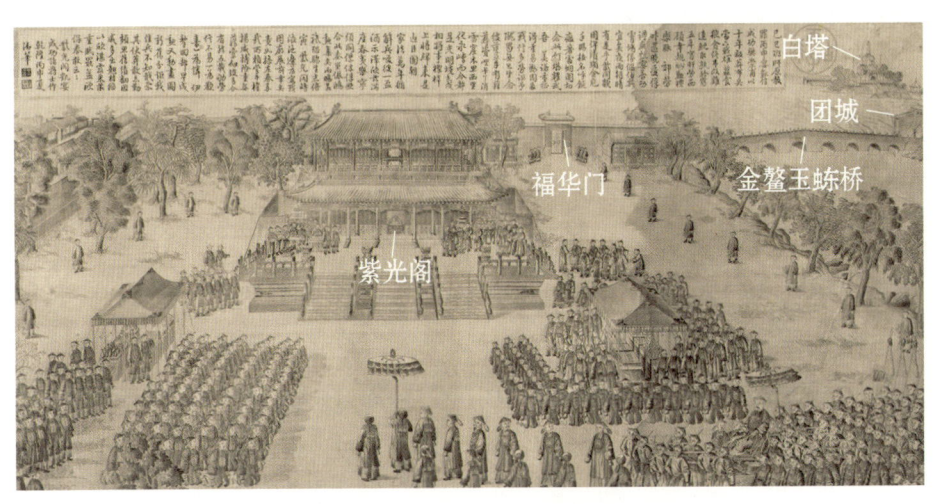

［清］艾启蒙等《平定两金川得胜图·紫光阁凯宴成功诸将士》（局部）

---

① 《清高宗实录》卷一千七，乾隆四十一年四月下。

第五章
皇帝们的个人喜好

哪位皇帝烟瘾大

航海家哥伦布在美洲探险时发现当地印第安人有一个很奇特的习惯,那就是吸闻鼻烟。印第安人平日里总是骑在马上进行狩猎战斗,抽烟很是不便,于是便想出了吸闻的法子,将一根细管放在烟末之中,将鼻孔凑到管前进行吸闻。

明万历九年(1581),不远万里前来中国的意大利传教士利玛窦将鼻烟等贡品进献给了万历皇帝。万历皇帝闻过鼻烟之后顿觉神清气爽,自此之后便对之爱不释手。从明朝末年到清朝前期的很长一段时间内,鼻烟主要从欧洲进口,并且以来自德国的鼻烟最多,由于是漂洋过海而来,几乎与白银等价。

第一次鸦片战争后,一直闭关锁国的大清在西方的坚船利炮之下被迫通商,鼻烟等西洋物件也变得越来越流行。广州十三行的商人们开始以国产烟叶为原料仿制进口鼻烟。中医之中早就有闻香治病的法子,称为"闻药",也就是通过将药物粉末吸入体内来达到调理肌体、平衡阴阳、扶正祛邪的治疗目的。鼻烟在我国逐渐流行开来之后与传统中医相结合,在烟草中加入麝香、檀香、沉香等名贵中药材,再用各种鲜花熏制提炼后放入密闭的陶瓷器皿中陈化数年甚至数十年,后来甚至渐渐衍生出不含烟草、只含中草药的鼻烟。

随着国产鼻烟的大量上市，越来越多的人能够消费得起曾经贵如白银的鼻烟。抽烟有百害而无一利，但吸鼻烟却有一些益处，不过长期吸食依旧会上瘾。雍正皇帝就是老牌"烟民"，当时鼻烟还没有中文名字，流传最广的名称"士那乎"是英语"Snuff"的音译。雍正皇帝对这个洋名字很是不屑一顾，于是便给它起了一个中文名字"鼻烟"。

进口鼻烟时通常会装在玻璃瓶中，大瓶能装两斤鼻烟，小瓶能装半斤鼻烟。为了便于烟民们随身携带，销售时往往会换成小包装。最早用鼻烟盒来装，虽然携带方便，但打开盒子时鼻烟很容易漏出来，若是遇上刮风也极易被吹走，最大的弊端是盛放时间长了，鼻烟浓郁的味道会慢慢消散。

康熙二十三年（1684），刚刚而立之年的康熙皇帝第一次南巡，在南京接见了来自欧洲的传教士毕嘉和汪儒望，两人送给他很多礼物，不过却都被他婉言谢绝，唯独留下了鼻烟，吸食鼻烟也就此成为他生活中不可或缺的一部分。

不过康熙皇帝却因如何盛放鼻烟而犯了难。一个聪明伶俐的小太监想出了一个好法子，将鼻烟装进有塞子的小药瓶子中，不仅取用方便，还能防止鼻烟的香气散去，瓶盖上再安装一个小勺，可以十分方便地将壶内的鼻烟舀起来。这虽是个好法子，但皇帝手里终日拿着一个药瓶子，未免有失体统，于是下旨令宫廷造办处按照小药瓶的样式仿制盛放鼻烟的专用器皿，鼻烟壶就此诞生了。[1]

宫廷造办处生产的鼻烟壶造型各异，有宫灯型、瓜棱型、葫芦型、扁桃型、方型、扁荷花型、佛手型、鸡心型等各种样式，大致可分为三个类型。

第一类为珠宝鼻烟壶，用各种贵重原料雕刻而成，有玉石的、水晶的、翡翠的、玛瑙的、象牙的、犀角的、珊瑚的、青金石的。当然也有比较低廉的鼻烟壶，如竹木的、铜的、锡的。御用鼻烟壶不仅用料考究，制作也很精美，那些能工巧匠们因材施艺，巧妙构思，用阴刻、阳刻、浮雕等多种技法将鼻烟壶打造成一件件令人叹为观止的手工艺品。

第二类是瓷制鼻烟壶，脱胎于清朝发达的制瓷业，用青花、斗彩、粉彩等

---

[1] ［清］赵之谦：《勇卢闲诘》。

工艺在鼻烟壶壶身上绘制出色彩斑斓、栩栩如生的图案。同治款瓷鼻烟壶，壶盖用红色玛瑙制成，与白色瓶身浑然一体，壶身上绘有一只双目圆睁、后腿紧绷的蟋蟀，仿佛要从壶身上跳跃下来。

第三类是玻璃鼻烟壶，也称作料烟壶。玻璃晶莹剔透，质地紧密，鼻烟放在壶内不易受潮，也不易漏气，还能清晰地看到瓶内鼻烟的分量与成色。为了使得玻璃鼻烟壶更为美观，内画工艺就此应运而生。有文献记载的最早的内画艺人是生活在嘉庆年间的甘烜文，他一生有两大爱好，一个是画画，另一个是吸食鼻烟，于是便将两者结合起来，开创了独特的内画工艺。

最初的内画鼻烟壶画面比较简单，因为玻璃表面比较光滑，颜料很难挂在上面。后来人们对玻璃鼻烟壶的内壁进行了改良，将金刚砂和石英砂掺上水后在玻璃鼻烟壶中不停地摇晃，通过这种法子将鼻烟壶内壁磨成半透明的砂面，内画也有了更大的施展空间，人物画、山水画、花鸟画都可以在小小的鼻烟壶上栩栩如生地呈现出来。

最名贵的玻璃鼻烟壶为珐琅彩鼻烟壶。珐琅彩原本绘制在铜胎上，后来也应用于瓷器上，但在玻璃胎上的应用难度很大，成功率也很低。珐琅彩鼻烟壶为二次烧成，先把玻璃烧成某种器型，再用珐琅来绘画，之后再进行烧制，但温度高了，玻璃容易破碎；温度低了，珐琅彩又难以呈现出来，因此这种鼻烟壶存世量极为稀少。

随着卷烟的大量涌现，抽烟比吸闻鼻烟更为过瘾，鼻烟的地位自然一落千丈，逐渐淡出了人们的生活，鼻烟壶也就此失去了实用性，成为单纯的工艺品。

雍正皇帝喜欢 cosplay

雍正皇帝是清朝历史上数一数二的"工作狂"，常常批阅奏章到深夜，一年之中很少给自己放假。不过他也绝非不懂得生活情趣之人，居然对角色扮演情有独钟，喜欢将自己扮成各式各样的人物，体验不同的人生，希望看到不同的风景。

在《雍正行乐图》中，雍正皇帝一会儿变身为手执弓箭欲射飞禽的波斯人，一会儿又成为与黑猿嬉戏作乐的突厥人；一会儿是潜心修炼悟道的道人，一会儿又变成独钓寒江雪的渔夫；一会儿是参禅求佛的喇嘛，一会儿又变身为极目远眺的蒙古王公。清朝曾经严厉禁止满洲人穿着汉族服饰，可他却仍旧喜欢将自己装扮成逍遥的汉人书生，一会儿听泉，一会儿抚琴，一会儿观瀑，一会儿题字，好不风流快活。

《雍正行乐图·乘槎成仙》中，身着道装的雍正皇帝神情悠然，一副向往渡海成仙的神态。《雍正行乐图·松涧鼓琴》中，雍正皇帝临溪而坐，慢拔琴弦，舒适而又优雅，悠扬的琴声与潺潺的溪水、幽淡的月光以及高大的松柏构成一幅惬意的画卷。《雍正行乐图·书斋写经》中，室外兰花吐香，室内墨香扑鼻，雍正皇帝端坐在书案前，右手提起笔，却迟迟未曾落下，似乎正在构思究竟要写些什么。《雍正行乐图·杖挑蒲团》中，雍正皇帝身着修者服装，肩扛木杖，杖挑蒲团，仿佛是隐居在山中的闲云野鹤。《雍正行乐图·道士庄严》中，身穿道装的雍正皇帝坐在岸边的巨石之上，左手挥舞着手中的尘尾，右手做出道家特有的手势，口中还念念有词。他身边那条河一时间波涛翻滚，俨然一副法力无边的样子。《雍正行乐图·刺虎》中，雍正皇帝站在一处山洞旁，举着手中钢叉，正准备刺向面前的那只老虎。狩猎刺虎本就是满洲人的传统项目，但他的装束极为奇特，头戴西洋假发，脖子上系着领巾，身着西洋服装，俨然一副欧洲贵族绅士的装扮。

[清]佚名《雍正行乐图·道士庄严》

只许皇帝看戏，不许百姓听曲

生活在清朝的人们的娱乐方式非常有限，看戏成了当时最高雅，同时也是最令人享受的娱乐活动。入关之后，越来越多的满洲人痴迷于汉族的戏曲艺术，乐此不疲地看戏，饶有兴趣地学戏，王公大臣时常会为自己欣赏的名角疯狂打赏，甚至一掷千金，有的还不惜花费重金在府上豢养戏班。

对于朝廷上下掀起的看戏热潮，清朝的皇帝们却以雷霆手段进行弹压，从顺治皇帝开始，几乎每位皇帝都曾下令禁止文武官员、八旗兵丁前去看戏。嘉庆皇帝曾经严令："督抚司道积弊之一，设宴征歌，广觅优伶，蓄养戏班，开筵聚饮。以属员之犒赉，肥优伶之橐囊。嗣后督抚藩臬道府各员，务当力加整顿，改涤前非。此次训诫之后，倘敢视为具文，仍蹈故辙，一经觉察，或被人指参，必当重治其罪，不稍宽贷。"①

朝廷还下令严禁在北京内城开设戏馆，即便如此，仍旧有不少酒馆偷偷地进行戏剧演出，直到晚清时，严禁设立戏馆的禁令才渐渐废弛。

虽然皇帝制定了严苛的律法，但偷着去看戏的官员仍旧趋之若鹜。御史和顺就是个戏迷，不顾朝廷禁令多次进园看戏，为了进行掩盖，他事后居然还撒谎狡辩，最终被革职发配吉林。因喜爱看戏而耽误了大好前程的官员比比皆是，色克精额升任内阁学士兼副都统之后，为了庆祝自己升官，将七百多名好友同僚全都邀请到城外戏园之中一同宴饮看戏，新位子还没有坐热乎便被革了职。

虽然清朝皇帝严格要求属下，却并未严格要求自己。从康熙二十三年（1684）九月开始，康熙皇帝曾经六次南巡，三次东巡，一次西巡。为了欢迎远道而来的皇帝，也为了展现当地人寿年丰的太平景象，皇帝舟舆所过之处，道路两旁、运河两岸通常都会搭台演戏，还会邀请当地文人编练新词新曲，为的就是能博皇帝一笑。

---

① 《清仁宗实录》卷四十，嘉庆四年三月上。

［清］徐扬《乾隆南巡图·过德州》中的戏台

康熙皇帝首次南巡来到苏州时，苏州织造祁国臣特地邀请他前去看戏。那些诚惶诚恐的戏曲演员们赶忙向皇帝身边人询问给皇帝演戏时需要注意的事项，皇帝的身边人说凡是在表演过程中下拜时一定要向着皇帝拜，演员上、下场时绝对不能背对着皇帝。在了解完注意事项之后，这些在当地久负盛名的演员们给康熙皇帝呈现了一场前所未有的视听盛宴。

康熙皇帝看得入了迷，居然一连看了二十多出戏，一直看到半夜才意犹未尽地返回住处休息。次日，他原本要前往虎丘游玩，可由于昨日看得不太尽兴，于是又临时改为看戏，一直看到中午才作罢。

对戏曲极度痴迷的康熙皇帝回京之后将教坊司改为"南府"，命有天分、有潜质的宫内太监排练戏曲节目。此后无论是紫禁城，还是颐和园、圆明园等皇家园林，抑或是承德避暑山庄等外地行宫，只要有皇帝的地方，就有他们演戏的身影。

紫禁城内设置了大大小小十余座戏台，规模较大的是宁寿宫畅音阁戏台，漱芳斋、风雅存等处均设有室内小戏台，圆明园、颐和园、避暑山庄也都设有戏台。

南府主要有四项任务，第一项是"月令承应"，从元旦到除夕，每个重要节日，他们都要演出相应的戏曲曲目。第二项是"庆典承应"，凡是遇到了喜事，比如皇帝纳彩（订婚）、皇帝大婚、皇子出生、皇子过"洗三"、皇子过满月、皇帝与太后及皇后过生日、皇子皇孙结婚，他们都要演出应景的曲目。每到开戏时，戏台前万头攒动，锣鼓喧天，争奇斗艳。第三项是"临时承应"，只要皇帝高兴了，随时随地让他们唱上一段，此时不用穿戏服，主要是以清唱为主。第四项是"丧礼承应"，如果皇帝、皇后或太后去世了，他们虽然不能唱戏了，但要加入哭号的队伍之中。

清朝皇帝可不仅仅只是个戏曲的旁观者，还是创作者，雍正皇帝还是皇子的时候就曾经为父亲过生日编写过戏曲剧本，这些戏后来在崇庆皇太后过整寿生日时依旧在演出，不过却又经过了乾隆皇帝的修改，有时是他亲自动手操刀，有时委托属下代劳，但最终都要经过他的审核。

雍正皇帝登基后因终日忙于政务对看戏并没有太大兴趣，但他的儿子乾隆皇帝是个大戏迷。他曾经效仿自己的爷爷六下江南，见江南一带昆曲班的艺人的表演水平远在宫内太监之上，于是便将全天下最优秀的戏曲艺人全都征召到南府，使得南府人数激增到八九百人，最多时甚至多达一千五六百人，只得将南府驻地迁往景山西北观德殿后面。当时一个神怪剧目就需要上千名前台演员，后台的乐队伴奏与杂务人员更是多得不计其数。

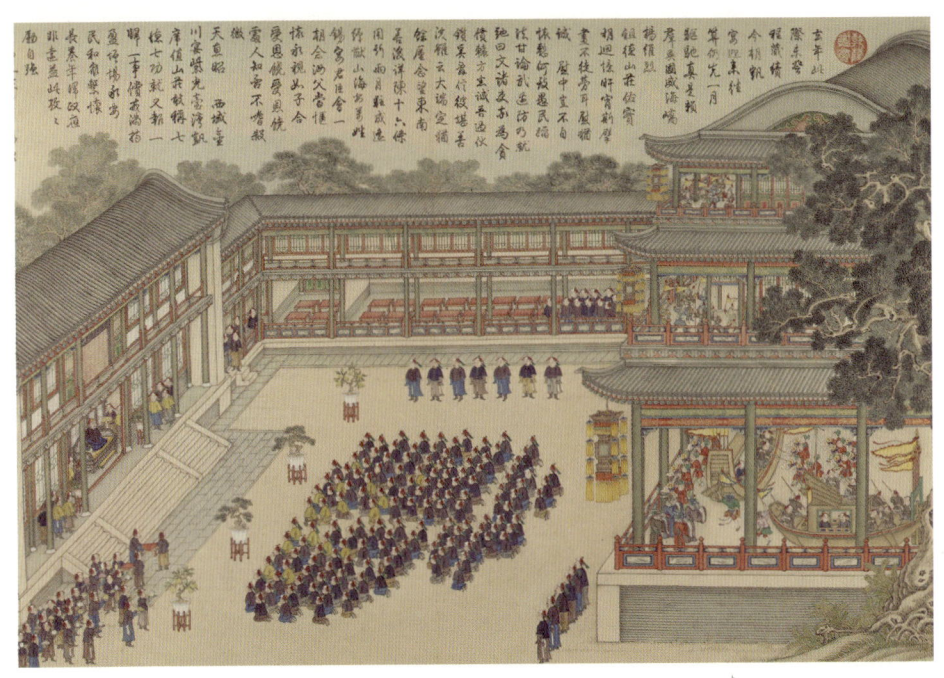

[清]佚名《平定台湾战图·清音阁演戏图》（局部）

乾隆五十三年（1788），清军平定了台湾林爽文起义，乾隆皇帝特地在承德避暑山庄福寿园犒劳凯旋将士，并且在园内的清音阁戏楼一同观看戏曲演出。清音阁戏楼与宁寿宫畅音阁戏楼均属于当时规模很大的戏楼，朝臣们的听戏之所安排在大戏台两侧的东西廊内，廊下设前、后两排小炕桌，地上还铺着棕毯，王公大臣们可以盘坐在毯上，不过此时他们正忙着向乾隆皇帝下跪谢恩，还没有到指定位置就座。听戏期间，乾隆皇帝还会将果品、饮食以及如意、荷包、瓷瓶等物品赏赐给朝臣。

乾隆五十五年（1790），正值乾隆皇帝八十大寿，朝廷特地从扬州征调徽班三庆班入宫演出，当时这个戏班的台柱子高朗亭可是红遍大江南北的名角儿，此后又陆续征调四喜班、启秀班、霓翠班、和春班、春台班等徽班入京为皇帝演出。

徽班是以安徽籍（尤其是安庆地区）的艺人为主，主要演唱二黄、昆曲、梆子、啰啰等唱腔的戏曲班社。在进京献艺的过程中，上述六大徽班逐步合并重组为三庆、四喜、和春、春台四大徽班。

为了适应北京观众的观赏需要，在原来唱腔的基础上，他们又融合了高腔（当时称京腔）、秦腔等其他戏曲曲种在剧目、声腔、表演等各方面的精华，形成了各自的表演特色，观众们最爱看的就是"三庆班的轴子，四喜班的曲子，和春班的把子，春台班的孩子"。三庆班以演出整本大戏见长，四喜班以演唱昆曲著称，和春班以擅长演武戏取胜，春台班的童子戏最为出色。四大徽班进京之后，经过长期的磨合逐渐发展形成了我国的国粹京剧。

也正是因为康熙皇帝、乾隆皇帝对戏曲的偏爱，加之当时看戏的社会热潮，我国古代戏曲史上最后两部伟大作品，洪昇的《长生殿》与孔尚任的《桃花扇》相继问世，皇帝王公为之叹为观止，文人雅士为之褒扬赞赏，市井百姓为之交口赞誉。爱看戏的康熙皇帝听闻《桃花扇》上演的消息之后，赶忙命人前去索要剧本，迫不及待地想要一睹这出戏的风采。

康乾盛世之后，国力日衰，外敌入侵，戏曲演出曾经经历过一段低潮期，不过在晚清却再度兴盛起来，这是因为晚清的实际掌权者慈禧太后对戏曲极度痴迷。无论身在何处，她都时刻离不开看戏，不仅观看升平署（之前的南府）演员的演出，还时常征召民间戏班进宫演唱献艺。

光绪二十八年（1902）正月初一，是慈禧太后经历了八国联军侵华之后，从西安返回北京后度过的第一个春节，当时百姓们正处于水深火热之中，可她却仍在肆无忌惮地看戏，仅仅是看戏时的赏赐就高达白银三万多两。

第三部分 皇家『时装秀』

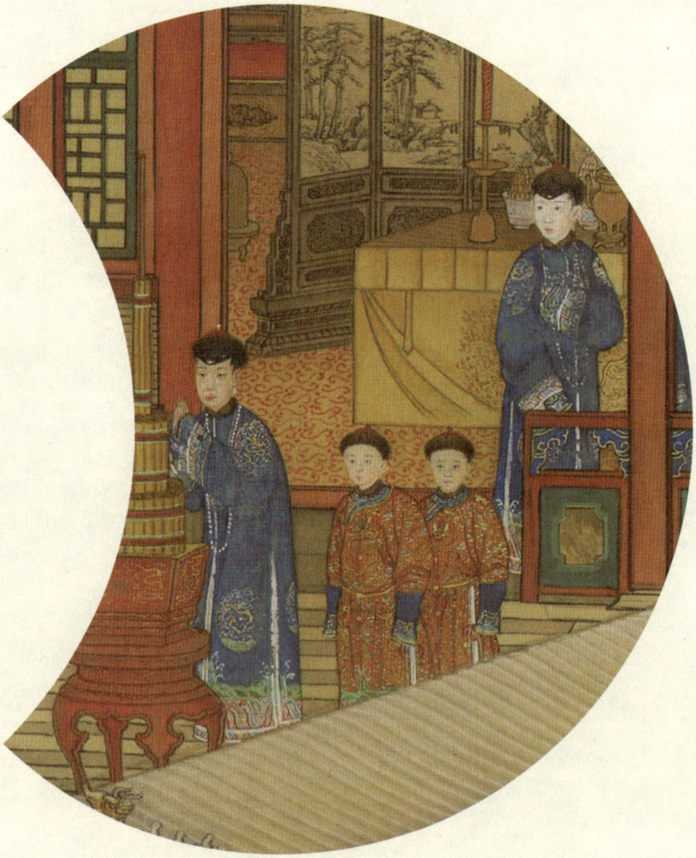

第一章
"高大上"的朝服

皇帝朝服讲究多

清朝皇帝的服装可谓名目繁多，有朝服、吉服、常服、雨服、行服、便服等很多种。不过最炫目的还要数朝服，也是规格等级最高的服饰，只有在登基等重大朝会、元旦等宏大庆典、祭天等重大祭祀时才会穿，堪称清朝最华丽的礼服，无论是布料选用、色彩搭配，还是纹饰设计、制作工艺，都代表了清朝，乃至我国古代的最高水平。

朝服包括朝袍、朝褂和朝裙三种，但皇帝的朝服只有朝袍一种。袍与褂的区别在于袍比较长，通常会垂到脚；褂要短于

[清]佚名《乾隆皇帝朝服像》

袍，长褂也只是垂至小腿，短褂仅仅到腰。袍通常为斜襟，一般会将衣襟向右掩并在右侧系扣或扎系，称为"右衽"。但一些少数民族的服饰恰好与之相反，称为"左衽"。褂通常为对襟，两襟相对，胸前系扣，类似于如今衬衣的系扣方式。

皇帝穿朝服的时候往往还会搭配专属的朝冠、朝珠、朝带和朝靴。

皇帝朝服有冬夏之分，与之搭配的朝冠也有冬夏之分。

冬朝冠用薰貂制成，上面缀有朱纬（红缨），冠顶共有3层，每层都有扁平金质构件，称为"金龙"。金龙的四端装饰有一个龙形物件，口中衔有1颗东珠；三层金龙之间各缀有1颗东珠，整个冠共用东珠15颗，最顶端还镶嵌有1颗大珍珠。

夏朝冠选用织玉草、藤丝或竹丝等比较清凉的材质制成，两层帽檐均用石青（一种蓝色矿物）、片金（粘贴金箔）镶边。夏朝冠冠顶与冬朝冠均装饰有朱纬，也用东珠和3个金龙堆砌成3层，最顶端镶嵌有1颗大珍珠。不同之处在于，夏朝冠正面缀有金佛牌（雕刻有佛像的长条状金牌），其上镶嵌有15颗东珠；背面缀有舍林（锥型金牌，翻译自满语），其上镶嵌有7颗东珠。

皇帝穿朝服时通常都会佩戴朝珠，朝珠源自佛教法器佛珠，满洲人起初信奉原始宗教萨满教，但入关前便开始崇信佛教，入主中原之后崇佛之风始终不减。

佛珠分为持珠、佩珠、挂珠三类。持珠是闲暇时拿在手中把玩或是念经时用手不停转动的佛珠，主珠数量为18—54颗不等。佩珠是戴在手腕上的佛珠，最常见的款式为18颗主珠，后来发展成为手串。挂珠通常由108颗子珠穿成，意寓一年分为12月、24节气和72候。每个节气有3候，其实就是3个美好的期待，比如立春一候东风解冻，二候蛰虫始振，三候鱼陟负冰。不过还有一种说法，挂珠的108颗珠子代表着人生的108种烦恼，佛寺每天早晚各撞钟108下，称为"醒百八烦恼"。

清朝朝珠周长在130—170厘米之间，108颗主珠材质、大小、形制、颜色均基本一致，但每隔27颗主珠便会插入1颗不同材质、不同颜色的大珠，称作"分珠"。4颗分珠将108颗主珠均匀地分作4段，这4颗分珠的俗称却不尽相同。有的学者认为这4颗分珠都应被称作"佛头"[1]，不过笔者咨询有关专家后认为应该按照佩戴朝珠时分珠所在位置命名，只有位于脖颈处的分珠才会被称为"佛头"，两侧的分珠称为"佛肩"，最下端的分珠称为"佛脐"。

佛头下方所缀葫芦形饰件被称为"佛头塔"。佛头塔并非是实心的而是中空的，穿缀有明黄色丝绦，丝绦中部悬挂的物件称为"背云"，丝绦末端垂挂的物件称为"坠角"。

佛头塔左右两侧共计穿挂有3串小珠，每串为10粒，称为"记念"。为何偏偏要悬挂3串记念呢？对此有3种不同的说法：第一种说法认为3串记念代表每月有上、中、下三旬；第二种说法认为3串记念代表三台，天子有三台，灵台观天文，时台观四时变化，囿台观鸟兽鱼鳖[2]；第三种说法也认为3串记念代表3座官衙，尚书为中台，御史为宪台，谒者为外台[3]。

佩戴朝珠的时候，"佛头""佛头塔""背云"和"坠角"要垂于皇帝的后背，"记念"要垂于皇帝的胸前。朝珠看似只是个小物件，却有着极为严格的使用规范，品级大小不同，地位高低不同，朝珠的材质和丝绦的颜色也会有所差异。

在清朝帝后朝服像中，前三位皇帝努尔哈赤、皇太极和顺治皇帝都没有佩戴朝珠，直到顺治帝孝惠章皇后朝服像中才出现了朝珠的身影。从康熙朝开始，无论是皇帝，还是后妃，穿着朝服时佩戴朝珠成了一种惯例。

按照清朝礼制，皇帝及后妃（不包括贵人、常在、答应）、五品以上文官、四品以上武官以及命妇才能佩戴朝珠。命妇俗称"诰命夫人"，是指获得封号的女人，既包括宗室女子，也包括官员的母亲和妻子。除此之外，一些未能达到上述品级的特殊官员，如主管祭祀的礼部主事、太常寺博士，主管宫廷保

---

[1] 李芝安：《清代朝珠述论》，《中国国家博物馆馆刊》2013年第6期。
[2] ［唐］徐坚：《初学记》卷二十四《居处部·台第六·叙事》。
[3] 《后汉书》李贤注引《晋书》。

朝珠

[清]佚名《(顺治帝)孝惠章皇后朝服像》

卫的侍卫，也可在参加祭祀、典礼时佩挂朝珠，但平时不允许佩戴。清朝中期以后，朝政日渐凋敝，礼制不同程度地遭受了破坏，甚至连七品官都会佩戴朝珠。

皇帝在不同场合往往会佩戴不同颜色、不同材质的朝珠。满洲人崛起于东北地区，一直将白山黑水视为大清的龙兴之地，东北所产数量稀少的东珠被视为最珍贵的珠宝，因此东珠朝珠也成为朝珠中的极品。

举行朝会或大典时，皇帝穿明黄色朝服，通常要佩挂东珠朝珠，但也并不绝对,《乾隆皇帝朝服像》中佩戴的便是珊瑚朝珠。皇帝祭天坛时,身穿蓝色朝服,通常会佩戴青金石朝珠,直到清朝中后期才成为定制,乾隆朝编纂的《皇朝礼器图式》之中并无青金石朝珠。皇帝祭天的时候佩戴装饰有青金石的东珠朝珠[①],青金石因色相如同蔚蓝的天空,备受历代皇帝的青睐;祭地坛时,皇帝穿明黄色朝服,通常会佩戴黄色蜜珀朝珠;在日坛举行日礼时,皇帝穿红色朝服,通常会佩戴珊瑚朝珠,珊瑚由珊瑚虫堆积而成,生长极为缓慢,而且只生长在台湾海峡等特定海域,因此极为珍贵;在月坛举行月礼时,皇帝穿月白色朝服,通常会佩戴绿松石朝珠[②],绿松石因"形似松球,色近松绿"而得名,皇帝朝珠所用绿松石通常为淡蓝色。

皇帝穿朝服时腰间会佩戴朝带,朝带可不像如今的腰带那样是皮革材质,而是用明黄色绦带制成,主要用于装饰,并无束腰功能,但也可以悬挂东西。

皇帝所用朝带共有两个款式:一式朝带在明黄色绦带上装饰四块龙纹金圆版;二式朝带在明黄色绦带上装饰四块龙纹金方版。

一式朝带共有3个样式,版饰上分别镶嵌有红宝石、蓝宝石和绿松石,正中还镶有5颗东珠,边缘处用大约20颗珍珠围成一圈。两块版饰下方各有一枚金铸环,挂着好似领带一样的饰物,称为"佩帉",一条为浅蓝色,一条为白色。朝带佩帉又长又尖,底端为锐角的三角形。佩帉中上部装饰有镂金中约,设计风格与版饰保持一致,相应地镶嵌有红宝石、蓝宝石或绿松石,此外还点缀有30颗珍珠。除了装饰作用外,中约还能防止皇帝行走时或者起风时佩帉随风剧烈摆动,与后面介绍的皇后所用金约、领约具有相同的约束作用。

金铸环上垂有若干条锁链,用于钩挂一些小物件,正中挂有带刺绣的青金色佩囊(俗称荷包),可以用来盛放扳指等随身携带的小物件;左侧有燧(取火器具火镰)和觽(解绳结的锥子);右侧有鞘刀,鞘刀既可以用来割肉,也可以用来切食物,甚至还可以在野外用于防身。虽然入关后生活变得越来越安

---

① [清]允禄、蒋溥等纂:《皇朝礼器图式》卷四《冠服一》:"惟祀天以青金石为饰。"
② [清]昆冈等纂:《(光绪朝)大清会典图》卷五十七。

逸，但清朝皇帝仍旧未曾改变过佩戴鞘刀的习惯。鞘刀刀柄上还设计有具有收纳功能的小孔，可以用来盛放筷子、勺、大小牙签、毛刷、耳挖勺、锉刀、钢针等七八种物件，真可谓一刀在手，吃喝不愁！

二式朝带与一式的区别在于版饰为长方形而非圆形，中约上镶嵌的也不是珍珠而是4颗东珠，佩囊为纯石青色并无刺绣。二式朝带共有4种款式，区别在于版饰和中约上镶嵌的宝石有所不同。祭天时佩戴镶嵌有青金石的朝带，祭地时佩戴镶嵌有黄玉的朝带，祭日时佩戴镶嵌有珊瑚的朝带，祭月时佩戴镶嵌有白玉的朝带。祭天时佩戴的朝带还有一个特别之处，绦带不再是明黄色而是改为纯青色，佩帉也改用纯青色。

皇帝朝服居然像裙子

皇帝所穿朝袍为右衽大襟圆领长袍，衣长到脚，袖长掩手。上衣衣袖由内向外分别为袖身、熨褶素接袖与马蹄袖。熨褶素接袖的满语为"赫特赫"，在小臂位置熨出层层小褶，既是为了美观，更是为了耐磨，就好比如今干活时戴个套袖。马蹄袖的满语为"挖憨"，袖头制成半圆形，贴近手背的部分较长，贴近手心的部分略短，因酷似马蹄而得名。这是因为满洲人长期在天寒地冻的东北地区生活，为了御寒便加装半尺长的马蹄形袖头将手背完全遮盖住，但这种设计又不会影响手部动作，因为内侧靠近手心处相对较短，可以运动自如地执缰拉弓，因此也被称为"箭袖"。

满洲人入关后再也不像之前那样在冰天雪地里狩猎，因此马蹄袖平时会卷起来，若是朝臣参见皇帝、下官拜见上司、小辈拜叩尊长时，必须要先将袖头弹下，顺序可不能错，要先左后右，然后再单手或双手伏地施礼，以示对对方的尊敬。

清朝朝服的另一大特色就是加装了披领（也称为披肩领），也就是系于朝服领口处并披在肩背上的扇形衣领，两端呈又长又尖的弧形，与弓较为相似。披领最初用来遮风挡雪，不过后来实用功能却逐渐退化，成为身份地位的象征。只有朝服上才会加装披领，皇帝所穿其他服饰上均不会加披领，这也成为辨别朝服的关键特征之一。

虽然清朝朝服上充斥着满族元素,却也受到了汉族服饰文化的影响,朝袍并非通体式而是采用浓郁汉族风格的上衣下裳的样式,上衣与下裳分别制作完成后再缝接在一起,腰间有一道明显的分割线,称为"腰帷"。腰帷上还有精美装饰,如同锦带一般;其下有类似如今百褶裙一样的襞积(也称为褶裥);襞积下方为下裳,下裳最底端被称作下摆,也称为下幅。如此一番设计,皇帝所穿朝服居然与今天的裙子差不多!

皇帝朝服分为冬朝服和夏朝服两类,冬朝服又有两个款式。

一式冬朝服上衣的前胸、后背和两肩上各有一条正龙,正面、背面襞积上各绣有一条正龙和两条行龙,披领、下裳皆用紫貂制成,马蹄袖用薰貂制成。[1] 一式冬朝服共有明黄色、蓝色两款,皇帝在南郊举行祈谷仪式时通常会穿蓝色一式冬朝服。

清朝皇帝朝服深受汉族服饰文化的影响的另外一个重要特征就是融入了十二章纹。十二章纹是汉族皇帝冕服上的常用纹饰,从乾隆朝开始正式从制度层面将其纳入朝服体系之中。由于一式冬朝服下裳为紫貂材质,因此十二章纹全都集中在上衣。

一式冬朝服的使用时间是一年之中最为寒冷的日子,从每年的十一月初一穿到次年上元节(正月十五)。

二式冬朝服并未大面积应用皮草,只是在边缘处装有海龙皮边,因此上衣和下裳上均有章纹分布,上衣绣有日、月、星辰、山、龙、华虫、黼、黻八种章纹,下裳绣有宗彝、藻、火、粉米等四种章纹。

二式冬朝服上衣的两肩、前胸和后背上各绣有一条正龙,《皇朝礼器图式》记载这款朝服腰帷上绣有五条行龙,但正面、背面腰帷上各绣有两条,不知另

---

[1] [清]允禄、蒋溥等纂:《皇朝礼器图式》:"皇帝冬朝服一……色用明黄,惟南郊祈谷用蓝;披领及裳俱表以紫貂,袖端薰貂;绣文两肩前后正龙各一,襞积行龙六,列十二章,俱在衣,间以五色云。"不过实际观察图片却发现襞积上为两条正龙和四条行龙,应是文字记载有误。

外一条行龙在何处，有可能记载有误，也有可能是位于腰帷侧面，因视线受阻而看不到。下裳右上方有正方形的衽，其上绣有一条正龙，正面、背面的襞积上各绣有九条团龙，正面、背面下裳上各绣有一条正龙和两条行龙，披领上绣有两条行龙，两端马蹄袖上各绣有一条正龙。[1]

皇帝朝服上有三种龙纹：正龙龙身盘旋，头居其中，正视前方，威风凛凛，最能突显王者气势；行龙只留给人侧脸，腾云驾雾，闪转腾挪，动感十足；团龙就是身子蜷曲在一起的龙，也有正龙与行龙之分。皇后朝褂上还有纵向的立龙纹饰，从上到下舒展开自己的身子，好似立起来一样；妃嫔的龙褂上有夔龙纹饰，是一种像蛇的龙，不过这种龙的等级比较低。

龙纹附近装饰有五色云纹，透过色彩变化和深浅搭配衬得威严雄劲的龙更为细腻逼真，给人带来流动舒畅的立体感。朝服下摆上还绣有八宝平水纹。皇室所用水形纹饰主要有两种：一种是立水纹，其实就是斜向排列的五色弯曲线条；另一种是平水纹，仿佛是起伏翻滚的波浪。八宝纹是指八种具有美好寓意的吉祥图案，常见组合为和合、鼓板、龙门、玉鱼、仙鹤、灵芝、馨和松，不过有时也会搭配其他吉祥纹饰。八宝平水纹就是将八宝纹和平水纹融合在一起，蕴含着"四海升平""江山万代"之意。

二式冬朝服的穿着时间为每年的九月十五或者二十五，一直穿到十一月初一，随后换装保暖性能更好的一式冬朝服。

二式冬朝服也有两款，分别为明黄色和红色，皇帝前往日坛祭日时通常会穿着红色二式冬朝服。

夏朝服只有一种样式，与二式冬朝服造型差不多，区别在于冬朝服的披领、袖口、下摆等边缘处用片金镶边并装饰有海龙皮边，但夏朝服只用片金镶

---

[1] [清]允禄、蒋溥等纂：《皇朝礼器图式》："皇帝冬朝服二……色用明黄，惟朝日用红；披领及袖俱石青，片金加海龙缘；绣文两肩前后正龙各一，腰帷行龙五，衽正龙一，襞积前后团龙各九，裳正龙一，行龙四，披领行龙二，袖端正龙各一，列十二章，日、月、星辰、山、龙、华虫、黼、黻在衣，宗彝、藻、火、粉米在裳，间以五色云，下幅八宝平水。"

边，并无海龙皮边。海龙其实就是海獭[1]，属于水獭的近亲，由于生活在低温海水之中，毛发极为稠密，具有极好的保暖效果。除此之外，夏朝服与冬朝服在衣料选择上也有所差异，夏朝服更薄更透气。

夏朝服的穿着时间为每年三月十五或者二十五开始，一直穿到九月十五或者二十五。

夏朝服共有三款，分别为明黄色、蓝色和月白色。皇帝前往天坛祭天时通常会穿蓝色夏朝服，前往月坛祭月时通常会穿月白色夏朝服，不过月白色可并非是白色，实际上是浅蓝色。

皇帝朝服共有明黄、蓝色、红色和月白色四种颜色，恰好对应四季，也代表着天、地、日、月。

红色和月白色朝服都只有一款，一式冬朝服和夏朝服均有蓝色。两者的用途也有所区别，皇帝前往南郊祈谷求雨时通常会穿蓝色一式冬朝服，前往天坛祭天时通常会穿蓝色夏朝服。明黄色是皇帝最常穿的颜色，因此三款朝服均有明黄色。夏秋季时穿夏朝服，秋天和初冬时节会穿二式冬朝服，最寒冷的隆冬时节会穿保暖性能最好的一式冬朝服。

其实清朝朝服颜色定型经历了一个较长的发展过程。康熙朝时，朝服颜色只有三种，分别为黄色、秋香色和蓝色[2]；雍正朝时，朝服颜色扩展为四种，分别为石青、明黄、大红、月白[3]；乾隆朝时，朝服颜色才正式确定为蓝色、明黄色、红色和月白色。[4]

皇帝朝服材质上有单、夹、棉、裘四种，春、秋用多层夹衣，夏季用单层单衣，冬季用比较厚的棉衣、裘衣，根据四季交替和温度变化随时增减衣物。

---

[1] [清]吴振棫：《养吉斋丛录》卷二十二："国语谓獭曰海龙。"
[2] [清]伊桑阿等纂：《（康熙朝）大清会典》卷四十八《冠服》："（皇帝冠服）康熙二十二年定，凡大典礼及祭坛庙，冠用大珍珠东珠镶顶，礼服用黄色、秋香色、蓝色，五爪三爪龙锻等项，俱随时酌量服御。"
[3] [清]尹泰等纂：《（雍正朝）大清会典》卷六十四《冠服》："（皇帝冠服）雍正元年定，礼服用石青、明黄、大红、月白四色锻，花样三色，圆金龙九，当龙口处，珠各一颗；腰襕，小团金龙九；通身五彩祥云，下八宝平水。"
[4] [清]允禄、蒋溥等纂：《皇朝礼器图式》卷四《冠服一》："皇帝冬朝服一……色用明黄，惟南郊祈谷用蓝……皇帝冬朝服二……色用明黄，惟朝日用红……皇帝夏朝服……色用明黄，惟雩祭用蓝，夕月用月白。"

夏季单衣多用稀疏轻薄的纱，如实地纱、直径纱、芝麻纱和妆花纱等。裘衣所用皮料种类很多，有貂皮、海龙皮、狐皮、银鼠皮、猞猁狲皮、水獭皮、鹿皮、狍皮等，看上去雍容华贵，又能保暖避寒。

《皇朝礼器图式》对皇帝朝服及其配饰均有着严格的规范，唯独没有提及朝靴样式，从留存的清朝文物来看，朝靴颜色通常会与朝服颜色保持一致，但靴面、靴帮多用黑色，靴面上还有云纹等纹饰。

皇后朝服配饰很拉风

皇后朝服比皇帝还要繁复，居然有朝袍、朝褂、朝裙三大类，此外还会搭配朝冠、金约、领约、耳饰、彩帨、朝珠、朝靴。皇后穿朝服时头戴朝冠，额头束金约，颈下饰领约，耳上挂有耳坠，胸前垂着彩帨，看上去雍容华贵，很是拉风！

皇帝继位后往往会尊仍旧健在的嫡母（父亲册立的皇后）和生母为皇太后，简称为太后，其所用服饰与皇后几乎一模一样。

皇后朝冠也有冬、夏之分，冠饰造型几乎一模一样，只是材质有所不同。冬朝冠用薰貂制成，夏朝冠用青绒（一种深青色毛料）制成。

皇后朝冠上也装饰有朱纬，冠顶3只金凤与3颗东珠构成3层造型，最顶端嵌有一颗大东珠。每只金凤装饰有3颗东珠和17颗珍珠。朝冠四周还缀有7只金凤，各镶嵌有9颗东珠、1颗猫眼和21颗珍珠；冠后有1只金翟（金质翟鸟造型，翟鸟如今被称为白冠长尾雉鸟），装饰有1颗猫眼石和16颗小珍珠。金翟尾部垂有5行珍珠串，共有302颗珍珠，最末端缀有珊瑚。珍珠串中间装饰有青金石结，镶嵌有6颗东珠和6颗珍珠。冠后有护领，垂有明黄色丝绦，最末端缀有宝石。冠的两侧垂有用青缎制成的带子，系上后可以使得头上的朝冠更为稳固。

皇帝穿朝服时通常只会佩戴1盘朝珠，但皇后往往要戴3盘朝珠，其中两盘珊瑚朝珠斜挎着，另外一盘东珠朝珠挂在脖子上。只有皇帝、皇太后、皇后

[清] 佚名《(乾隆帝) 孝贤纯皇后朝服像》

才有资格佩戴东珠朝珠，皇贵妃及以下嫔妃、皇子均不得佩戴东珠朝珠。① 朝珠材质，甚至朝珠上丝绦颜色都成为区分后宫嫔妃等级的重要标志。

虽然朝珠标配有三串记念，却并不拘泥于此，《（乾隆帝）孝贤纯皇后朝服像》中皇后佩戴的东珠朝珠左右两侧便各有两串记念，其中一串10颗小珠全都露了出来，另外一串只露出了下面的5颗，上面的5颗被披领挡住了。她所戴东珠朝珠共有4串记念，比规定样式多出了1串。《皇朝礼器图式》记载："佛头、记念、背云、大小坠、珠宝杂饰惟其宜。"朝珠材质和丝绦颜色不能逾越礼制，但诸如记念等配饰在很大程度上可以由佩戴者进行自由搭配。

[清]佚名《（乾隆帝）孝贤纯皇后朝服像》中的朝珠

金约为皇后、嫔妃、命妇穿朝服时佩戴在朝冠下檐的饰品，好似圆形发卡，能够起到束发的作用。金约上镂雕的纹饰、镶饰的珠宝数目以及脑后贯珠

---

① [清]昆冈等纂：《（光绪朝）大清会典图》卷五十九、卷六十一。

形制都与佩戴者的品级地位息息相关。

按照《皇朝礼器图式》的规定，皇后所戴金约上镂雕有13朵金云，各装饰有1颗东珠，青金石点缀其间，里侧为红片镶金。金约后侧垂有5行珍珠串，共有珍珠324颗。珍珠串的中间还装饰有两个金衔青金石结，每个镶嵌有东珠、珍珠各8颗，末端缀有珊瑚。《(乾隆帝)孝贤纯皇后朝服像》中所绘金约与上述记载基本吻合。

领约为皇后、嫔妃、命妇穿朝服时佩戴在朝袍披领之上的饰品，形似项圈，领约上镶嵌的东珠数量、两端所垂丝绦颜色是区分佩戴者地位高低的重要标志。皇后所戴领约为镂金，装饰有11颗东珠，中间点缀鲜艳的珊瑚，两端垂有明黄色丝绦，丝绦上装饰有珊瑚和绿松石。

[清]佚名《(乾隆帝)孝贤纯皇后朝服像》中头部装饰

彩帨是垂于胸前的彩色绸带，《（乾隆帝）孝贤纯皇后朝服像》中所绘彩帨为粉红色，但《皇朝礼器图式》规定皇后用彩帨为接近于浅蓝的绿色，上面绣有五谷丰登等纹饰，所垂丝绦为明黄色。

包括皇后在内的后妃贵妇穿朝服时两耳通常会各佩三具耳饰，《皇朝礼器图式》规定的耳饰样式为金龙衔着两颗一等东珠，但《（乾隆帝）孝贤纯皇后朝服像》中所绘耳饰与上述记载略有出入，耳饰顶端并非金龙造型而是用珊瑚、红宝石等红色珠宝制成的。

皇后朝服"三件套"

皇后穿朝服时要先穿朝裙，再穿朝袍，再罩上朝褂，《（乾隆帝）孝贤纯皇后朝服像》中的孝贤纯皇后便是如此穿搭，不过她所穿冬朝袍和冬朝裙却被最外面的朝褂遮挡，只能看到黑色的海龙缘边。夏天天热时，皇后有时也会只穿一件朝袍。

皇后朝褂均为圆领对襟，全都没有袖子，长度短于朝袍，上面装饰有金龙纹饰，类似于如今加长款坎肩。朝褂不似朝袍与朝裙那样有冬夏之分，只有三种款式，褂身为石青色，用石青、片金镶边。

一式皇后朝褂前胸、后背上各装饰有两条立龙，腰帷之下有四层襞积，第一层和第三层正面、背面各绣有两条行龙，第二层和第四层绣有蝙蝠纹和团状寿字纹，寓意"万福万寿"，各层均有五色云纹环绕。

蝙蝠纹为清朝常见纹饰，"蝠"与"福"字读音相近，因此蝙蝠也寄托着人们对幸福的美好向往。皇室所用蝙蝠纹通常会被织绣成红色，蕴含着"洪福"之意；文字纹是另外一种常见纹饰，将用来表达福瑞吉祥之意的文字设计成纹饰，常见的有"卍"字纹、"寿"字纹和"囍"字纹。

二式皇后朝褂前胸、后背各绣有一条正龙，前、后腰帷各绣有两条行龙，襞积上并无纹饰，前、后下摆各装饰有四条行龙，龙纹周围装饰有五色云纹和八宝平水纹。

三式皇后朝褂正面左、右两侧各绣有一条大立龙，呈二龙戏珠样式，装饰有五色云纹，下摆为八宝平水纹。前两款朝褂呈现得更多的是精美秀丽的横向美，这一款呈现的是豪放富丽的纵向美。

为了与朝褂相搭配，朝袍也相应设计出三款，均为圆领右衽、左右开裾，既有与皇帝朝袍相仿的"上衣下裳"式分体长袍，也有上下一体的通体长袍。

皇后朝袍的袖子也极具特色，由袖身、中接袖（又称花接袖）、熨褶素接袖、马蹄袖四部分组成。中接袖为后妃服饰所特有，恰好位于肘部，不仅会使得朝袍看上去更为美观，还兼具护肘的功能。

皇帝与皇后的很多服饰在外观上都颇为相似，有无中接袖便成为区分两者的重要标志。除了中接袖，皇后朝服还有一个独特之处，那就是腋下至肩部加缝了一段上宽下窄的装饰性护肩，给人一种厚重大气的美感。

一式冬朝袍最大的特点便是并无腰帷和襞积，给人上下浑然一体的感觉，此外边缘处并非是常用的海龙皮边而是黄色貂皮边，色彩上更为搭配。这款冬朝袍通体明黄色，披领、袖子为石青色，领后垂有明黄色丝绦，上面还装饰有珠宝。

一式冬朝袍前胸、后背各绣有一条正龙，披领上绣有两条行龙，护肩上绣有两条行龙，前襟、后襟各绣有两条立龙，其下还有八宝平水纹。两端袖身各绣有一条行龙，两端中接袖上各绣有两条行龙，两端马蹄袖上各绣有一条正龙。

皇后用二式冬朝袍与皇帝用二式冬朝袍样式相仿，前胸、后背各绣有一条正龙，披领上绣有两条行龙，披肩上绣有两条行龙，腰帷上绣有四条行龙，正面、背面各两条，下摆上绣有八条行龙，正面、背面各四条。两端袖身上各绣有一条行龙，两端中接袖上各绣有两条行龙，两端马蹄袖上各绣有一条正龙。腰帷之下为素色襞积，不似皇帝冬朝服那样有团龙图案。

三式冬朝袍无论是款式还是纹式都与一式差不多，只是细节上略有差异，如下裳上并没有龙珠图案，边缘处为黑色海龙皮边而并非是黄色貂皮边。

皇后夏朝袍只有两个样式，其实就是在二式、三式冬朝服上改制而成，将保暖用的海龙皮边去掉，所用材质为轻薄的纱。

皇后朝裙分为冬、夏两款，腰间有腰帷，腰帷之下有襞积，后腰位置缀有两根用于扎腰的系带。膝盖以上所用面料为红织金寿字缎，红底上有金色的团形寿字纹；膝盖以下所用面料为石青行龙妆花缎，石青底上有行龙图案。冬朝裙用片金镶边并装饰有海龙皮边。夏朝裙并无海龙皮边，纹饰与冬朝裙基本一致，只是面料改为更为轻盈透薄的纱。

妃嫔的简约版朝服

清朝后宫有着极为森严的等级制度，地位最高的当属皇后，为后宫之主，居住在中宫，也就是位于中轴线上的坤宁宫。

皇后之下有皇贵妃，不过却并不常设，在皇后缺位时，皇贵妃主持后宫事

皇后	·一人
皇贵妃	·一人，并不常设
贵妃	·两人
妃	·四人
嫔	·六人
贵人	·没有名额限制
常在	·没有名额限制
答应	·没有名额限制

务。皇贵妃之下为贵妃、妃、嫔3级，总数恰好为12人，居住在东、西六宫之中。嫔之下还设有3级，分别为贵人、常在、答应，都没有名额限制，跟随妃嫔分居于东、西六宫之中，如若能讨得皇帝欢心生育皇子或公主，也有机会晋升为"主位"。

不仅皇后能穿朝服，皇贵妃、贵妃、妃和嫔也能穿朝服，但地位低下的贵人、常在、答应不得享受这项待遇。不同等级嫔妃所穿朝服也有所差异，以朝珠为例，皇后穿朝服时佩戴一盘东珠朝珠，两盘珊瑚朝珠；皇贵妃、贵妃、妃佩戴一盘蜜珀朝珠，两盘珊瑚朝珠；嫔佩戴一盘珊瑚朝珠，两盘蜜珀朝珠。即便是朝珠上的丝绦也有高低贵贱之分，只有皇太后、皇后、皇贵妃所戴朝珠能用明黄色丝绦，贵妃、妃、嫔只能用金黄色丝绦。

《崇庆皇太后八旬万寿图》描绘的是乾隆三十六年（1771）十一月二十五乾隆皇帝为自己的生母，已然八十岁高龄的崇庆皇太后过生日时的场景。该图多年来一直收藏在故宫文物库房，直到近年才重见天日。

皇帝与妃嫔犹如众星捧月般将崇庆皇太后围在最中央。东侧最靠近崇庆皇太后的妃嫔为皇贵妃魏佳氏，她是嘉庆皇帝颙琰的生母。乾隆皇帝第二任皇后那拉氏因与乾隆皇帝交恶而被幽闭于深宫之中，等同于被废，最终于乾隆三十一年（1766）郁郁而终，至此后宫之中没有了皇后。魏佳氏在那拉皇后去世前一年晋为皇贵妃，成为实际上的后宫之主，在众嫔妃中只有她穿的是明黄色朝服，彩帨上绣有"五谷丰登"纹，其他四人均穿金黄色朝服，彩帨上绣的是"元芝瑞草"纹。

清朝后妃朝服穿戴规定[①]

朝服及其配饰		皇太后	皇后	皇贵妃	贵妃	妃	嫔
朝冠	冠顶	朝冠为3层顶，每层镶嵌1颗东珠和1只金凤，每只金凤镶嵌3颗东珠和17颗珍珠，最顶端为1颗大东珠。	朝冠为3层顶，每层镶嵌1颗东珠和1只金凤，每只金凤镶嵌3颗东珠和17颗珍珠，最顶端为1颗大珍珠。		朝冠为2层顶，每层镶嵌1颗东珠和1只金凤，2只金凤共镶嵌9颗东珠和34颗珍珠，最顶端为猫眼石。		朝冠为2层顶，每层镶嵌1颗东珠和1只金翟，2只金翟共镶嵌9颗东珠和17颗珍珠，最顶端为砢子（一种似玉的石头）。
	冠饰	朝冠周围缀有7只金凤，每只金凤镶嵌9颗东珠、1颗猫眼石和16颗珍珠。冠后有一金翟，镶嵌1颗猫眼石和16颗珍珠。冠下垂有302颗珍珠组成的5串珍珠串，其上缀有1个青金石结，结上镶嵌东珠、珍珠各6颗，最下端缀有珊瑚。冠上垂下两条明黄色丝绦。	朝冠周围缀有7只金凤，每只金凤镶嵌9颗东珠和21颗珍珠。冠后有一金翟，镶嵌1颗猫眼石和16颗珍珠。冠下垂有192颗珍珠组成的3串珍珠串，其上缀有1个青金石结，结上镶嵌东珠、珍珠各4颗，最下端缀有珊瑚。冠上垂下两条丝绦，皇贵妃为明黄色，贵妃为金黄色。		朝冠周围缀有5只金凤，每只金凤镶嵌7颗东珠和21颗珍珠。冠后有一金翟，镶嵌1颗猫眼石和16颗珍珠。金翟尾部垂下188颗珍珠组成的3串珍珠串，其上缀有1个青金石结，结上镶嵌东珠、珍珠各4颗，最下端缀有珊瑚。冠上垂下两条金黄色丝绦。		朝冠周围缀有5只金翟，每只金翟镶嵌5颗东珠和16颗珍珠。后面还有一金翟，镶嵌16颗珍珠。金翟尾部垂下172颗珍珠组成的3串珍珠串，其上缀有1个青金石结，结上镶嵌东珠、珍珠各3颗，最下端缀有珊瑚。冠上垂下两条金黄色丝绦。
朝袍		皇太后、皇后、皇贵妃用冬朝袍有三个款式，夏朝袍有两个款式，颜色均为明黄色，垂明黄色丝绦。			贵妃、妃用朝袍款式与皇后相同，但颜色为金黄色，垂金黄色丝绦。		嫔用朝袍款式与皇后相同，但颜色为香色（茶褐色），垂金黄色丝绦。
朝褂		皇太后、皇后、皇贵妃用朝褂共有三种款式，均为石青色，后垂明黄色丝绦。			贵妃、妃、嫔用朝褂款式一致，后垂金黄色丝绦。		颜色与皇后用一致，后垂金黄色丝绦。

---

① ［清］允禄、蒋溥等纂：《皇朝礼器图式》卷六《冠服三》。

续表

朝服及其配饰	皇太后	皇后	皇贵妃	贵妃	妃	嫔
朝裙	皇太后、皇后、皇贵妃、贵妃、妃、嫔用朝裙上部为红色织金寿字缎，下部为石青色行龙妆花缎。					
朝珠	皇太后、皇后用一盘东珠朝珠，两盘珊瑚朝珠，丝绦用明黄色。		皇贵妃用一盘蜜珀朝珠，两盘珊瑚朝珠，丝绦用明黄色。	贵妃用一盘蜜珀朝珠，两盘珊瑚朝珠，丝绦用金黄色。	妃用一盘蜜珀朝珠，两盘珊瑚朝珠，丝绦用金黄色。	嫔用一盘珊瑚朝珠，两盘蜜珀朝珠，丝绦用金黄色。
领约	皇太后、皇后领约为镂金制成，镶嵌11颗东珠，点缀珊瑚，两端垂有2条明黄色丝绦。		皇贵妃领约为镂金制成，镶嵌7颗东珠，点缀珊瑚，两端垂有2条明黄色丝绦。	贵妃、妃、嫔领约为镂金制成，镶嵌7颗东珠，点缀珊瑚，两端垂有2条金黄色丝绦。		
金约	皇太后、皇后用金约有镂金云13朵，各装饰有1颗东珠，垂有324颗珍珠组成的5串珍珠串，其上缀有2个青金石结，各镶嵌8颗东珠和8颗珍珠，底端缀有珊瑚。		皇贵妃、贵妃用金约有镂金云12朵，各装饰有1颗东珠，垂有204颗珍珠组成的3串珍珠串，其上缀有2个青金石结，各镶嵌6颗东珠和6颗珍珠，底端缀有珊瑚。		妃用金约有镂金云11朵，各装饰有1颗东珠，垂有197颗珍珠组成的3串珍珠串，其上缀有2个青金石结，各镶嵌6颗东珠和6颗珍珠，底端缀有珊瑚。	嫔用金约有镂金云8朵，各装饰有1颗东珠，垂有177颗珍珠组成的3串珍珠串，其上缀有2个青金石结，各镶嵌4颗东珠和4颗珍珠，底端缀有珊瑚。
耳饰	皇太后、皇后两耳各佩三具耳饰，每具为金龙衔2颗一等东珠。		皇贵妃、贵妃两耳各佩三具耳饰，每具为金龙衔2颗二等东珠。		妃两耳各佩三具耳饰，每具为金龙衔2颗三等东珠。	嫔两耳各佩三具耳饰，每具为金龙衔4颗四等东珠。

续表

朝服及其配饰	皇太后	皇后	皇贵妃	贵妃	妃	嫔
彩帨	皇太后、皇后、皇贵妃用彩帨为绿色,绣"五谷丰登"纹,丝绦为明黄色。			贵妃用彩帨为绿色,绣"五谷丰登"纹,丝绦为金黄色。	妃用彩帨为绿色,绣"元芝瑞草"纹,丝绦为金黄色。	嫔用彩帨为绿色,未绣纹饰,丝绦为金黄色。

第二章
简约而不简单的吉服

吉服是仅次于朝服的礼服，在重要的吉庆节日、筵宴祭祀时，无论是皇帝后妃，还是文武百官都要穿吉服。吉服虽看似比朝服要简单许多，但依旧透着一种低调的奢华。

龙袍长啥样

皇帝冬吉服冠用海龙制成，立冬后换为紫貂或薰貂，冠上缀朱纬。冬吉服冠与冬朝冠在外观上比较相似，两者最大的区别在于吉服冠冠顶不似冬朝冠那么高，冠顶有满金花座，其上镶嵌着一颗大珍珠。

皇帝夏吉服冠用清凉的织玉草、藤丝或竹丝制成，与夏朝冠所用材质一样，但两者造型有着较大差异。夏吉服冠好似是个斗笠，冠内里子为红纱绸，用石青、片金镶边，冠顶与冬吉服冠一样都装饰有满金花座，其上镶嵌着一颗大珍珠。

皇帝所穿吉服袍绣有龙纹，因此也被称为"龙袍"，虽看似与朝袍差不多，但实际上两者有着很大的差异：朝袍采用汉族传统的"上衣下裳"款式，是一种分体式长袍，看着有些像裙子；龙袍却是通体式长袍，更接近于今天我们对长袍的定义。龙袍前后左右均开裾，也就是四面都开叉，称为"四开裾"。穿龙袍时也不似穿朝袍那样有很多配饰，最明显的特征就是并无披领。

皇帝龙袍只有一种款式，通常为明黄色，领子和袖子早期为蓝色，后来改为石青色。龙袍正面恰好能看到九条龙的身影，寓意"九五至尊"。前后分布着十二章纹，龙纹中间装饰有五色云纹，下摆为八宝立水纹。朝服下摆上一般会装饰有八宝平水纹，但龙袍上通常装饰有八宝立水纹，看上去更长，也更有立体感。

龙袍并非只有皇帝能穿，皇后也能穿，而且样式比皇帝还要多，皇帝只有一款，皇后却有三款，均为明黄色。

皇后用一式龙袍与皇帝用龙袍样式相仿，不过皇后龙袍袍身上没有十二章纹。虽然《皇朝礼器图式》记载"绣纹金龙九"，但两端中接袖上各有两条行龙，正面、背面各一条，因此正面可见11条龙，比皇帝用龙袍多出了两条，因此记载并不准确。

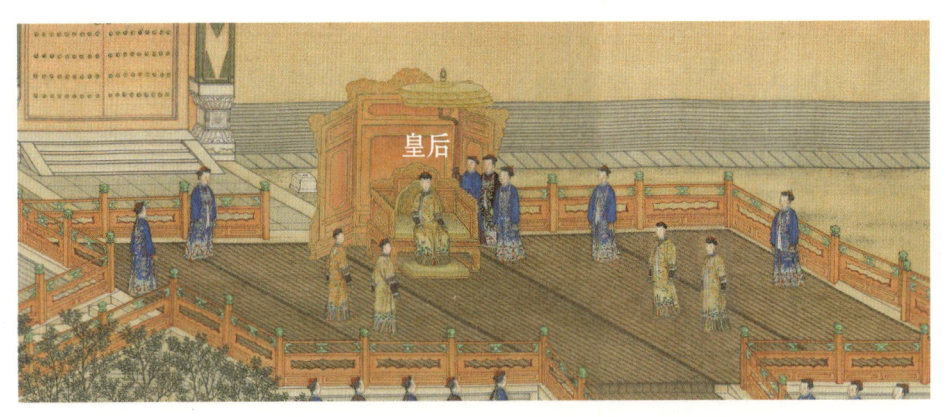

[清]郎世宁《孝贤纯皇后亲蚕图》中身穿一式龙袍的皇后

皇后用二式龙袍袍身上绣有8团五爪金龙，均为团龙式样，前胸、后背、两肩上各绣有一团正龙，前襟、后襟上各绣有两团行龙，下摆上为八宝立水纹，此外前、后领口处各绣有一条正龙，交襟处绣有一条行龙，两端中接袖上各绣有两条行龙，正面、背面各一条，两端马蹄袖上各绣有一条正龙。

皇后用三式龙袍与二式龙袍唯一的区别在于下摆上并无纹饰，其他地方均一致。

皇帝穿龙袍的时候有时会在外面套上衮服，不再是皇帝惯常穿的明黄色而是石青色，总共绣着4团金色五爪正龙，前胸、后背和两肩各一团，还绣有十二章纹中最为重要的两种章纹，左边为日纹，右边为月纹，象征君王光照宇宙，肩担日月。衮服前后还有万寿篆文，装饰有五色云纹。

虽然衮服时常穿在龙袍外面，但有时也会穿在朝服外面，临时充当朝褂的职能，若是如此穿搭通常会在衮服外加装披领。

只能皇帝穿的吉服褂称为"衮服"，后妃们所穿吉服褂称为"龙褂"，也是石青色，穿在龙袍外面，由于后妃有专用朝褂，因此龙褂一般并不穿在朝服外面，只穿在吉服外面。

［清］佚名《万国来朝图》中身穿吉服的妃嫔

皇后用龙褂共有两个款式，比皇帝所穿衮服看上去更繁复。一式龙褂绣有8团五爪金龙，均为团龙造型，前胸、后背和两肩共绣4团正龙，前襟、后襟各绣有两团行龙，下摆上绣有八宝立水纹，除此之外两端马蹄袖上各绣有两条行龙，正面、背面各一条。注意皇后用龙褂上并无中接袖。二式龙褂与一式相仿，褂身上也绣有8团五爪金龙，但马蹄袖上并无行龙纹饰，下摆上也没有八宝立水纹，看上去更为简洁大方。

清朝后妃吉服穿戴规定[①]

吉服及其配饰	皇太后	皇后	皇贵妃	贵妃	妃	嫔
吉服冠	皇太后、皇后、皇贵妃、贵妃吉服冠用薰貂制成，上缀朱纬，并无金凤与金翟，冠顶珠宝为东珠。				妃、嫔吉服冠顶珠宝为碧玺，其他样式相同。	
吉服袍（称为龙袍）	皇太后、皇后共有三个款式的龙袍，均为明黄色，领子、袖子为石青色。		皇贵妃只有一式龙袍，样式与皇后龙袍一致。	贵妃、妃只有一式龙袍，为金黄色，其他与皇后龙袍一致。		嫔的龙袍只有一式龙袍，为香色，其他与皇后龙袍一致。
吉服褂（称为龙褂）	皇太后、皇后共有两个款式的龙褂，均为石青色，褂身上绣有8团五爪金龙。		皇贵妃、贵妃、妃只有一式龙褂，样式与皇后相同。			嫔的龙褂为石青色，4团正龙，前胸、后背、两肩各一团；襟上共有4团夔龙，前襟、后襟各2条。
吉服珠	皇太后、皇后、皇贵妃佩戴1盘吉服珠，材质由佩戴者自由搭配，丝绦为明黄色。			贵妃、妃、嫔佩戴1盘吉服珠，材质由佩戴者自由搭配，丝绦为金黄色。		

[①] ［清］允禄、蒋溥等纂:《皇朝礼器图式》卷四《冠服一》。

［清］郎世宁等《心写治平图》中身着明黄色龙袍的慧贤皇贵妃高佳氏（标注为贵妃）

［清］郎世宁等《心写治平图》中身着金黄色龙袍的舒妃

［清］郎世宁等《心写治平图》中身着香色龙袍的忻嫔

《心写治平图》中慧贤皇贵妃高佳氏画像标注的虽是贵妃，穿的却是明黄色龙袍，只有皇帝、皇后、皇贵妃才有资格穿明黄色龙袍，按照礼制贵妃只能穿金黄色龙袍。《心写治平图》中乾隆皇帝像上标注的时间为乾隆元年（1736）八月，画中的乾隆皇帝看上去也就二十多岁，应该刚刚登基不久，不过所绘后妃却未必都是乾隆元年时的样貌。舒妃的画像上写有"舒妃"二字，她于乾隆十三年（1748）才晋为妃，因此绘制时间肯定要晚于乾隆十三年。慧贤皇贵妃高佳氏于乾隆十年（1745）正月二十三晋为皇贵妃，两天后去世。虽然《心写治平图》中标注的仍旧是贵妃，但画师郎世宁应是按照皇贵妃的服饰标准为她绘制的这幅画像。

吉服的低配版——常服

皇帝所穿常服主要包括常服冠、常服袍和常服褂三类，常服袍和常服褂并无冬夏之分，多为素色，几乎没有什么纹饰，常服褂有袖，长度要短于常服袍，一般穿在常服袍外面。

虽然常服也在一定程度上受礼制约束，但限制比较少，皇帝可以自由搭配

[清]佚名《皇太极常服像》　　　　　[清]佚名《(雍正帝)皇六子果恭郡王弘瞻像》

款式和颜色，不过清朝皇帝偏爱蓝色常服。

常服冠有冬、夏两款，与吉服冠形制相似，唯一的不同就是冠顶并没有满金花座，也不镶嵌大珍珠而是红绒结顶，也就是将红绒打结在冠顶形成一个绒球，体现了一种低调的奢华。

《皇太极常服像》中所描绘的夏常服冠有一个白色的帽檐，但那却是清朝初期的情形，乾隆皇帝所戴夏常服冠便取消了帽檐，好似是个斗笠。

夏朝冠与夏吉服冠和夏常服冠在外形上有着比较明显的区别，但冬朝冠与冬吉服冠和冬常服冠看起来差别并不大，最主要的区别在冠顶：冬朝冠的冠顶最为高耸，用15颗东珠和3层金龙打造出极具视觉冲击力的高耸造型，顶端镶嵌1颗大珍珠；冬吉服冠比冬朝冠要低矮些，冠顶安装有满金花座，其上镶嵌1颗大珍珠；冬常服冠冠顶最为简洁，只是用红绒结成1个绒球。

［清］佚名《平定台湾战图·清音阁演戏图》中穿夏常服的乾隆皇帝

第三章
说走就走的"运动装"

策马狂奔的行服

满族是一个马背上的民族,自从入关后,皇帝的生活虽日渐安逸,但为了整饬武备、团结蒙古诸部、巩固北部边防,康熙皇帝设立了木兰围场,每年都会离京进行狩猎活动,称为"木兰秋狝",其实就是为了保持民族本色而搞的军训活动。

为便于狩猎骑射,朝廷专门为清朝皇帝设计出一款特殊的服饰——行服,以便于皇帝在围猎、征战、巡幸、谒陵时穿,包括行服冠、行服带、行服褂、行服袍和行裳五部分,王公大臣、官员侍卫均可以穿行服。

行服褂为圆领对襟的短款外穿褂子,袖长及肘,身长及坐,前襟上有5个纽扣。皇帝、亲王、郡王、普通品官行服褂为石青色,担负着拱卫皇帝重任的领侍卫大臣、御前大臣、侍卫班领、护军统领、健锐营翼长等禁军将领所穿行服褂为明黄色,俗称"黄马褂",明黄色在清朝是最为尊贵的颜色,因此赏赐黄马褂对臣子而言是莫大的恩宠。黄马褂所用材质有厚实的缎,轻薄的纱,柔顺的绸,不过却不能有惹眼的纹饰,要么是素色的,要么就是暗花,既然穿专属于皇帝的明黄色就不能太过招摇。

行服袍是在常服袍基础上改制而成,为大襟右衽四开裾袍,也有马蹄袖端，袍身长度却缩减了十分之一，以便于皇帝在马上自由驰骋。上马的时候通常是左脚踩在马镫上，右腿顺势抬起，为了便于上马，行服袍右侧衣裾特意裁下一尺，看着好似是缺了一块，因此也被称为"缺襟袍"[①]。不过被裁下的那一尺却并未丢弃而是通过纽扣与袍身相连，不骑马的时候便会放下来。行服袍有蓝、绿等多种颜色，通常为暗色素面，只有简单纹饰，或者什么纹饰也没有。

秋冬季节，皇帝骑马时难免会感觉有些冷，于是便在行服袍外加穿行裳，满语为"都什希"，其实就是一种护腿，左右各有一片，既御寒又耐磨。皇帝可以根据自己需要选用毡的或夹的，名贵行裳用鹿皮、黑狐皮等裘皮制成。

行裳分为左右两片，用的时候将行裳上的石青色棉粗布带系于腰间，里侧的带子分别系在两腿上。带子的材质通常会选用棉粗布，因为其摩擦力比较大，不致因骑马时太过颠簸而滑脱。

康熙皇帝所用行服带带身为明黄色，用丝毛混捻线织成，红香牛皮制成的佩系将两条用白色高丽布制成的佩帉固定在带身上，佩帉中上部的中约也很简洁。佩系上钩挂着四枚装饰有珊瑚、松石结的荷包，可以盛装一些小物件或小零食，荷包上垂下明黄色丝绦，此外还有可以用来切肉防身的鞘刀和取火用的火镰，均为皇帝出行时的必备物品。

皇帝所用不同带上佩帉的差异

朝服带佩帉	吉服带佩帉	常服带佩帉	行服带佩帉

[①] ［清末民初］徐珂：《清稗类钞》："《会典》所云'行袍、行裳、色随所用、行裳冬以皮为表'，盖即缺襟袍也。行裳，俗呼战裙。"

朝服带佩帉比较长，下端为锐利的三角状；吉服带佩帉下端比较平齐，常服带与吉服带相同，行服带的佩帉相较其他三种带上的佩帉又短又粗。其他三种带上的佩饰较为华丽，即便也佩戴有荷包、鞘刀、火镰等物件也多是起到装饰作用，但行服带更注重实用性，装饰相对佩饰朴素简洁，多用皮革来佩系佩帉，所佩戴的物件也多为野外生活必备物品。

皇帝的专属雨衣

雨服同行服一样都属于男人所特有的服饰，汉族妇女以拥有三寸金莲为美，长期缠足使得她们的双脚严重变形，影响了正常行走。同时女性受儒家封建思想的束缚，不能轻易抛头露面，甚至"大门不出，二门不迈"，自然也就不会拥有专门用于出行的行服和雨服，不过女人们也会有相应的雨具，却并非是形成体系的服饰。

皇帝用雨服包括雨冠、雨衣、雨裳三部分，遇到雨雪天气，雨冠戴在头上，雨衣穿在内，雨裳系于外。

皇帝雨冠为明黄色，包括皇太子在内的皇帝宗室、文武三品官的雨冠为红色；文武四至六品官雨冠也是红色，但冠檐处会镶青边；文武七至九品官雨冠为青色，冠檐镶红边。

无论是雨冠还是雨衣，所用防水材质只有毡、羽缎和油绸三种，毡是用羊等动物皮毛压制而成的块状物或片状物；羽缎为羊毛织物，为西方输入的一种呢绒制品。毡与羽缎都与羊有关，这是因为羊毛纤维外层覆盖有鳞状蜡状疏水性膜防水膜，相较于其他常见纤维具有更好的防水特性。如果表面为毡或者羽缎，便会用月白缎作为里子；若是表面为油绸，则没有里子。

虽然皇帝所穿雨衣按照礼制应为明黄色，但皇帝也会根据个人喜好而穿其他颜色的雨衣，而其他人不能随意穿明黄色雨衣。如故宫博物院藏康熙皇帝用大红水波纹羽纱单雨衣，立领对襟，四面开裾，里子为月白色缎，外表材质为羽纱。不过，羽缎的品质优于羽纱，质地也更为细密，防雨效果自然会更好，因此后来皇帝雨服便只用羽缎而不再用羽纱。

第四章
皇帝拉风的军装

清朝的大阅兵

　　清朝以武力夺取天下，为了使得江山社稷长治久安，顺治皇帝于顺治八年（1651）拟定了大阅兵制度，称为"大阅规制"[①]。五年后，顺治皇帝将大阅的举办周期确定为"三年一次"，并在三年后举行了清朝历史上的第一次大阅。

　　大阅时，参加阅兵的大清士卒们在皇帝面前表演放炮、打枪、骑射、布阵、攻城等各种军事科目，参阅部队以清朝赖以打天下的八旗兵为主。

镶蓝旗骁骑大阅甲　镶红旗骁骑大阅甲　正红旗骁骑大阅甲　正黄旗骁骑大阅甲　镶黄旗骁骑大阅甲　正白旗骁骑大阅甲　镶白旗骁骑大阅甲　正蓝旗骁骑大阅甲

八旗礼服甲胄

[①] 《清世祖实录》卷五十六，顺治八年四月。

上图中八旗骁骑大阅甲为乾隆年间杭州织造局织造，总数有数万套之多，专供大阅时穿用，平时贮藏于西华门城楼内。正黄、正蓝、正白、正红四骑骁骑大阅甲通体为本色，用铜鎏金泡钉固定。镶黄、镶白、镶蓝三旗骁骑大阅甲均以本旗颜色为主色并在边缘处装饰红边。镶红旗骁骑大阅甲通体为红色，边缘处装饰白边。

清朝戎服由戴在头上的盔（也称为胄）和穿在身上的甲组成。盔有皮革的，也有金属的，金属盔主要有钢、铜、铁三种材质，无论何种材质表面都要髹漆。盔的前后左右有四个胄梁支撑起整个头盔。头盔主体部分好似一个倒扣着的碗，称为"覆碗"；覆碗上方有一个物件好似是倒扣着的酒盅，称为"盔盘"；盔盘上通常会竖着一根铁质或者铜制的棍子，称为"管柱"。普通头盔管柱上会插有红缨，高档头盔上会插雕翎、獭尾等饰物，管柱上方还会有造型各异的盔枪，盔枪四周和顶端镶嵌有名贵的珠宝。

覆碗下部位于额头位置的一圈称作"舞擎"，也写作"午擎"；舞擎正前方的凸起物恰好可以遮住射向眉毛的光，故而被称为"遮眉"；覆碗后面垂有护颈，两侧垂有护耳，护耳下缘还有护领，将整个脖子都紧紧包裹住，护颈、护耳和护领上通常都绣有精美的纹饰，钉缀着样式统一的小疙瘩，称为"甲泡"。

顺治皇帝确立的三年举行一次大阅的原则并没有得到很好的贯彻，时隔十四年才举行了清朝历史上的第二次大阅。主要是因为康熙皇帝登基时才八岁，十四岁才开始亲政，直到十六岁诛杀权臣鳌拜后才实际掌握政权，因此康熙十二年（1673）举行了登基后的第一次大阅。此后每隔三到四年便会举行一次大阅，有时甚至会连年举行。康熙四十三年（1704）举行了第十次大阅，也是最后一次，在此后十八年的时间里康熙皇帝因年事已高便再也未曾举办过大阅。

后世皇帝却并没有像康熙皇帝那样高频率地举行大阅，雍正皇帝在位十三年只举办了一次大阅，乾隆皇帝二十四岁登基，在位六十年，只举办了六次大阅。

大阅通常会安排在冬季农闲时节，不过皇帝若是心血来潮，也会安排在其他时间，既在初夏四月、盛夏七月举行过大阅，也在春季二、三月举行过大阅，地点最初为南苑，后改为卢沟桥，又改为玉泉山，不过后来又恢复在南苑举行。

清朝大阅举办情况[①]

大阅年份	大阅月份	大阅地点
顺治十六年（1659）	—	—
康熙十二年（1673）	正月	南苑
康熙十六年（1677）	二月	南苑
康熙十九年（1680）	正月	南苑
康熙二十四年（1685）	十一月	卢沟桥
康熙二十六年（1687）	二月	卢沟桥
康熙二十九年（1690）	七月	卢沟桥
康熙三十年（1691）	四月	卢沟桥
康熙三十一年（1692）	九月	玉泉山
康熙三十二年（1693）	十月	玉泉山
康熙三十三年（1694）	十月	玉泉山
康熙三十四年（1695）	十一月	玉泉山
康熙三十六年（1697）	十二月	玉泉山
康熙四十年（1701）	十月	南苑
康熙四十三年（1704）	正月	南苑
雍正六年（1728）	十二月	玉泉山
乾隆四年（1739）	十一月	南苑
乾隆八年（1743）	九月	南苑
乾隆十六年（1751）	春	南苑
乾隆二十三年（1758）	十一月	南苑

---

① 据《清圣祖实录》和《（嘉庆）大清会典事例》卷八百四十七《八旗都统》。

续表

大阅年份	大阅月份	大阅地点
乾隆二十六年（1761）	—	南苑
乾隆二十八年（1763）	正月	畅春园之西厂
嘉庆十七年（1812）	三月	南苑

嘉庆皇帝早在嘉庆三年（1798）便开始谋划大阅之事，但健锐营、火器营等精锐部队还在川东、川北围剿白莲教起义，一时间难以回京，后来又赶上太上皇乾隆皇帝驾崩，为父服丧的嘉庆皇帝只得暂且搁置了大阅之事。直到嘉庆十七年（1812）才如愿举行登基后的首次大阅，这也成为他在位二十五年时间里举行的唯一一次大阅，此时的大清已然繁华不再，处于风雨飘摇之中。

二十八年之后，英国的坚船利炮敲开了闭关锁国的国门，清朝至此跌入噩梦般的深渊，嘉庆十七年的这次大阅也就此成了绝唱。

金碧辉煌的盔甲

乾隆皇帝于乾隆四年（1739）举行了登基之后的首次大阅，这也是他举办的六次大阅之中最隆重的一次，《乾隆皇帝大阅图》所描绘的正是此次大阅时的情形。

画中的乾隆皇帝所戴头盔为皮革材质，在表面涂了一层黑漆，四根支撑头盔的胄梁上镶嵌有名贵的红宝石。管柱上垂下的又长又密的獭尾缨饰几乎将管柱完全遮盖住，管柱上方的盔枪上镶嵌着红宝石、蓝宝石等熠熠生辉的珠宝，顶端的大珍珠更是令人炫目。舞擎四周雕刻有金质行龙纹饰，覆碗上垂下的护耳上也有金质正龙龙纹，包裹着颈部的护领有金质行龙纹饰，彰显出气势磅礴的帝王之气。

覆碗上、下两层均有金质梵文，估计很多人可能会对盔上的梵文很好奇，大阅胄上所刻梵文的意思为"心咒诅念观世音菩萨"。覆碗中间雕刻有金质璎珞纹，此种纹饰源自璎珞，也就是一种用丝线将玛瑙、琉璃、珍珠、玉石等珠宝串成串并戴在脖子上的首饰。观音菩萨脖子或胸前便时常佩戴璎珞，由此可以看出乾隆皇帝对佛教的虔诚，对观音菩萨的尊崇。他渴望得到佛教诸神的庇佑，甚至自诩为佛在人间的代言者。

乾隆皇帝大阅甲采用上衣下裳式，上衣的正中心为甲衣，两侧从上到下为左右护肩、左右护腋、左右甲袖，上衣下端为前裆，好似是个门帘造型，平时垂下，骑马时可以向上撩起来，前端可以放在马鞍上，使得乾隆皇帝骑马时并不会感到不适。

大阅甲的下裳由两片甲裳组成，骑马时两片甲裳分开，覆盖在乾隆皇帝的大腿上，既不影响骑马，也能起到防护效果；下马后两片甲裳又合在一起，可以护住乾隆皇帝的腰腿。由于两片甲裳是分开的，所以并不怎么影响行动。

大阅甲用明黄色缎为面料，内絮丝绵，钉缀上遍布龙纹的金质甲片，给人金碧辉煌之感。

参加此次大阅的乾隆皇帝只有二十九岁，头戴金盔，身披金甲，腰悬箭袋，左手牵马缰，右手执马鞭，笔直地端坐于马上，英姿勃发，雄心勃勃。

乾隆皇帝晚年自诩此生有"十全武功"，包括两平准噶尔、两次大小金川之役、平定大小和卓之乱、平台湾林爽文起义、征缅甸之战、讨安南之役和两次廓尔喀之战。虽然其中有些战役未免有穷兵黩武之嫌，却也使得我国幅员辽阔的疆域日趋巩固，气势恢宏的大清一时间使得四夷宾服，万国来朝。

[清]郎世宁《乾隆皇帝大阅图》

第五章
想怎么穿便怎么穿的便服

便服种类有多少

其实无论是皇帝，还是后妃，平日里穿的最多的服饰还是便服，造型风格百变，色彩五颜六色，纹样丰富多彩，穿着舒适宜人，包括便袍、氅衣、衬衣、马褂、坎肩、袄、斗篷、裙、裤、套裤等。

便袍为圆领平袖，大襟右衽，面料通常为素色或暗花的绸、缎、纱等，与争奇斗艳的氅衣和衬衣有所不同，便袍并无太炫目的纹饰，要么是素色，要么只有暗花。皇帝所穿便袍有的左右开裾，有的不开裾，后妃所穿便袍一般不开裾。

便袍与常服袍样式很像，区别在于常服袍为马蹄袖，便袍为平袖。便袍通常是贴身穿用，外面还可以套上坎肩、马褂。皇帝平日里主要穿的便服就是便袍，后妃们却偏爱更为艳丽的氅衣和衬衣，有时也会穿着便袍。

氅衣就是如今旗袍的前身，在后妃各种便服之中，纹饰最为华丽，工艺最为繁复，做工最为精致。氅衣与便袍一样也是圆领平袖，大襟右衽，不过袖子却比便袍要短些，通常只到肘部，氅衣最大的特征是左右两侧开裾而且一直开到腋下，开裾处顶端还装饰有如意云纹。由于单独穿着氅衣两条美腿会一览无遗，因此并不会单独穿用，里面必须要穿便袍或衬衣。冬季，氅衣之外还会加披斗篷。氅衣与衬衣的袖口均是双挽平阔袖，日常穿用时既可以做挽袖穿用，看着好似有个袖套，也可以放下挽袖当作舒袖穿用。

清朝的衬衣与如今的衬衣有着很大的区别，与便袍、氅衣一样均属于圆领平袖、大襟右衽的直身式袍服，但又不似氅衣那样在左右两侧开裾，腋下自然也没有对称的如意云纹，也不似便袍袖子那么长，就好比是半袖服装，衬衣可以单独穿用。

每年三月、九月是清朝后宫的换装季，无论天气冷暖，后宫佳丽们都要奉旨换装。但衬衣大都采用薄质的缂丝、纱、绸等面料，难以抵御春秋寒凉，于是便开始对衬衣进行改装，有的内絮薄棉，有的添加皮料。

在《(道光帝)孝全成皇后与幼女像》中，孝全成皇后站在桌案之后，头戴镶有宝石的蓝色发卡，所穿衬衣造型独特，蓝底镶绦边，脖颈处有如同花瓣的云肩，看上去婀娜多姿，国色天香。她所穿衬衣的袖子挽了起来，露出了酥嫩如玉的玉臂，手臂上还戴着精美的手镯。

在《慈禧弈棋图》中，左侧的咸丰皇帝身穿蓝色带暗化的便服袍，大拇指上戴着翡翠扳指。右侧的慈禧太后身穿天蓝色牡丹纹氅衣，外罩藕荷色花卉纹马褂，开裾处隐隐露出淡雅的白色衬衣，脚上穿的是花盆底鞋，这也是清朝后宫女子的经典搭配。

马褂其实就是行服褂，不过却渐渐从行服体系中脱离出来，融入便服之中。清代最著名的便是"黄马褂"，因此黄色是清朝最为尊贵的颜色，只有皇帝、太后、皇后和高级嫔妃才有资格穿着黄色服饰，因此若是能得到一件黄马褂可是无上的荣耀。

黄马褂分为"职任黄马褂"和"赏赐黄马褂"两类，"职任黄马褂"就是与担任的职务有关，内大臣、宫廷侍卫等负责皇帝安全保卫的官员可以穿黄马褂，凸显了他们作为皇帝身边人的尊贵。"赏赐黄马褂"分为两种情形：一种是在打猎比武活动中表现突出，成绩优异，不过此种情形下赏赐的黄马褂平日里不能随便穿，只能在打猎比武时穿；另一种是文臣武将立下大功勋，赏赐的黄马褂平日里也可以穿。"职任黄马褂"和打猎比武时获赐的黄马褂均是黑色纽扣，立功所获黄马褂为黄色纽扣。

除此之外，后宫嫔妃有时偶尔也会穿黄马褂，在《英嫔春贵人乘马图》中，咸丰皇帝的两个嫔妃英嫔与春贵人一身戎装，头戴插有双眼花翎的吉服冠，身穿黄马褂，腰佩弯刀，骑在马上，闲庭信步。

清朝的坎肩与如今的坎肩差不多，均为无领无袖的上衣，不过却有大小之别，大坎肩衣长过膝，称为"褂襕"，小坎肩衣长及腰。

坎肩的系扣方式也比较多样，有对襟的，有大襟的，有琵琶襟的，还有一字襟的。对襟就是纽扣位于正面中线上，如今衬衣、夹克等系扣或拉链的衣服几乎都采用对襟。大襟就是在一侧系扣，通常位于衣服的右侧。琵琶襟开于衣服的右侧，但右下短缺一块，与缺襟袍相类。一字襟是坎肩特有的形势，前胸位置七颗纽扣一字排开，不过左右两腋下还各有三颗钉纽扣，合称"十三太保"。

袄是一种长及腰间的窄袖短衣，常用厚实的织物制成，或在袄里添加棉花或毛皮，因保暖性能好，主要在秋冬时节穿。袄以大襟为多，对襟比较少。穿袄的同时，下身往往还要穿裙，裙原本为汉族服饰，不过却渐渐在清朝后宫之中盛行开来，百褶裙、鱼鳞裙、襕干裙最受欢迎，裙几乎不会单独穿，通常要穿于裤的外侧，略短于裤，也可以只穿裤不穿裙。

满洲旗鞋有讲究

满洲女子所穿旗鞋在后宫中很流行，不过受清宫剧的影响，很多人会误以为旗鞋都是高高的花盆底鞋，其实并非如此，这种鞋穿上之后看上去会显得修长而又苗条，但走起路来很是不便，普通旗人妇女平时根本不会穿这种鞋。

根据鞋跟薄厚，旗鞋大致可分为平底旗鞋、厚底旗鞋和高底旗鞋三类。平底旗鞋与汉族女子所穿的鞋只是在花纹上有所差异，俗称为"绣花鞋"。

厚底旗鞋的鞋底是平底旗鞋鞋底的一至两倍，有的鞋底较为平直，有的鞋底微微翘起。

高底旗鞋常见的主要有花盆底、元宝底和马蹄底三种。

花盆底鞋的鞋底由上至下，自然变小，虽然这种鞋的鞋跟很高，有时甚至会达到20厘米以上，但穿起来相对比较舒适，走起路来也比较稳当。

　　元宝底鞋鞋底前部留白较多，虽然鞋底也是由上至下渐渐变小，但前端坡度相对比较舒缓，后端坡度比较陡峭，形似一个金元宝。

　　马蹄底鞋鞋底带有一定的弧度，虽然上下宽度差不多，但中间比较窄，走路时的舒适度不如花盆底鞋，但清朝晚期马蹄底鞋在后宫之中最为流行。

清乾隆黄缎彩绣皮里花马蹄底鞋（沈阳故宫博物院藏）

第四部分 皇帝的女人

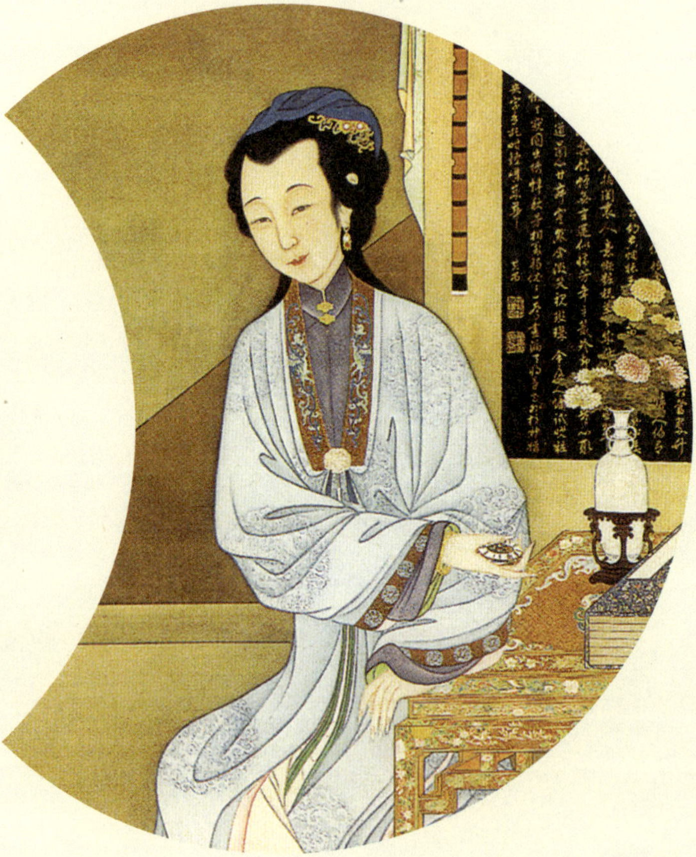

第一章
清朝后宫规矩多

选秀女可不是选美

皇帝后宫之中的那些美艳女子究竟从何而来呢？每个朝代都不太相同，清朝有着一项极为特殊的制度，那便是定期选秀女，通常每三年选一次，但皇帝也会根据实际情况对举办时间进行相应的调整。选秀女既是为了充实皇帝的后宫，也是为了给亲王、郡王等皇室宗亲挑选福晋，因为皇帝时常会在选秀女时为他们指婚。

秀女只在八旗女子之中挑选，八旗每一旗都设有三个固山，也就是俗称的满洲旗、蒙古旗和汉军旗。因此每次选秀女前，户部要行文满洲、蒙古、汉军二十四旗都统，直隶、各省驻防和外任旗员也要将应阅女子逐级具结呈报，若是有残疾的女子必须要事先声明，需要逐级奏明原因，经户部审查确认情况属实之后，才可以不用参加选秀女活动。

户部的请示得到皇帝批准之后，选秀女活动才算正式拉开帷幕，通常是每日选两旗，不过却并非按照八旗的地位高低来进行排序，而是按照参选人数的多少进行自由组合，这样每日参选秀女数量会大致相等。

选秀女前一日，参选的两旗的参领等人要提前安排好车子，车子上要竖起双灯并装上本旗标识，天还没有亮便要动身赶往紫禁城的后门神武门。虽然同为八旗，满洲、蒙古和汉军的地位却并不相同，比如选正黄旗的秀女，满洲正黄旗、蒙古正黄旗、汉军正黄旗要分作三处，每一处分别按照秀女的年岁册来进行排序。为了保证皇族血统的纯正，清朝皇帝主要选择满洲八旗女子为妃，汉军八旗和蒙古八旗女子被选中的概率要远低于满洲八旗。

待选的秀女们进入神武门之后，在顺贞门外等候，那里有户部的官员维持秩序。宫内太监会分班将她们领进宫内，通常是每班五人。她们见到皇帝之后并不用下跪，依旧要直挺挺地站着，这样才会使得皇帝看得真切。

每名秀女都会有一块属于自己的名牌，用薄木片制成，牌身为白色，但牌子顶端涂成绿色，因此被称为"绿头牌"。名牌上会写：某官某人之女，某旗满洲人，年若干岁。若是蒙古人，便写蒙古；若是汉人，便会写汉军。若是皇帝看上了谁便会留下谁的名牌，称为"留牌子"。

不过这只是初选，初选入选之后便会记名，必须要在记名期内（通常为五年）参加复选。复选时还会进行体检，若是复选落选，名牌会再交还给本人，称为"撂牌子"。选秀女活动结束后，朝廷会赏给那些参选的秀女们饭食，还有象征性的参选车价银两。

参选的秀女们在太监或侍卫们引导下出东华门，再由崇文门大街绕行到神武门外的出发地，这一趟走下来往往需要大半天的时间。

选秀女选的可不仅仅是长相，更重要的是家世背景，比如光绪皇帝迎娶的孝定景皇后（隆裕太后）叶赫那拉·静芬便长得奇丑无比。美国传教士赫德兰在《一个美国人眼中的晚清宫廷》中说："隆裕皇后长得一点都不好看。她面容和善，常常一副很悲伤的样子。她稍微有点驼背，瘦骨嶙峋，脸很长，肤色灰黄，牙齿大多是蛀牙。"[①] 虽说她长相并不出众，但她依然在万千女子中脱颖而出成为万众瞩目的皇后，因为她是慈禧太后之弟满洲镶黄旗副都统桂祥之女。光绪皇帝是慈禧太后的外甥，皇后是慈禧太后的侄女，如此一来慈禧太后便可以彻底操控朝中大权，至于两人是否两情相悦，她便全然不管了！

---

① I.T.赫德兰：《一个美国人眼中的晚清宫廷》，百花文艺出版社2002年版，第108页。

如果应参加选秀的女子私自嫁人，上至本旗都统，下至本人父母都要受到严厉的惩处。参选秀女的年龄限定为14—16岁，在此期间虽曾参加选秀却未能被选中，超过17岁便称为"逾岁"，可以不用再参选，准许自行寻婆家。[①]如若因客观原因始终未能参选，即便是过了17岁也不能随便嫁人，需要在其18—20岁之间将具体事由上奏朝廷，只有经皇帝下旨准许后方能嫁人。[②]若是超过了20岁始终未曾参选，又未曾获得皇帝恩准，抑或参加初选被选中后迟迟未曾参加复选而超过了记名期，那么便终身不得嫁人，哪怕她的父亲位高权重也不行。

乾隆六年（1741），两广总督马尔泰之女已然17岁，却从未参加过选秀活动，他们也没怎么太当回事。马尔泰后来居然还上奏乾隆皇帝准予女儿完婚，最终遭到乾隆皇帝的严厉斥责。

八旗之中后来又陆续编入了维吾尔族、朝鲜族等少数民族，一些少数民族女子也得以入宫为妃，乾隆皇帝的容妃便是维吾尔族女子。

清朝早期极为重视与蒙古族联姻。在皇太极的17位后妃中，有9位是蒙古人，她们的父兄都曾在政治、军事上给予皇太极或大或小的帮助。清朝入关后的第一位皇帝顺治皇帝的母亲孝庄文皇后来自蒙古科尔沁部，因此他的18位后妃中有6位是蒙古人，先后册立的两位皇后也都是蒙古人。

不过随着清朝统治日渐巩固，清朝皇帝也不似之前那么倚重蒙古人，蒙古后妃的比例也大幅下降，在陪同康熙皇帝入葬景陵的55位后妃之中，蒙古族妃嫔仅有2位，数量还不及汉族妃嫔。

顺治皇帝在入主中原之初曾鼓励满汉通婚，不过很快便意识到这么做的巨大危险，满洲人人数有限，汉人却人口众多，只要假以时日，便有满洲人被汉人同化的危险，于是下令宫中不得"蓄汉女"，就此断绝了寻常汉女入宫的可能。

---

① 〔清〕吴振棫：《养吉斋丛录》卷二十五。
② 〔清〕昆冈等纂：《（光绪朝）大清会典事例》卷一千一百一十四。

那些归附清朝比较早的汉人有的被单独编入汉军八旗，有的被编入满洲八旗成为包衣，其实就是满洲旗人的奴婢。这些人因归附时间比较长，忠诚度也比较高，因此这些汉人的女儿是可以入宫的，但汉族包衣家的女子只能参选宫女。

嘉庆皇帝的生母孝仪纯皇后魏佳氏便是汉人，祖上世代为满洲正黄旗包衣管领，因此嘉庆皇帝的身上也流淌着汉族血统。不过他似乎对汉人并不太友善，于嘉庆十八年（1813）对秀女参选范围进行调整，只有满洲八旗、蒙古护军、领催①以上官员的女子才允许参选秀女，包括汉军八旗在内的其他女子不得再参选。

虽然选秀是最主要的入宫途径，不过还有两条可以进宫的路。一条是将未成年的女子选入宫中，顺治皇帝、康熙皇帝登基时都很年幼，还未到娶后纳妃的年纪，但会选一些年龄相仿的女子入宫陪伴。由于康熙皇帝的励精图治，清朝呈现出一派盛世气象，满汉之间的民族矛盾也日趋缓解，对汉人的提防戒备之心也不似之前那么重了，于是便又多出了一条入宫途径，也就是南巡途中被皇帝直接带回宫，在康熙朝后期尤为常见。康熙六次南巡，每一次各级官员都会争相进献美艳女子，这些温婉的江南汉族女子也很受康熙皇帝宠爱，也就是从这时起，普通汉族女子也可以入宫，勤妃便是其中的佼佼者。

艰难的晋升之路

入关前，后金疆域狭小，太祖皇帝努尔哈赤又终日忙于征战，没有太多时间流连于妻妾间，自然也就没有建立起规范的后妃制度。努尔哈赤先后迎娶的14位妻妾统称为"福晋"，不过却有嫡福晋与侧福晋之分。

太宗皇帝皇太极将国号由后金改为大清，各项制度也日臻完善，建立起五宫制，以大福晋博尔济吉特氏为中宫皇后，其他四妃为关雎宫宸妃、麟趾宫贵妃、衍庆宫淑妃、永福宫庄妃。这五人均是蒙古人，皇太极深知若想逐鹿中原

---

① 蒙古八旗每名佐领下设6名领催，后减为5名，主要负责收发文书与发放粮饷。

必须要借助蒙古人的力量，于是不遗余力地与蒙古人通婚。

直到康熙朝，后妃制度才逐渐完善。皇后总摄后宫事务，妃嫔共分为4等，皇贵妃1人，贵妃2人，妃4人，嫔6人。皇后居住在位于中轴线上的坤宁宫，由于皇贵妃并不常设，贵妃、妃和嫔恰好为12位，分居于东、西六宫之中。嫔之下还设有三级，分别是贵人、常在与答应，因地位比较低，并没有名额限制，但只能散居在六宫之中，若想在后宫中拥有一席之地至少要升到嫔位。

被选中的普通秀女通常会被册封为答应、常在或贵人，若想晋升到嫔妃通常都比较难，除非是为皇帝生育皇子。慈禧太后16岁通过选秀女入宫，被册封为兰贵人，因其肤白貌美又很会迎合皇帝，3年后便晋封为懿嫔，生下皇子载淳后先晋封为懿妃，后晋封为懿贵妃。虽然高等级妃嫔有名额限制，但有时也有例外。比如嫔的限额为6人，但康熙十六年（1677），安嫔李氏等7人同时被封为嫔，再加上之前册封的嫔，当时后宫之中嫔的数量远远多于规定数额。

不过到了清朝后期，随着江河日下，嫔妃常常不满额。同治皇帝的后宫只有1位皇后和4位嫔妃，光绪皇帝的后宫只有1位皇后和2位嫔妃，末代皇帝溥仪的后宫只有1位皇后和2位嫔妃；3位皇帝还全都没有留下子嗣。

后宫所有妃嫔都会拥有一块属于自己的玉牌。皇帝若想临幸某人便会翻她的牌子。那些被皇帝翻牌子的妃嫔需要沐浴更衣，然后一丝无挂钻进红色锦缎被子之中，随后被太监抬至皇帝寝殿。

皇帝寝殿通常有三重，来到第一重房中，她身上所裹的红锦被会被撤下，需要赤身裸体地走到第二重房中再披上被子，第三重房才是皇帝歇息的地方。[①]据说这项防范严密的制度由雍正皇帝创立，他担心别有用心的妃嫔会借机刺杀他。

清朝后宫设有敬事房，敬事房的太监会详细记录皇帝临幸妃嫔的准确日期，若是日后哪位妃嫔怀孕了，敬事房的太监便会拿出这本承幸簿。由于当时受科技条件所限无法进行亲子鉴定，只能通过推算受孕时间来判断其所怀孩子

---

① 吴士鉴：《清宫词注》。

究竟是不是皇帝的亲生骨肉。由于承幸簿事涉宫闱秘史，只有皇帝本人与皇太后才有权调阅，一旦皇帝驾崩，这本承幸簿也就失去了存在的价值，通常会被付之一炬。

为了防止皇帝沉迷酒色，清朝妃嫔宫女的数量少于前朝，皇后还可以凭借祖训对皇帝进行劝诫。

咸丰六年（1856），日后呼风唤雨的慈禧太后此时还是懿妃，她将生性好色的咸丰皇帝迷得神魂颠倒，居然都无心上朝了。他的皇后，也就是后来的慈安太后，得知此事后头顶祖训跪在寝殿外，命人将咸丰皇帝唤出来听训。咸丰皇帝见状赶紧出宫求饶："莫要背诵祖训，朕这便上朝去！"

咸丰皇帝退朝后又迫不及待地去寻懿妃，不过却听说她已然被皇后唤去坤宁宫，顿觉大事不妙，急忙赶了过去。懿妃此刻正跪在地上，皇后端坐在她面前，数落着她的罪状，还命人施予杖刑，由此可见两人的梁子很早便结下了。

从康熙朝开始，后宫之中的汉族女子渐渐多了起来，不过大多是身份卑微的宫女，即便偶尔被皇帝临幸，若是没有生下子嗣，也很难改变自己的命运，如同野草般自生自灭。她们的苦，她们的愁，甚至连她们的名姓都湮没在了历史的深处。

史书中留有记载的康熙朝汉族妃嫔共有9人，其中最早获得封号的是来自汉军正蓝旗的安嫔李氏，进宫仅仅6年便获封安嫔，不过她一辈子都没有生儿育女，因此始终也未能晋升。不过相较于后宫中的其他汉族姐妹，她能升至嫔位已然是皇帝莫大的恩宠了，这主要得益于她还算显赫的家世。她的祖父李永芳是明朝第一位投降后金的边将，娶了努尔哈赤第七子、贝勒阿巴泰之女为妻，人称"李额驸"；她的父亲刚阿泰曾任宣府总兵，官居正二品。

寻常汉族妃嫔即便为皇帝生下皇子并抚养成人，迟迟未能获得封号的也大有人在。来自汉军八旗的密妃王氏虽也是选秀入宫，但她的父亲王国正只是个小小的知县，直到生下第一位皇子24年之后，她才获得人生之中第一个封号密嫔，之前只能称庶妃，并未正式受册封。勤妃稍稍比密妃幸运些，在生下皇子 21 年后获得了人生之中第一个封号勤嫔。康熙皇帝在世时，两人都只是嫔，等到雍正皇帝即位，优待前朝嫔妃才将两人晋升为妃。

襄嫔高氏、静嫔石氏、穆嫔陈氏和熙嫔陈氏虽然都为康熙皇帝生下皇子而且还都将其养大成人，康熙皇帝在世时却什么封号都没有给她们。康熙六十一年（1722）十二月，4人才正式获得了入宫后的第一个封号贵人，不过却并不是康熙皇帝给的，而是新即位的雍正皇帝给的，显然是安慰性质，因为在接下来的日子里，她们要在守寡中度过余生。

陈贵人虽为康熙皇帝生下了最后一个儿子允禐，但允禐在出生当天便夭折了；袁贵人只生有一女和硕悫靖公主，因此两人都未能晋升为嫔，一辈子都只是个贵人。袁贵人还是死后追封的，活着的时候只是一个常在。

康熙朝汉族妃嫔晋升情况

封号	姓氏	生育子女	类别	生前最高名位	所用时间
密妃	王氏	三子（愉郡王允祎，庄亲王允禄，皇二十八子允祄早夭）	汉军旗人	妃	晋升为嫔耗时32年 晋升为妃耗时6年
勤妃	陈氏	一子（果亲王允礼）	普通汉人	妃	晋升为嫔耗时24年 晋升为妃耗时5年
安嫔	李氏	无	汉军正蓝旗	嫔	晋升为嫔耗时6年
襄嫔	高氏	二子（贝勒允祎，皇十九子允禝夭折）一女（皇十九女夭折）	普通汉人	嫔	晋升为贵人至少耗时20年 晋升为嫔耗时13年
静嫔	石氏	一子（镇国公允祁）	普通汉人	嫔	晋升为贵人至少耗时9年 晋升为嫔耗时12年
熙嫔	陈氏	一子（慎郡王允禧）	普通汉人	嫔	晋升为贵人至少耗时11年 晋升为嫔耗时13年

续表

封号	姓氏	生育子女	类别	生前最高名位	所用时间
穆嫔	陈氏	一子（诚亲王允秘）	普通汉人	贵人	晋升为贵人至少耗时7年 追封为嫔耗时13年
贵人	陈氏	一子（允禐早夭）	普通汉人	常在	不详
贵人	袁氏	一女（和硕悫靖公主）	普通汉人	常在	不详

康熙朝汉族嫔妃的封号最高只是妃，而且还是继任皇帝出于对前朝妃嫔的恩典而加封的。康熙皇帝活着的时候，9名汉族嫔妃之中只有3人被封为嫔，其他人即便生下皇子也并无封号或者只有极低的封号。

乾隆朝，汉族嫔妃的政治地位有了大幅提升，晋升最快的当属慧贤皇贵妃高佳氏，仅用两年左右时间便被册封为贵妃。乾隆皇帝登基前，她曾被破格立为侧福晋，与乾隆皇帝的感情又比较深厚，所以才会直接晋升为贵妃。病入膏肓之际，她还被晋为皇贵妃，这恐怕是康熙朝的汉族妃嫔们想都不敢想的事情。

孝仪纯皇后魏佳氏入宫时间不详，虽然很受恩宠，但从嫔晋升为贵妃耗时23年之久。后来因皇后缺位，她以皇贵妃身份管理六宫长达10年之久，她的儿子颙琰也已经被秘密立为皇储，她却依旧没有被册立为皇后，只是在死后才被追封为皇后。然而她已然是汉族嫔妃之中的佼佼者了。

乾隆皇帝竭力淡化汉族嫔妃的汉人身份，孝仪纯皇后、慧贤皇贵妃都被赐满姓，她们的家族也从上三旗包衣抬为满洲镶黄旗。"抬旗"就是从地位较低的旗抬入地位高的旗，有的是从下五旗抬为上三旗，有的是从汉军或蒙古八旗抬为满洲八旗，有的是从包衣抬为旗人，慧贤皇贵妃和孝仪纯皇后的族人便如此。

纯惠皇贵妃、庆恭皇贵妃、怡嫔都出生在普通汉人家庭，由于她们得到皇帝恩宠，特许她们的族人入旗并享受相应的政治经济待遇，以此淡化她们汉妃的身份。

到了乾隆朝，是否生育皇子已经不再是汉族嫔妃从后宫佳丽之中脱颖而出的必要条件，在10位有历史记载的汉族嫔妃之中，只有两人育有子嗣，那些并无子嗣的汉族嫔妃只要获得皇帝宠爱仍旧能够身居皇贵妃、贵妃这样的高位。

虽然汉族嫔妃在清朝后宫中的处境有了极大的改善，甚至还有人成为六宫之主，但能够出人头地的仍旧是极少数幸运儿，如婉贵妃，从嫔晋为妃足足用了46年之久，受封时已然是78岁高龄，等到新继位的嘉庆皇帝开恩将其晋为贵妃时，她已是85岁的老太太了。

乾隆朝汉族妃嫔情况

封号	姓氏	生育子女	类别	生前最高名位	所用时间
孝仪纯皇后	魏佳氏（本姓魏）	四子（嘉庆皇帝、庆亲王永璘、皇十四子永璐和皇十六子早夭）二女（固伦和静公主、和硕和恪公主）	正黄旗包衣抬为满洲镶黄旗	皇贵妃	贵人晋为嫔耗时不到1年 晋为妃耗时12年 晋为贵妃耗时11年 晋为皇贵妃耗时6年
慧贤皇贵妃	高佳氏（本姓高）	无	镶黄旗包衣抬为满洲镶黄旗	皇贵妃	乾隆皇帝登基前为府上的格格，后被立为侧福晋，登基后册封为贵妃，耗时2年 晋为皇贵妃耗时10年。
纯惠皇贵妃	苏氏	二子（循郡王永璋、质亲王永瑢）一女（和硕和嘉公主）	普通汉人，入旗为正白旗包衣。	皇贵妃	乾隆皇帝登基前为府上的格格，登基后册封为嫔。 晋为妃耗时2年 晋升为贵妃耗时8年 晋为皇贵妃耗时15年

续表

封号	姓氏	生育子女	类别	生前最高名位	所用时间
庆恭皇贵妃	陆氏	无	普通汉人，入旗为镶黄旗包衣。	贵妃	初封常在，后晋为贵人。 晋为嫔耗时3年 晋为妃耗时8年 晋为贵妃耗时9年 追封皇贵妃耗时31年
婉贵妃	陈氏	无	普通汉人	贵妃	初封常在，晋为贵人耗时2年。 晋为嫔耗时11年 晋为妃耗时46年 晋为贵妃耗时7年
芳妃	陈氏	无	普通汉人	妃	初封明常在，晋为贵人耗时9年。 晋为嫔耗时19年 晋为妃耗时4年
恭嫔	林氏	无	父亲曾任拜唐阿，因此她的家族应为内务府包衣。	嫔	初封林常在，后晋为林贵人，耗时不详。 晋为嫔耗时43年
怡嫔	柏氏	无	普通汉人，入旗为正黄旗包衣。	嫔	初封白贵人，晋为嫔耗时6年左右。
仪嫔	黄氏	无	正黄旗包衣	嫔	乾隆皇帝登基前为府上的格格，登基后册封为嫔，约耗时8年。
寿贵人	不详	无	汉军八旗具体不详	贵人	选秀进宫后2—3年册封为贵人

那些后宫女子，尤其是汉人女子，每晋升一步都极为艰难，若是一招不慎触怒了皇帝，之前所有的努力都将会付之东流。

乾隆三十一年（1766），18岁的钮祜禄氏经选秀入宫，她来自上三旗之一的满洲镶黄旗。他的父亲爱必达曾任贵州巡抚、江南河道总督、湖广总督等要职，因此她的初封也比较高，被封为常贵人，两年后晋为顺嫔，又过了8年晋为顺妃。虽然她的封号为"顺"，此后的日子却并不顺遂，在此后11年中始终在原地踏步。

乾隆五十三年（1788）正月，她因触怒了乾隆皇帝先被降为顺嫔，紧接着又被降为顺贵人，两年后郁郁而终，混迹后宫二十四载，却因一招不慎被打回原点，可谓悲惨至极！

［清］郎世宁等《心写治平图》中的顺妃钮祜禄氏

只要皇帝还健在，不管是否得宠，后妃们毕竟还有虚无缥缈的念想。一旦皇帝驾崩了，连虚无缥缈的念想都彻底没了。

若是生活在唐朝，或许还有一线生机。武则天本是太宗皇帝李世民册立的才人，后来却成功地博取了太子李治的欢心。李治登基后，他竟然不顾朝野非议执意将父亲昔日妃子迎入自己的后宫之中，陷入武则天的温柔乡中而难以自拔，以至于为了她不惜废了王皇后，将她册立为新皇后。

清朝为了杜绝此种情形的发生，先皇所有妃嫔都要搬离紫禁城中的东、西六宫，随太后或同辈之中最高主位的妃嫔移居慈宁宫、宁寿宫、寿康宫或寿安宫，五十岁之前不得与新皇帝见面，以免会发生乱伦之事。

顺治皇帝的母亲孝庄文皇后居住在慈宁宫，不过后来她却将后殿改为大佛堂，居住面积大幅缩减，之后渐渐成为举行仪式或者赏花游玩之所。康熙皇帝为了让母亲孝康章皇后安度晚年修建了宁寿宫，不过孝康章皇后没住几年便去世了。乾隆皇帝对母亲孝圣宪皇后（崇庆皇太后）极为孝顺，崇庆是他为母亲所上徽号，也就是母亲在世时给予的荣誉称号，孝圣宪是他在母亲去世后所上谥号，此外太后是其生前的称谓，死后均称为某某皇后。为了让母亲安度晚年，乾隆皇帝在慈宁宫西侧修建寿康宫，此处也成为之后历代太后的主要居所。为了给母亲过六十大寿，乾隆皇帝还为母亲修建了寿安宫。

不过这项制度在清朝后期却有所松动，随着皇帝妃嫔数量大幅减少，东、西六宫根本住不满。同治皇帝去世后，慈安太后、慈禧太后仍旧住在昔日宫殿之中，以便照料和辅佐尚且年幼的小皇帝。

宫女的日子可不好过

除了选秀女之外，清朝还会定期组织选宫女，专门负责伺候妃嫔、打扫卫生、干些杂务，当然有时也会幸运地得到皇帝的临幸。

八旗有上三旗与下五旗之分，从顺治朝开始，上三旗（正黄旗、镶黄旗、正白旗）由皇帝亲自统领，下五旗由满洲贵族统领。八旗之中既有旗人，也有包衣，包衣为满语"booi"的音译，为家仆或家奴之意。包衣之中，既有满人，也有汉人，入关前社会地位很低，不过却与并无独立户籍的旗下家奴有所不同，并不属于贱民阶层。入关后，包衣的地位开始不断上升，通过科举、军功等方式身居高位者大有人在，不过见到旗主仍旧要自称奴才。

上三旗由皇帝直接统领，上三旗包衣的地位明显高于下五旗包衣，内务府人员主要从上三旗包衣之中选拔，因此上三旗包衣也被称为内务府包衣。内务府官员通常只能在内务府官职体系内迁转，并不会转为外朝官，曹雪芹祖上世代担任的江宁织造便属于内务府体系内的官职。

宫女通常只会从上三旗包衣女子中选拔产生，凡是符合条件的女子只要到了13岁都要造册，送内务府会计司备选。选宫女通常每年举行一次，正式启动前，总管太监要先向皇帝请旨，确定阅选时间和地点。得到皇帝批准后，各处首领太监将参选人员带到皇帝面前阅看,分旗站立,6 人站成一排,起初按照所属佐领、管领的次序来确定站立顺序,不过后来却有所变化,按照参选者父亲官职高低确定站立顺序,阅看完毕后同样会赏给饭食和车银,车银由内务府广储司支付。

在那些成功入选的宫女之中,品貌较好者会分配到各宫,专门负责侍候太后、皇后和妃嫔的日常起居。按照规定,太后可以配备 12 名宫女,皇后可以配备 10 名宫女,皇贵妃、贵妃可以配备 8 名宫女,妃、嫔可以配备 6 名宫女,贵人可以配备 4 名宫女,常在可以配备 3 名宫女,答应可以配备 2 名宫女,官女子可以配备 1 名宫女,其余的宫女会被分配到尚衣、尚饰等机构,终日干些粗活。

唐朝立国之初,宫女数量多达上万人,到了唐玄宗李隆基在位时激增到 4 万余人。明朝宫女数量虽然有所减少,但仍多达 9000 余人,以至于每天都会有人饿死。[1]为了防止皇帝过度沉迷女色,清朝大幅压缩宫女数量,凡是能由太监干的活儿一律不得使用宫女。雍正八年(1730),皇宫中的宫女只有 260 人,居然还不到唐玄宗时期宫女数量的 1%。乾隆皇帝在位时,宫女数量进一步下降,最少为 177 人,最多也只有 193 人。嘉庆四年(1799),宫女的数量仅有 100 人左右。[2]

清朝宫女数量之所以如此之少是因为选择范围很窄,主要局限于上三旗包衣,虽然偶尔也会招纳普通汉女入宫,但数量极为有限。皇帝在享受包衣伺候的同时,也需要使得包衣群体不断繁衍、壮大。如果宫女数量过多,势必会使得包衣群体的适婚女子出现严重短缺,长此以往包衣群体数量将会出现严重萎缩。因此清朝宫女数量始终维持在极低的水平,这样也可以减少内务府的财政开支。

皇宫之中伺候人的女子并非只有宫女,还有家下女子与使女。雍正八年宫内宫女数量 260 人,家下女子与使女却多达 245 人。不过到了嘉庆年间,家下

---

[1] 阎崇年:《明亡清兴六十年》,中华书局 2006 年版,第 241 页。
[2] 杨永占:《清宫中以宫女为主的女仆阶层》载于支运亭主编《清代皇宫礼俗》,辽宁民族出版社 2003 年版,第 60 页。

女子与使女数量却降至 10 人左右。[1]家下女子的地位要高于使女，负责陪伴在主子左右；使女通常是干些粗活。她们都是皇子福晋的陪嫁女子，因此尚未开府的成年皇子越多，宫中家下女子与使女的数量就越多。

虽然都是伺候人的下人，但宫女与家下女子、使女有着严格的区别：宫女暂时属于皇帝所有，到龄后可以出宫获得自由身；家下女子与使女需要长期待在宫中，甚至终身为皇子及其福晋服务，皇宫只是她们的临时居所，当皇子获封爵位并开府之后，她们将会随着皇子、福晋前往宫外居住。

那些宫女们虽看似衣着光鲜靓丽，绝大多数宫女在宫内的日子却过得很艰难。那些有机会伺候在后妃身边的宫女虽然是其中的幸运儿，不过若是遇到飞扬跋扈的主子，也会吃不少苦头。其他宫女干的都是些粗活，吃住条件更为恶劣，通常住在宫中配殿耳房中，房屋低矮破旧，生活用具也很简陋。

明代盛行宫女与宦官结为假夫妻，也就是"菜户"。清宫规矩比明朝森严许多，别说是成为假夫妻，即便是"认亲戚、叔伯、姊妹"都是绝对不能容许的。[2]因此那些宫女们只得独自一人在高墙内苦熬着，熬着出宫后奔向自由的那一日。

金殿闭锁，宫花寂寥，在其他朝代，后宫就好似一座活死人墓，禁锢着宫女们的自由，也埋葬了她们的青春与幸福。唐代大诗人白居易曾在《上阳白发人》中抒发对那些幽闭在深宫之中女人们的悲惨命运的慨叹："上阳人，上阳人，红颜暗老白发新。绿衣监使守宫门，一闭上阳多少春。玄宗末岁初选入，入时十六今六十……上阳人，苦最多。少亦苦，老亦苦，少苦老苦两如何！"

在唐朝等朝代，如果不是皇帝格外开恩，绝大多数宫女只能老死宫中。相比之下，清朝皇帝要仁慈许多，不仅宫女数量不多，通常情况下年满 25 岁会被放出宫去。不过有些宫女因聪明伶俐会办事，也可能会被多留些日子，甚至一留便是 10 年之久，出宫时已然 35 岁了。

---

[1] 滕德永:《清代宫女出宫问题探赜》,《河北民族师范学院学报》2022 年第 4 期。
[2] ［清］鄂尔泰、张廷玉等纂:《国朝宫史》卷二。

宫女出宫时照例会得到一定数目的遣散费。在嫔位以上的主子近前当差的宫女由主子进行赏赐，因为这些主子大多比较富裕，不用再花公家的钱。服侍在贵人、常在、答应身边的以及其他宫女的遣散费由内库发放，进宫 15 年以上的赏银 30 两，15 年以下的赏银 20 两，10 年以下的赏银 10 两；但如果是犯错被逐出宫，就得不到任何的赏赐与补偿。

除了到龄出宫之外，有些宫女还会提前出宫。如果自己伺候的主子亡故了，宫女守孝期满后便可以获准出宫回家。光绪三十四年（1908）十一月十五，慈禧太后去世之后，负责伺候她的宫女双禄、双玉、春联等 21 人全部被遣送出宫。[①] 按照规定，太后只能配备 12 名宫女，但大权在握的慈禧太后身边的宫女数量维持在 20 人左右，最多时竟然多达 25 名。

主子去世后，那些宫女理论上可以分配到其他妃嫔身边，但很多妃嫔忌讳使用他人曾经用过的宫女，况且她们身边的宫女几乎已经满员了，不能像慈禧太后那样随心所欲地超编使用宫女，如果再让她们去干粗活，恐怕会有怨言，因此只得提前将其送出宫。

如果主子降级，那么多余的宫女通常也会被遣送出宫。

道光十年（1830）十二月二十三，睦贵人被道光皇帝晋封为嫔，就在有关部门为她的晋封礼仪奔波忙碌之际，意外却突然发生了。

次年八月初二，睦嫔突然被道光皇帝降为睦贵人。九月初十，睦贵人又被降为睦常在，很快又降为睦答应。道光十二年（1832）四月初三，她被降为睦官女子，这已然是最低等级了。仅仅两天后，年仅 20 岁的睦官女子便突然溺亡，究竟是失足落水，还是投水自尽，抑或被人谋杀灭口，已经不得而知了。她因何被连降四级？因涉及宫闱秘闻，史书之中也没有记载。像她这样断崖式降位分的情形并不多见，随着她级别的骤降，伺候在她身边的宫女也从 6 人减为 1 人，多出来的宫女全都被赶出宫去。

[①] 《总管永喜为传知储秀宫女子双禄等及妈妈嬷嬷等退出相应撤宫分事》，光绪三十四年十一月初五，《内务府来文》，中国第一历史档案馆藏，档号：05-13-002-000988-0009。

除了主子的原因之外，有些宫女是因自身原因而提前出宫，要么是身患重病，要么就是犯了大错。在延禧宫玲常在手下当差的宫女大姐于道光十九年（1839）十二月初三偷拿了一绺白丝线，被打了40板子之后仍旧不思悔改，仅仅7天后居然又偷拿了一绺青丝线，被杖责之后赶出宫去。道光二十六年（1846），翊坤宫当差的宫女安庆、伶顺和伶安因偷懒被惩罚，3人害怕被责打大声呼喊着从宫内逃了出去，引发众人围观。道光皇帝得知后恼怒不已，将3人重责30大板之后赶出了宫。①

如果有宫女获准出宫，内务府会要求会计司通知这名宫女所属佐领或管领，并由其告知她的家人，准备车辆将她接回家中。若是在紫禁城，出宫地点并不固定，需要根据宫女当差地点临时安排，苍震门、寿康宫后铁门、寿安宫右门等处都有可能；若在圆明园，通常会在圆明园西南门。

宫女归家之后便可自行婚配，不过在清朝，青年男女通常15岁左右就成亲了，因此那些出宫的宫女很难嫁人了。

当宫女时有固定的工资，衣食住行都由内务府负责，如果服侍在妃嫔近前，还会时不时地得到一些赏赐。一旦出宫之后，若是没能嫁个好人家，父母又已故去或是穷困潦倒，她们的日子将会过得十分艰难。因此有些出宫后生活窘迫的宫女会想方设法再度入宫。乾隆皇帝曾经严禁出宫女子再度入宫，但这种情形仍旧时有发生。

有些宫女离宫了想回宫，有的却永远都无法出宫。其幸运者，是因长相清秀而被皇帝临幸。咸丰八年（1858）五月十五，咸丰皇帝将内务府正黄旗维翰佐领管辖的园户清远之女封为吉贵人。②次年四月初十，他又将正黄旗瑞溥管领

---

① 《张迎春为翊坤宫祥贵人下女子安庆等人怕打喊叫奉旨各重责退出宫去事》，道光二十六年十一月三十，《内务府来文》，中国第一历史档案馆藏，档号：05-13-002-000695-0075。
② 《总管内务府为晋封吉贵人代园户清远谢恩事呈文》，咸丰八年五月十六，《内务府奏案》，中国第一历史档案馆藏，档号：05-0796-002。

管辖的厨役常顺之女封为禧贵人。①

唐朝等其他朝代不乏飞上枝头当凤凰的宫女，唐代宗李豫的母亲吴氏因父亲犯下大罪而被罚入掖庭中充做最卑贱的宫女；唐宣宗李忱的生母郑氏侍奉的主子镇海节度使李锜因谋反被杀后，被罚入宫中充做宫女。起初她们的身份都很卑微，不过却都幸运地得到了皇帝的临幸，她们所生的儿子后来更是幸运地成为大唐皇帝，他们也都被追封为皇后。

清朝皇帝虽然也会临幸宫女，不过却几乎不会与她们生孩子，即便幸运地怀上了龙种，终其一生也只能混到贵人，很难再继续升迁，像乾隆皇帝第三位皇后孝仪纯皇后魏佳氏那样完成人生逆袭的宫女毕竟是凤毛麟角！

既然有幸运儿，那么也就有悲催者，宁寿宫西所洛贵人身边的宫女五姐，因为受到太监赵国宝的欺辱，于乾隆十六年（1751）九月初五晚间翻墙潜入赵国宝的值房，持刀自刎，幸亏被人阻止才侥幸逃过一劫。宫中历来严禁太监、宫女等仆役私藏刀刃、鸟枪、火药等危险物品，否则一律就地正法。虽然五姐并未按照律法被处死，不过却被发配到东长房，负责伺候那些老病女子，相关工资待遇全都予以取消，永远也不许出宫。②

乾隆十九年（1754），内务府调查发现宫女黑格"在内并不安分，希图出宫"③，黑格并没有像五姐那样有什么过激的举动，只是一心想着早日出宫，显得有些不太安分。但内务府担心其他宫女会纷纷效仿，建议予以严惩，乾隆皇帝便下令她永远都不许出宫！

后宫发饰讲究多

清朝前期，后宫之中要么是满洲女子，要么是蒙古族女子，当时最流行

---

① 《总管内务府奏为封禧贵人代其家属谢恩事》，咸丰九年四月十二，《内务府奏案》，中国第一历史档案馆藏，档号：05-0800-072。
② 《奏报审理太监赵国宝凌辱宫女子致使刎颈案由折》，乾隆十六年十月初二，《内务府奏销档》，中国第一历史档案馆藏，档号：225-130-1。
③ 《奏为太监王来风窃宫貂皮照例治罪事奏案》，乾隆十九年一月二十二，《内务府奏案》，中国第一历史档案馆，档号：05-0133-030。

的发型要么是盘发，要么就是包头。满洲女子成年后会将头发编成发辫盘于头顶，并用发簪等头饰进行装饰，称为"盘发"，盘发后用头巾包裹，称为"包头"。

出席重大典礼与重要活动，后宫女子要戴朝冠或吉服冠，除此之外，在其他喜庆日子里，她们通常会戴钿子，甚至后来穿吉服时也会戴钿子而不再戴吉服冠。

钿子为满语音译，为满洲女子特有头饰，其实就是一种镂空的便帽，用藤丝编成帽架，有的在纸板或细铁丝上缠绕黑色丝线编成方格纹、钱纹等各种造型，再用宝石、珍珠拼成各式吉祥图案，使用时直接罩在发髻上。钿子上插有各式各样可以拆卸的钿花，可以根据个人喜好、场合需要以及潮流变化随时更换钿花。

为了与钿子相配套，钿子头逐渐代替了发辫。

根据《道咸以来朝野杂记》的记载，钿子分为半钿、满钿、凤钿三种。

嵌米珠珊瑚素钿子，钿花用金片制成云纹形状并在其上镶嵌点翠，用细小米珠串成象征长久永恒的盘长结（中国结的一种），其上还有用细小红色珊瑚珠串成的"寿"字纹样，寓意长寿吉祥。因为钿子装饰的钿花并不多，属于半钿，主要在日常生活中佩戴，不太适合重大场合。

点翠钿子的帽胎用黑色丝绒缠绕铁丝编结而成，用铜镀金作为底托，珍珠、珊瑚、玉石、碧玺等各式珠宝玉石拼成各色花饰，再用点翠进行点缀，组成万字纹、仙鹤、灵芝、兰花、寿桃等充满吉祥寓意的纹饰，寄托着子孙万代、长寿如意的美好期待。有的点翠钿子几乎铺满了各式纹饰，属于满钿。

凤钿是最高等级的钿子，光绪皇帝皇后穿吉服时所戴的铜镀金累丝点翠嵌珠石凤钿便是。它用藤片做成骨架，以青色丝线缠绕编结成网状，顶部施以点翠，形成镂空铜钱纹饰，下衬红色丝绒。正面装饰有6只金凤，背面装饰有5只金凤，下端装饰有7只金翟鸟，口中衔着色彩艳丽的串珠宝石璎珞，看上去雍容华贵。

后来在钿子头的基础上吸收软翅头创制出新发式"小两把头"。软翅头就是将头发梳成长约三至五寸的八字造型并向脑后垂去。小两把头先在头顶梳成两个横长髻，形似小姑娘梳的抓髻，发式平分左右，这样戴上钿子后会更为稳固，即便摘下钿子，发型仍旧显得很别致，不过"小两把头"却经受不住太多或太重的头饰。

"小两把头"曾在康乾盛世时期流行一时，从乾隆朝开始，钿子的使用频率大为下降，又衍生出了"两把头"。"两把头"使用扁方固定，可以在秀发上插较多、较重的头饰。

扁方物如其名，是很扁的方形发饰，后宫女子所用扁方以玉质最多，但也有金、银、珊瑚、翡翠、金镶玉、玉嵌宝石、玳瑁、伽楠香、檀香木等多种材质，仅有一寸宽的扁方上居然有各种惟妙惟肖的精美图案。

金镂空蝠寿扁方两端镂空錾刻古铜钱纹，镂空处分别嵌翠玉及碧玺的"富""贵""吉""祥"四字。中部镂空錾刻着三个"寿"字和两只蝙蝠，顶端前后立面各装饰有一只翠玉蝙蝠，上下两端各装饰一朵两枚碧玺花卉。

清代金镂空蝠寿扁方（故宫博物院藏）

后宫女子梳两把头的时候要先将头发束于头顶，再以扁方为基座将头发分成两缕并向左右梳，脑后剩余头发梳成燕尾形扁髻。虽然这种发饰在一定程度上限制了女子的头部活动，甚至对睡觉都会产生影响，却可以使得女子看上去文雅而又庄重。

《（道光帝）孝全成皇后与幼子像》中孝全成皇后两侧发髻向下自然低垂，形似如意，因此而得名"如意头"，头顶上装饰有鲜花和绒花，因绒花与"荣华"谐音，一直很受后宫女子的喜爱。除了如意头之外，当时宫中流行的两把头样式还有一字头和架子头。

一字头两侧下垂的幅度并不大，犹如一个笔直的"一"字，因此而得名。由于扁方宽度只有一寸左右，因此发型不会太高。于是后来又发明了高发架，将头发缠在高发架上，这种高髻头被称作"架子头"。

清朝末年开始流行的发型为"大拉翅"，这种发型也被称为"旗头"。大拉翅据说是慈禧太后发明的，不过这种说法目前还缺乏足够的史料依据，但其的确是在慈禧太后掌权的光绪年间开始盛行的。

大拉翅是在发架的基础上发展而来，用黑色的缎、绒或纱制成酷似"两把头"的长条状六边形头板，底部用铁丝或钢丝制成扣碗状帽型骨架，然后在上面缠绕黑丝线或假发来模仿发髻。头板正中装饰有夺目的彩色大绢花，称为"头正"或"端正花"，其他部位还装饰有珠宝、翡翠、玉簪、步摇、鲜花等物件，有的还在侧面垂下彩色丝穗或珍珠串。

后宫女子先将头顶梳成圆髻，脑后的头发留成"燕尾儿"，然后将大拉翅扣于头顶的发髻上，并用发丝缠绕固定，头板顶端依旧需要用扁方进行横向支撑。无论是之前的小两把头，还是两把头，抑或是大拉翅的前身架子头，发饰只是个点缀而已，展示的主要是乌黑亮丽的秀发。可自从有了"大拉翅"，却有些喧宾夺主的意味，让那些发质并不太好的嫔妃们有了扬长避短的机会。

第二章
后宫之主是皇后

什么样的人才能当上皇后

身为国母的皇后与妃嫔既是妻妾关系，也是君臣关系，因此妃嫔们见到皇后要如同见到皇帝那样行臣妾之礼。皇后巡行东、西六宫时，宫内妃嫔要毕恭毕敬地站在宫门口迎接，等到皇后驾临后再陪同皇后入宫。皇后离开时，妃嫔们也要恭送至宫门口。皇后在膳食、车舆、仪仗、冠服、头饰、遇喜（怀孕）、丧葬等诸方面的待遇上，都要高于妃嫔，处处彰显着皇后的高贵和尊崇。

既然如此，怎样才能当上皇后呢？清朝先后册封了29位皇后，不过末代皇后婉容是在清朝灭亡后才被册立的，因此有的学者将其从清朝皇后中剔除。如此之多的皇后大致可以分为三种类型。

第一种类型是皇帝亲自册立的正儿八经的皇后，共有17位，又可细分为以下三种情形。

情形一：皇帝登基后举行大婚直接娶进宫。这样的皇后共有5位，分别是顺治帝废后博尔济吉特氏、康熙帝孝诚仁皇后赫舍里氏、同治帝孝哲毅皇后阿鲁特氏、光绪帝孝定景皇后（隆裕太后）叶赫那拉·静芬和末代皇帝溥仪的皇后郭布罗·婉容。这5位皇后的夫君登基时年龄尚幼，均是先登基，后结婚。不过直接嫁给皇帝却是可望而不可即的幸运事，除了末代皇后婉容之外，其他四位皇后均家世显赫，父祖全都位高权重。

只有娶皇后入宫才能称为"迎娶"，若是娶妃嫔入宫只能称"迎接"。皇后大婚时乘坐凤舆，沿途经过大清门、天安门、午门进入紫禁城，经过太和殿、中和殿、保和殿，进入乾清门，路过皇帝居住的乾清宫，在坤宁宫前下轿，称为"降舆"。洞房通常会设在皇后寝宫坤宁宫。迎妃嫔入宫要从后门神武门进入紫禁城，所用喜轿为翟舆，并无专用的洞房，只是随意指定一处寝宫。

同治帝孝哲毅皇后阿鲁特氏与婆婆慈禧太后的关系一直剑拔弩张。同治皇帝驾崩74天后，年仅22岁的孝哲毅皇后也突然去世。虽然正史记载她是因悲伤过度而病逝，但关于她的死因有着诸多传闻。

民国初年"小横香室主人"所编《清朝野史大观·清宫遗闻》记载，阿鲁特氏曾对慈禧太后说："奴才是从大清门抬进来的！"这句话彻底触怒了慈禧太后，因为慈禧太后是以贵人身份入宫，从神武门被"关防车"迎入宫中，因此慈禧太后在同治皇帝去世后硬生生逼死了阿鲁特氏。

不过惇王府的王氏后裔却口述称，"大清门内抬进来"这话是惇亲王奕誴跟慈禧太后说的。慈禧太后一心想要废掉孝哲毅皇后，奕誴不满地呛声道："想要废从大清门抬进来的，必须也要是从大清门抬进来的才行！"可见对于后宫女子而言，能够从大清门抬进宫与皇帝完婚是一件足以夸耀一生的事！

情形二：皇帝即位前的嫡福晋或者继福晋，皇帝登基后将其册立为皇后。这样的皇后也有5位：孝端文皇后博尔济吉特·哲哲是皇太极登基前的嫡福晋，孝敬宪皇后乌拉那拉氏是雍正皇帝登基前的嫡福晋，孝贤纯皇后富察氏是乾隆皇帝登基前的嫡福晋，孝淑睿皇后喜塔腊氏是嘉庆皇帝登基前的嫡福晋，孝慎成皇后佟佳氏是道光皇帝登基前的继福晋。这些嫡福晋、继福晋是皇帝登基前的正妻，又通常与夫君风风雨雨走过了许多年，等到夫君登基成了皇帝，她们自然就顺理成章地被册立为皇后。

情形三：原本是妃嫔，通过自身努力一步步成为皇后。这样的皇后共有7位，其中顺治帝孝惠章皇后博尔济吉特·阿拉坦琪琪格、康熙帝孝昭仁皇后钮祜禄氏均是从妃升为皇后，但两人都生活在清朝前期，之后再也未曾发生过从妃直接晋升为皇后的情形。咸丰帝孝贞显皇后（慈安太后）从贞贵妃升为皇后，但也仅此一例。在清朝中后期，皇贵妃成为晋升皇后的至关重要的一步，康熙帝孝懿仁皇后佟佳氏、乾隆帝第二位皇后那拉氏、嘉庆帝孝和睿皇后钮祜禄氏、道光帝孝全成皇后钮祜禄氏均是从皇贵妃升为皇后，不过孝懿仁皇后在被册封为皇后的次日便一命呜呼了，称为"一日皇后"。

第二种类型是皇帝健在时只是妃嫔，不过自己的亲生儿子或者养子日后却当上了皇帝。虽然没能如愿当上皇后，但后来当上了太后，她们死后也会被授予皇后谥号。这样的皇后共有6位，分别是顺治皇帝生母孝庄文皇后博尔济吉特·布木布泰、康熙皇帝生母孝康章皇后佟佳氏、雍正皇帝生母孝恭仁皇后乌雅氏、乾隆皇帝生母孝圣宪皇后钮祜禄氏（崇庆皇太后）、咸丰皇帝养母孝静成皇后博尔济吉特氏、同治皇帝生母孝钦显皇后（慈禧太后）。孝静成皇后比较特殊，她是恭亲王奕䜣的生母，不过依然被养子尊为康慈皇太后，死后被授予皇后谥号。

由于清代皇帝大多并非是中宫皇后所生的嫡子，每当新皇帝继位后便以孝治天下的名义在尊嫡母（之前的皇后）为皇太后的同时，也会尊自己的生母为皇太后。比如同治帝即位后尊其父咸丰皇帝的皇后钮祜禄氏（慈安太后）为"母后皇太后"，尊生母懿贵妃叶赫那拉氏（慈禧太后）为"圣母皇太后"。

第三种类型是生前既未当上皇后，也没能当上太后，只是在死后被追封为皇后。这样的皇后共有6位，其中两位没能等到亲生儿子登基称帝便去世了，分别为皇太极生母孝慈高皇后叶赫那拉·孟古哲哲、嘉庆皇帝生母孝仪纯皇后魏佳氏；还有两位是皇帝登基前的嫡福晋，孝穆成皇后钮祜禄氏是道光皇帝登基前的嫡福晋，孝德显皇后萨克达氏是咸丰皇帝登基前的嫡福晋（堪称大清最没福气的原配，死后32天丈夫便登基称帝）；还有一位是因受到皇帝特别的宠爱，此人便是孝献皇后董鄂氏，顺治皇帝曾为了她想要废掉当时的皇后，不过却遭到朝臣的一致反对，虽然她生前未能当上皇后，但死后被追封为皇后，清朝历史上仅此一例；最后一位是孝烈武皇后乌拉那拉·阿巴亥，她的儿子睿亲王多尔衮虽不是皇帝，却被顺治皇帝尊为皇父摄政王，死后还曾被追封为皇帝，庙号"清成宗"，所以她也顺带被授予皇后的谥号，可没过多久，压抑许久的顺治皇帝便剥夺了多尔衮的所有官爵封号，还将其毁墓掘尸，阿巴亥的皇后封号自然也被一同夺去。

清朝皇后情况

皇帝	皇后谥号	皇后姓名	皇后谥号由来	皇后家世	皇后之子
太祖努尔哈赤	孝慈高皇后	叶赫那拉·孟古哲哲	死后追封	满洲叶赫部贝勒杨吉砮之女	太宗皇太极
太祖努尔哈赤	孝烈武皇后	乌拉那拉·阿巴亥	死后追封	满洲乌拉部贝勒满泰之女	英亲王阿济格、睿亲王多尔衮、豫亲王多铎。
太宗皇太极	孝端文皇后	博尔济吉特·哲哲	皇帝册立（当时称国君福晋）	蒙古科尔沁部贝勒莽古斯之女	无
太宗皇太极	孝庄文皇后	博尔济吉特·布木布泰	太后加封	蒙古科尔沁部贝勒布和之女，孝端文皇后侄女。	顺治皇帝福临
世祖顺治皇帝福临	被废后降为静妃	博尔济吉特氏	皇帝册立，大婚入宫。	蒙古科尔沁部卓礼克图亲王吴克善之女，孝庄文皇后侄女。	无
世祖顺治皇帝福临	孝惠章皇后	博尔济吉特·阿拉坦琪琪格	皇帝册立，由妃升为皇后。	蒙古科尔沁部贝勒绰尔济之女，孝庄文皇后侄孙女，被废皇后的堂侄女。	无
世祖顺治皇帝福临	孝康章皇后	佟佳氏（本姓佟）	太后加封	汉军正蓝旗都统佟图赖之女，后抬为满洲镶黄旗。	康熙皇帝玄烨
世祖顺治皇帝福临	孝献皇后	董鄂氏	死后追封，生前为皇贵妃。	满洲正白旗人，内大臣鄂硕之女，领侍卫内大臣、议政大臣费扬古之姐。	皇四子，出生数月夭折，追封荣亲王。

续表

皇帝	皇后谥号	皇后姓名	皇后谥号由来	皇后家世	皇后之子
圣祖康熙皇帝玄烨	孝诚仁皇后	赫舍里氏	皇帝册立，大婚入宫。	满洲正黄旗人，辅政大臣一等公索尼孙女，议政大臣、领侍卫内大臣噶布喇之女。	嫡长子胤礽
	孝昭仁皇后	钮祜禄氏	皇帝册立，由妃升为皇后。	开国功勋额亦都孙女，辅政大臣、一等公遏必隆之女。	无
	孝懿仁皇后	佟佳氏	皇帝册立，由皇贵妃升为皇后，次日便病逝。	满洲镶黄旗（原汉军正蓝旗）人，领侍卫内大臣、一等公佟国维之女，孝康章皇后侄女。	无
	孝恭仁皇后	乌雅氏	太后加封，之前为德妃。	满洲正黄旗，包衣护军参领威武之女。	雍正皇帝胤禛、恂郡王允禵。
世宗雍正皇帝胤禛	孝敬宪皇后	乌拉那拉氏	皇帝册立，胤禛登基前的嫡福晋。	满洲正黄旗人，领侍卫内大臣、议政大臣费扬古之女。	皇长子弘晖（追封端亲王）
	孝圣宪皇后（崇庆皇太后）	钮祜禄氏	太后加封，之前为熹贵妃。	满洲镶黄旗人，四品典仪官凌柱之女。	乾隆皇帝弘历
高宗乾隆皇帝弘历	孝贤纯皇后	富察氏	皇帝册立，弘历登基前的嫡福晋。	满洲镶黄旗人，察哈尔总管李荣保之女。	皇次子永琏（追赠端慧皇太子）、皇七子永琮（追封哲亲王），均夭折。
	无	那拉氏①	皇帝册立，由皇贵妃升为皇后，以皇贵妃礼下葬。	满洲正黄旗（原为满洲镶蓝旗）人，正四品佐领讷尔布之女。	皇十二子永璂、皇十三子永璟。
	孝仪纯皇后	魏佳氏（本姓魏）	死后追封，生前为皇贵妃。	满洲镶黄旗（原为满洲正黄旗包衣）人，正黄旗包衣管领魏清泰之女。	嘉庆皇帝颙琰

---

① 关于她的姓氏记载不一，《清史稿·列传一·后妃传》记载为乌拉纳喇氏，《清皇室四谱》也沿用这个说法。不过《清史稿·列传八·诸王七》只记载为纳喇氏，《钦定八旗通志》卷十六及《八旗满洲氏族通谱》卷二十四《辉发地方那拉氏》却记载为辉发那拉氏。

续表

皇帝	皇后谥号	皇后姓名	皇后谥号由来	皇后家世	皇后之子
仁宗嘉庆皇帝颙琰	孝淑睿皇后	喜塔腊氏	皇帝册立,颙琰登基前的嫡福晋。	满洲正白旗人,副都统、内务府总管和尔经额之女。	道光皇帝旻宁
	孝和睿皇后	钮祜禄氏	皇帝册立,由皇贵妃升为皇后。	满洲镶黄旗人,礼部尚书恭阿拉之女。	惇亲王绵恺、瑞亲王绵忻
宣宗道光皇帝旻宁	孝穆成皇后	钮祜禄氏	死后追封,旻宁登基前的嫡福晋。	满洲镶黄旗人,户部尚书、布彦达赉之女。	无
	孝慎成皇后	佟佳氏	皇帝册立,旻宁登基前的继福晋。	满洲镶黄旗(原为汉军正蓝旗)人,三等承恩公舒明阿之女。	无
	孝全成皇后	钮祜禄氏	皇帝册立,由皇贵妃升为皇后。	满洲镶黄旗(原为满洲正红旗)人,乾清门二等侍卫、世袭二等男爵颐龄之女。	咸丰皇帝奕詝
	孝静成皇后	博尔济吉特氏	太后加封,之前为皇贵妃。	满洲正黄旗(原为满洲正蓝旗)人,刑部员外郎花良阿之女。	咸丰皇帝养母,恭亲王奕䜣生母。
文宗咸丰皇帝奕詝	孝德显皇后	萨克达氏	死后追封,生前为奕詝嫡福晋。	满洲镶黄旗(原为满洲镶蓝旗)人,太常寺少卿富泰之女。	无
	孝贞显皇后(慈安太后)	钮祜禄氏	皇帝册立,由贵妃升为皇后。	满洲镶黄旗人,广西右江道穆扬阿之女。	无
	孝钦显皇后(慈禧太后)	叶赫那拉氏	太后加封,之前为懿贵妃。	满洲镶黄旗(原为镶蓝旗)人。	同治皇帝载淳
穆宗同治皇帝载淳	孝哲毅皇后	阿鲁特氏	皇帝册立,大婚入宫。	满洲镶黄旗(原为蒙古正蓝旗)人,大学士赛尚阿孙女,户部尚书崇绮之女。	无
德宗光绪皇帝载湉	孝定景皇后(隆裕太后)	叶赫那拉·静芬	皇帝册立,大婚入宫。	满洲镶黄旗人,慈禧太后之弟副都统桂祥之女,光绪皇帝表姐。	无

续表

皇帝	皇后谥号	皇后姓名	皇后谥号由来	皇后家世	皇后之子
宣统皇帝溥仪	无	郭布罗·婉容	皇帝册立,大婚入宫。	满洲正白旗人,达斡尔族,内务府大臣荣源之女。	无

完美皇后的"不完美"结局

孝贤纯皇后富察氏出身于名门望族,祖父米思翰为康熙朝户部尚书、议政大臣,加封太子太保;父亲李荣保曾为察哈尔总管,不过后来却被革退。随着富察氏成为皇后,日渐颓败的富察家得以重新崛起。

富察皇后的弟弟傅恒从宫廷侍卫起家,24岁为军机处行走,26岁任户部尚书,27岁拜保和殿大学士、领班军机大臣,加封太保,授一等忠勇公。大学士在明朝地位崇高,虽然到了清朝实权被军机大臣夺去,但也是正一品大员;军机大臣为清朝最有实权的职位,领班军机大臣为军机大臣之首;太师、太傅、太保号称"三师",均居正一品,为清朝名义上地位最高的三个官职;一等公为异姓朝臣能够获封的最高爵位,炙手可热的傅恒可谓位极人臣。

雍正五年(1727),富察氏成为雍正皇帝第四子弘历的嫡福晋,8年后,雍正皇帝突然驾崩,她的丈夫弘历顺利登基称帝。弘历为死去的父亲雍正皇帝服丧27个月,等到服丧期满后便于乾隆二年(1737)十二月初四册立富察氏为皇后。富察皇后虽然看似拥有完美人生,但她的死有着诸多谜团!

乾隆十三年(1748),富察皇

[清]郎世宁等《心写治平图》中孝贤纯皇后富察氏

后追随乾隆皇帝东巡，乘坐龙舟抵达德州。三月十一，年仅37岁的富察皇后突然去世。当时究竟发生了什么，富察皇后究竟是不是如正史中记述的那样属于自然死亡，其实一直都是众说纷纭。

正史是这样记载的，富察皇后所生皇长女在出生次年便一命呜呼了；后来她又生下皇次子永琏，乾隆皇帝还将其秘密立为储君，谁知永琏却在9岁时暴病而亡；永琏去世8年后，她终于又生下一子，名为永琮。此时的富察皇后已至中年，之前一女一子先后夭折，次女固伦和敬公主又远嫁蒙古科尔沁部色布腾巴勒珠尔，永琮成为她唯一的精神依靠。可永琮却在她去世前一年十二月二十九出痘而死，对她的打击之大可想而知。

尽管如此，乾隆十三年（1748）正月，饱受丧子之痛的富察皇后依旧陪同乾隆皇帝、崇庆皇太后东巡，她本就心情悲痛，又来回舟车劳顿，还要悉心照顾已然57岁的皇太后，行进到泰山行宫时，她便因身染风寒而不幸病倒了。富察皇后不愿因自己的病情而耽误了行程，于是一再劝慰乾隆皇帝不要太过记挂她的病情，敦促他速速起程。乾隆皇帝无奈之下只得下令于三月初八奉皇太后起銮回京，但龙舟行至德州时，富察皇后的病情突然加重，最终不治而亡。

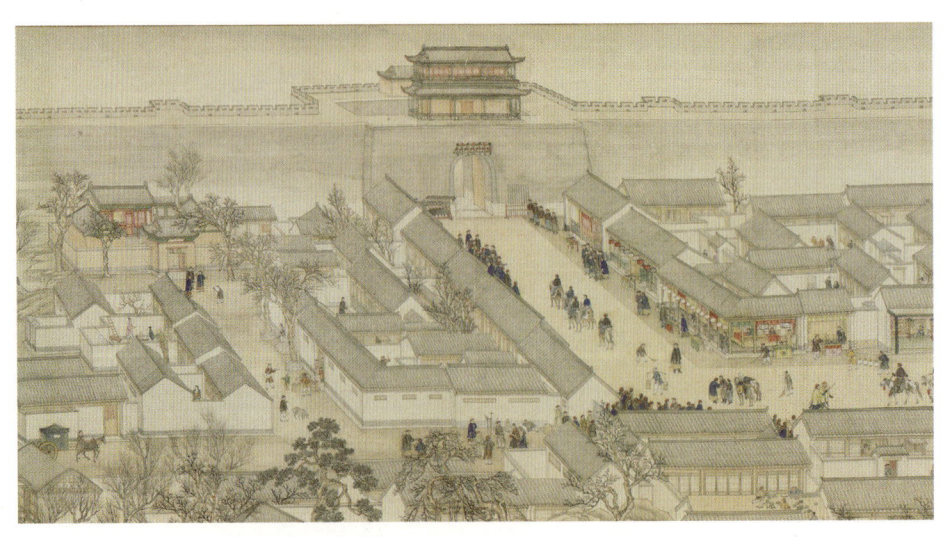

［清］徐扬《乾隆南巡图·过德州》中的德州城

不过真相或许并没有史书记载得那么简单，乾隆皇帝日后也曾提起过在德州遭遇的变故，不过却总是欲言又止。

野史记载，乾隆皇帝行至德州境内后，每日歌舞升平，纵情淫乐，富察皇后对他进行劝谏，谁知当时他却因吃醉了酒而勃然大怒。夫妻二人一直相敬如宾，乾隆皇帝从未对富察皇后动怒，因此富察皇后一时间承受不了，又加之丧子之痛，万念俱灰，于是投河自尽，也有的说是失足落水。

有的学者认为富察皇后之死与她的侄子福康安的身世有关。

福康安是富察皇后的弟弟傅恒的第三子，自幼便熟读兵书，弓马娴熟，历任吉林将军、盛京将军、云贵总督、四川总督兼署成都将军、陕甘总督、闽浙总督、两广总督等地方要职，清朝设有八大总督，他一人便担任过其中五个，此外他所担任的盛京将军后来在清朝末年改为东三省总督。他在朝中曾任工部尚书、兵部尚书、吏部尚书、协办大学士，位列一品大员，六部之中曾执掌过三部。

福康安绝非碌碌无能之辈，主持平定大小金川之乱，抗击廓尔喀入侵西藏，平定湖南贵州等地苗民起义，镇压台湾林爽文起义，为了大清的安定可谓出生入死，战功赫赫。乾隆皇帝对他大加封赏原本无可厚非，但对他的钟爱超乎寻常，甚至超过了自己的亲儿子。

仅仅九年时间，福康安的爵位便从云骑尉升至忠锐嘉勇公。公爵是异姓臣子所能获封的最高爵位，乾隆皇帝却不肯就此止步，居然加封他为贝子，这可是只有宗室成员才能获封的爵位，乾隆皇帝还特地恩准福康安获封的贝子可以"承袭三世"而不降，在朝野上下一时间引起轩然大波。

就在坊间流言四起之际，一直在外征战的福康安却突然病逝于军中。惊悉噩耗的乾隆皇帝悲痛万分，居然下旨追封福康安为嘉勇郡王。虽然为了笼络蒙古诸部，朝廷也会册封其首领为亲王、郡王，不过却只能管本部落内部事务。在问鼎中原的过程中，曾立下大功的吴三桂、孔有德、尚可喜、耿仲明、孙可望五位汉人将领曾获封王爵，不过却相继被康熙皇帝除去，战死沙场的扬古利、黄芳度也被追封为郡王，自此之后郡王便只会授予宗室成员。

福康安成为当时唯一一位异姓王。即便是皇帝的亲生儿子都未必一定会封王，乾隆皇帝第十二子永璂生前便没有任何爵位，死后才被追封为贝勒。

乾隆五十三年（1788）正月，乾隆皇帝发布的上谕称："福康安由垂髫豢养，经朕多年训诲，至于成人。"① 只有皇子年幼时才会获准居住在宫中，皇孙通常都只能居住在宫外，只有问安、贺寿时才准予入宫。康熙皇帝将年幼的孙子弘历养于宫中只能算作特例，可福康安幼时却由皇帝养育，还时常接受皇帝训诲。乾隆皇帝的悼亡诗中更是有"汝子吾儿定教培"的句子。虽然他是富察皇后的亲侄子，乾隆皇帝与他如此亲近，对他如此器重，实在也有些耐人寻味！

蹊跷之事还不止于此，福康安的大哥福灵安为多罗额驸，郡王正室所生之女会被封为多罗格格，她的丈夫被称为多罗额驸，也可称作县主额驸；二哥福隆安为和硕额驸，迎娶了乾隆皇帝第四女和硕和嘉公主。傅恒诸子中最受宠爱的福康安始终未被皇室招作女婿，受到的恩宠却远超自己的兄弟。这难道不奇怪吗？

若是没有与福康安年纪相仿的皇女倒还有情可原，偏偏皇七女固伦和静公主和皇九女和硕和恪公主与福康安年龄相仿，不过也有学者指出固伦和静公主出生三个月便许配给蒙古喀尔喀部亲王成衮扎布的世子拉旺多尔济，和硕和恪公主九岁时指婚给协办大学士、一等武毅谋勇公兆惠之子札兰泰。若是两位公主比福康安大，已然指婚给他人，自然就不能再许配给他，但两位公主都比福康安小，若是有意许配给他便不会再指婚给他人，最受乾隆皇帝宠信的福康安未能像哥哥那样成为皇家额驸恐怕另有隐情！

世人纷纷传言福康安其实是乾隆皇帝的私生子，否则乾隆皇帝即便对他再宠爱，也断然不会为了他而不惜逾越礼制。

清末民初天嘏所著《满清外史》记载："傅恒之妻……得出入宫掖。弘历乘间逼幸之，傅恒妻不敢拒，遂有娠。未几，生一男，即福康安也。"傅恒之妻可以时常进宫去见富察皇后。乾隆皇帝见到美貌的傅恒之妻后春心大动，难

---

① 《清高宗实录》卷一千二百九十六，乾隆五十三年正月上。

以自持，凭借皇帝权威迫其就范，傅恒之妻受孕后生下福康安。

或许富察皇后的突然暴毙便与这桩秘事有关，她可以接受好色的丈夫另觅新欢，却万万接受不了丈夫与她的弟媳私通。

目前主流观点认为福康安生于乾隆十九年（1754），此时富察皇后已经去世6年之久，有的学者据此否认他是乾隆皇帝私生子的论断。虽然关于福康安的史料有很多，却唯独缺乏福康安生年的明确记载，很多史料还相互矛盾。

如若福康安果真生于乾隆十九年，他任三等侍卫（正五品）并奉命在乾清门行走时年仅14岁，清朝御前侍卫的重要性非比寻常，皇帝想要重用之人时常会先放到这个岗位上磨炼些时日。当时正值清朝全盛之时，可谓人才济济，将星云集，即便福康安作为皇后的侄子会受到些额外的眷顾，但按照惯例也不应重用一个尚且年幼的孩子。

乾隆三十六年（1771），福康安授户部右侍郎、蒙古镶蓝旗副都统，此时他只有18岁；次年，他调任满洲镶黄旗副都统，随后以领队大臣的身份前去征讨大小金川，此时他只有19岁。他担任的全都是朝廷要职，绝大多数官员辛勤工作一辈子恐怕都难以攀上如此高位，一个十来岁的毛头小伙子却可以轻松做到，况且军事讨伐乃是国之大事，让如此年幼之人来担此重任未免有些太过草率了些！

《清朝野史大观》卷六记载福康安"本命属戌（狗）"，若是他生于上一个狗年，也就是乾隆七年（1742），那么所有疑问便可以迎刃而解了，26岁出任三等侍卫，31岁领兵出征大、小金川，似乎更符合朝廷一贯的用人思路。

若果真如此，福康安便出生于富察皇后去世之前。只有富察皇后在世时，福康安的母亲才能借进宫之机与乾隆皇帝私通。或许在暴亡前夕，富察皇后察觉到或者偷听到了弟弟的三儿子居然是丈夫的亲生骨血，一时间犹如五雷轰顶，甚至极有可能为此与乾隆皇帝大吵大闹。

她本就承受着巨大的丧子之痛，如今又发现了令她难以接受、更难以启齿的残酷真相，对眼前这个冰冷的世界彻底绝望了，万念俱灰下做出投河自尽这种极端行为也就在情理之中了。

皇后那拉氏究竟是谁

乾隆三十年（1765）正月十六，在春寒料峭中，那拉皇后追随乾隆皇帝开启了第四次南巡，可让她始料未及的是这次南巡居然彻底改变了她的命运。

二月初十，崇庆皇太后、乾隆皇帝下旨令地方官府为那拉皇后庆祝生日，庆祝活动搞得极为隆重，此时两人的关系还一切如常，谁知仅仅一个多月后，两人之间却发生了激烈的争执，以至于两人至死都不相往来。

闰二月十八，乾隆皇帝一行人等抵达杭州西湖蕉石鸣琴，吃早膳的时候，皇后的名字还赫然在列，用晚膳的时候，皇后名字却用黄签盖住了。就在众人对这突如其来的变故不知所措之际，那拉皇后已然被乾隆皇帝派人强行送回北京。这中间到底经历了什么呢？

早在弘历还是宝亲王的时候，富察皇后是他的嫡福晋，那拉氏是他的侧福晋。登基称帝后，弘历册封富察氏为皇后，册封那拉氏为娴妃。富察皇后去世后，悲伤不已的乾隆皇帝本不想再册立皇后，但她的母亲崇庆皇太后劝他，偌大的后宫不可一日无主，一向孝顺的乾隆皇帝自然不愿违拗母亲的旨意。

乾隆十三年（1748）七月初一，孝贤纯皇后去世4个月后，乾隆皇帝遵从母亲的意思晋封那拉氏为皇贵妃，她也成为清朝历史上第一位摄六宫事的皇贵妃。次年四月，那拉氏被正式册立为皇后，这一年她31岁，仪态万方，又与乾隆皇帝年龄相仿，一度成为皇宫之中最受宠的女人。

从乾隆十七年（1752）到二十年（1755），那拉皇后先后生下两位皇子和一位皇女，不过她生下最后一个孩子时已经39岁了。此时徐娘半老的那拉皇后虽风韵犹存，却早已风光不再，与那些正值青春年少的妃嫔们比起来毫无竞争力可言，唯一的优势便是她与乾隆皇帝多年的夫妻情分。

乾隆二十年成为两人关系的重要分水岭，也就是从这时开始，两人心中开始渐生芥蒂，以至于渐行渐远。这一年，45岁的乾隆皇帝仍旧"性趣"不减，比他小16岁的魏佳氏迅速讨得了他的欢心，从魏贵人晋为令嫔，又晋为令妃，再晋为令贵妃，后又晋为皇贵妃，死后被追封为孝仪纯皇后。

从乾隆二十一年（1756）至三十一年（1766）的10年间，魏佳氏先后为乾隆皇帝生下了4位皇子和两位皇女，足见乾隆皇帝对她的宠爱之深。

曾经春风得意的那拉皇后愈加真切地感受到来自年轻貌美的魏佳氏的威胁，她不仅夺去了丈夫的心，还成为儿子永璂奔向大好前程的绊脚石。

那拉皇后知道乾隆皇帝始终有一个心结，之前的皇帝都不是皇后所生的嫡子，因此他想要将皇位传给嫡子。孝贤纯皇后所生嫡长子被雍正皇帝赐名"永琏"，其中便隐含着日后想要让他来承继大统之意。乾隆皇帝登基之初也的确曾经秘密册立永琏为皇储，谁知永琏却不幸夭折，乾隆皇帝怀着极其悲痛的心情追封他为皇太子。

如今那拉皇后成为统领六宫的皇后，自然渴望着自己的儿子也能像永琏那样成为新皇储，不过她很快便嗅到了异样的气息。

当时仍旧健在的皇子共有8人，皇四子永珹已经过继给履亲王允祹为孙，降为履郡王；皇六子永瑢过继给质郡王允禧为孙，袭贝勒，两人也就此彻底出局。皇八子永璇和皇十一子永瑆的生母均为淑嘉皇贵妃金佳氏，他们的母亲早在乾隆二十

［清］郎世宁《乾隆皇帝朝服像》

225

年（1755）便去世了，缺少了母亲的助力，自然也就没有太大的竞争力。

[清]郎世宁等《心写治平图》中的淑嘉皇贵妃金佳氏（当时为嘉妃）

皇五子永琪在民间颇有知名度，但其实在众皇子之中，永琪并不算出类拔萃之人，他生母的地位并不高，起初只是个常在，后来母以子贵才晋为妃位，最终也止步于此，死后才被追封为贵妃，他自然也就没有夺嫡之心。

皇储之争在皇十二子永璂、皇十五子永琰（后改名为颙琰）和皇十七子永璘三人之间展开，永璂是皇后之子，永琰与永璘的母亲是日渐得宠的令贵妃。乾隆皇帝此前一直倾向于册立嫡子为皇储，永璂作为嫡子原本有着很大的优势，但事态发展渐渐偏离了那拉皇后预想的轨道。

从雍正朝开始，清朝开始实行秘密立储制度，那拉皇后并不知晓乾隆皇帝究竟会选择哪位皇子作为未来的储君，不过从他的一言一行中已经隐隐猜出了个七七八八。她怀疑他看中的并不是自己的儿子，而是令贵妃的儿子，甚至想要让令贵妃将自己取而代之。于是，彼此之间由来已久的矛盾在南巡期间彻底爆发了！

这次南巡彻底改变了在后宫之中最有权势的两个女人的命运。乾隆三十一年（1766）四月二十，乾隆皇帝悻悻地结束了此次南巡。五月初九，乾隆皇帝下旨晋令贵妃为皇贵妃。次日，他便收回对那拉皇后的所有册封，将其幽闭在深宫之中。六月十一，举行了盛大的令皇贵妃册封礼，次年七月十四，那拉皇后郁郁而终。

那拉皇后与乾隆皇帝在南巡期间爆发激烈冲突的导火索就是乾隆皇帝执意要册立令贵妃为皇贵妃，那拉皇后听到这个消息后自然犹如五雷轰顶，气愤之下做出剃掉自己头发这种极端不理智的行为，使得双方长达三十多年的夫妻关系彻底破裂。

那拉皇后为何不惜与乾隆皇帝彻底撕破脸也要阻止令贵妃成为皇贵妃呢？只因贵妃与皇贵妃仅有一字之差，却有着天壤之别。

皇贵妃居然如此高贵

皇贵妃在清朝后宫体系中地位仅次于皇后，在很多方面都可以享受与皇后相同的待遇，清朝历史上获封皇贵妃的共有28人，不过其中5人是死后追封的，分别是康熙帝敬敏皇贵妃章佳氏、乾隆帝庆恭皇贵妃陆氏、乾隆帝哲悯皇贵妃噶哈里富察氏、乾隆帝淑嘉皇贵妃金佳氏与光绪帝恪顺皇贵妃他他拉氏。

在23位生前受封的皇贵妃之中，4位皇贵妃最终成为皇后，分别为康熙帝孝懿仁皇后佟佳氏、乾隆帝第二位皇后那拉氏、嘉庆帝孝和睿皇后钮祜禄氏、道光帝孝全成皇后钮祜禄氏；另有3位皇贵妃死后被追封为皇后，分别为顺治帝孝献皇后董鄂氏、乾隆帝孝仪纯皇后魏佳氏、道光帝孝静成皇后博尔济吉特氏，可见皇贵妃已然成为晋升皇后的最为重要的跳板。

12位皇贵妃是在其丈夫去世后，继任皇帝为了对前朝太妃表示尊崇而将其晋为皇贵妃，仅仅是自身待遇提高，再无继续晋升的空间。她们分别是康熙帝悫惠皇贵妃佟佳氏、康熙帝惇怡皇贵妃瓜尔佳氏、雍正帝纯懿皇贵妃耿佳氏、嘉庆帝恭顺皇贵妃钮祜禄氏、嘉庆帝和裕皇贵妃刘佳氏、道光帝庄顺皇贵妃乌雅氏、咸丰帝庄静皇贵妃他他拉氏、咸丰帝端恪皇贵妃佟佳氏、同治帝敬懿皇贵妃赫舍里氏、同治帝庄和皇贵妃阿鲁特氏、同治帝荣惠皇贵妃西林觉罗氏、光绪帝端康皇贵妃他他拉氏。她们受封时大多年事已高，比如纯懿皇贵妃①晋为皇贵妃时已然90岁高龄了。

在上述12人之中，乾隆朝之前的仅有3位，乾隆朝之后却多达9位，可见到了晚清时期，皇贵妃也日趋泛滥。清朝后期皇帝们的寿命普遍都不长，新皇帝登基后又照例会给前朝太妃们晋升封号，起初只为部分人晋升，但到了后来变为了"普惠制"，以至于同治皇帝的全部四位嫔妃、光绪皇帝的两位嫔妃居然都被晋为皇贵妃，皇贵妃自然也不似之前那么高高在上、遥不可及了。

咸丰帝端恪皇贵妃15岁进宫时被封为祺嫔，同治皇帝即位后将其晋为妃，光绪皇帝即位前夕将其晋为贵妃，宣统皇帝即位后将其晋为皇贵妃，当初那个小姑娘此时已是65岁的老太太了。她虽不幸地独自寡居50年，但历经四朝，地位渐高，若是活在康乾盛世，康熙在位61年，乾隆在位60年，她恐怕很难熬出头了！

虽然到了晚清获封皇贵妃的人变得越来越多，但若是想要在丈夫在世时获得皇贵妃的封号仍旧很难。丈夫在世时晋封为皇贵妃，最终却又未被册立或追封为皇后的仅有4位，其中3位是在病入膏肓之际才获封皇贵妃。虽然当时皇后并未缺位，但皇后也能理解皇帝将她们晋为皇贵妃只不过是为了冲喜而已。

雍正帝敦肃皇贵妃年氏是一等公、抚远大将军、川陕总督年羹尧的妹妹，于雍正三年（1725）十一月十五晋封为皇贵妃，八天后便病逝了。乾隆帝慧贤皇贵妃高佳氏于乾隆十年（1745）正月二十三晋封为皇贵妃，两天后便香消玉殒了。乾隆帝纯惠皇贵妃苏氏于乾隆二十五年（1760）三月二十四晋封皇贵

---

① 《清史稿》记载为纯悫皇贵妃，应是记载有误。

妃，四月十一行册封礼，八天后便病逝了。

[清]郎世宁等《心写治平图》中的乾隆帝纯惠皇贵妃苏氏（当时为纯妃）

后宫之中原本有皇后，晋为皇贵妃又并非只是为了冲喜，这种皇贵妃在清朝历史上只有三位，分别是乾隆帝孝仪纯皇后魏佳氏、同治帝淑慎皇贵妃富察氏与顺治帝孝献皇后董鄂氏。

同治帝淑慎皇贵妃富察氏原本是慧妃，于同治十三年（1874）十一月十五直接跨过贵妃晋封为皇贵妃，不过同治皇帝于当年十二月初五便病逝了，淑慎皇贵妃与孝哲毅皇后阿鲁特氏仅仅并存了不到一个月的时间。当初同治皇帝大婚选皇后时，慈禧太后中意之人是刑部员外郎凤秀之女，但慈安太后看中的是户部尚书崇绮之女阿鲁特氏，同治皇帝最终选择支持嫡母慈安太后。慈禧太后与儿媳妇阿鲁特氏一直剑拔弩张，于是便想通过册立富察氏为皇贵妃来发泄心中不满。这位富察氏生前的徽号为敦宜荣庆皇贵妃，她也成为清朝历史上唯一一位拥有四字徽号的皇贵妃，其他皇贵妃的徽号都只有两个字。

清朝历史上皇贵妃与皇后长期并存的仅有一例：顺治十三年（1656）十二月，董鄂氏晋封为皇贵妃。顺治十七年（1660）八月十九，她暴病而亡，与孝惠章皇后博尔济吉特氏共存长达四年之久。当时顺治皇帝疯狂地迷恋着她，于是想方设法要废掉皇后，但他之前已经废了一位皇后，孝惠章皇后一直并无大错，他废后的举动自然招致朝野上下的强烈反对，即便是董鄂氏本人也是竭力劝阻。虽然顺治皇帝最终迫于各方压力打消了这个念头，不过却将董鄂氏晋升为皇贵妃，死后将其追封为皇后。

乾隆帝皇后那拉氏就是从皇贵妃晋封为皇后的，不过她晋封为皇贵妃时，孝贤纯皇后已然故去了。但在皇后那拉氏仍旧健在之时，乾隆皇帝迫不及待地想要册封令贵妃魏佳氏为皇贵妃，她自然会恼怒不已。

眼见着令贵妃越来越得宠，那拉氏愈加真切地感受到自己的皇后之位摇摇欲坠，儿子的皇储之路也几乎成了绝路。面对如此严峻的形势，若是像孝惠章皇后那样妥善处置，她也不至于落得悲惨的下场。其实乾隆皇帝当时并无废后的打算，令贵妃的儿子永琰在这场风波发生七年后才被秘密地立为皇储。

可皇后那拉氏却极不理智地做出了剪发的过激举动，无异于火上浇油。她自此之后被乾隆皇帝幽闭于深宫之中，形同被废，转年便郁郁而终。她的儿子永璂一辈子都未曾获封爵位，去世后才被追赠为贝勒。

代行皇后职责的皇贵妃

孝仪纯皇后魏佳氏原本姓魏，为正黄旗包衣管领魏清泰之女，是个地地道道的汉族女子，得宠后才改为满姓魏佳氏。

包衣有佐领（全称为佐领下人）、管领（全称为管领下人）之分，佐领的地位要高于管领。佐领又分为满洲佐领和旗鼓佐领（汉族佐领）两类，满洲佐领的地位高于旗鼓佐领，因此魏清泰是包衣之中地位最低的管领。

不过正黄旗属于上三旗，由皇帝直接统领，上三旗包衣也被称为"内务府包衣",政治地位远高于下五旗包衣(也被称为王公包衣),即便是内务府包衣中地位最低的管领也要比下五旗包衣中的满洲佐领地位更高,待遇更好。

容颜秀美的魏佳氏以内务府汉人包衣的身份参选宫女(注意并非是选秀女),入宫之初虽身份卑微,却凭借自身的貌美聪慧俘获了乾隆皇帝的心。

乾隆十年(1745)正月,她由贵人受封"令嫔",当时只有19岁。乾隆皇帝为她选择的这个"令"字取自《诗经·大雅·卷阿》中"如圭如璋,令闻令望"的诗句,可见对她的喜爱之情。

仅仅3年后,她便晋为令妃;又过了11年,她晋为令贵妃;又过了6年,她一跃成为皇贵妃。此时皇后那拉氏已经与乾隆皇帝彻底撕破了脸,虽然她并没有正式被废,却也是"不废而废"。魏佳氏以皇贵妃的身份统摄六宫之事,

[清]郎世宁等《心写治平图》中的孝仪纯皇后魏佳氏
(当时为令妃)

代行皇后职责长达 10 年之久。

康熙皇帝第三位皇后孝懿仁皇后佟佳氏于康熙二十年（1681）获封皇贵妃，当时康熙帝的第二位皇后孝昭仁皇后已经病逝，她以皇贵妃的身份管理后宫事务 8 年之久。但直到她病重，康熙皇帝才册封她为皇后，次日她便病逝了，可谓"一日皇后"。

孝懿仁皇后未能给康熙皇帝生育皇子，尚且都能成为"一日皇后"，魏佳氏之子永琰已然被乾隆皇帝秘密立为储君，皇后又空缺 10 年之久，可她至死都未能被正式册立为皇后，成为清朝历史上唯一一个因皇后缺位而管理后宫多年，却未能在生前被册立为皇后的皇贵妃。直到她去世 20 年之后，乾隆皇帝准备提前退位，正式册立她的儿子永琰为皇太子，此时才又想起了她，追封她为皇后。

乾隆皇帝之所以显得如此不近人情，原因是多方面的。自从富察皇后去世后，乾隆皇帝始终对她念念不忘，不想再立皇后，在母亲的劝说之下，他才册立那拉氏为第二任皇后，两人后来却发生了激烈的冲突，使得乾隆皇帝更不想再立皇后。

虽然魏佳氏的家族被抬为满洲镶黄旗，却难以改变她的汉人出身，在"首崇满洲"的清朝后宫之中，这也成为她问鼎皇后之位的最大障碍。尽管乾隆皇帝对魏佳氏极为钟爱，但对于册立汉人妃嫔为皇后，他仍旧心存顾虑。当然魏佳氏也并非野心勃勃之人，貌似平静而又安详地接受了这一切，比起康熙朝那些汉族妃嫔们，她自觉已然幸运了许多。

其实那拉皇后当初感受到的巨大威胁不过是她自己臆想出来的，如若她也如魏佳氏那般隐忍，也不至于落得郁郁而终的下场。

很多事既然无力改变，莫不如平静接受，静观其变。

第三章
后宫女子居住环境

在金碧辉煌的皇宫之中，后宫女子真实的居住环境又如何呢？我们可以通过《（雍正）十二美人图》来一探究竟。

此画究竟从何而来？画中女子究竟又是谁？史学界一直众说纷纭。根据内务府造办处《活计档》第3350号档案的记载，《（雍正）十二美人图》原本是装饰在围屏之上的一组绢画，最初放置在圆明园深柳读书堂。雍正十年（1732），雍正皇帝突然想起了这组画，下令将其从围屏上拆下重新装裱后藏于紫禁城延禧宫，这才没有葬身于英法联军的大火之中。

《（雍正）十二美人图》绘制于雍正皇帝登基前，画中女子的原型应该就是他的妻妾。当时他共有四位妻妾，分别是嫡福晋乌拉那拉氏，侧福晋年氏，格格钮祜禄氏、耿氏。格格钮祜禄氏就是后来的孝圣宪皇后，也就是乾隆皇帝的生母，雍正皇帝即位后将其册封为熹妃，后晋为熹贵妃。格格耿氏就是后来的纯懿皇贵妃，和亲王弘昼的生母，雍正皇帝在位时将其封为裕妃，乾隆皇帝即位后晋为贵妃，后晋为皇贵妃。钮祜禄氏和耿氏当时地位并不高，也不怎么得宠。

一些学者认为《（雍正）十二美人图》的人物原型是一直享受独宠的年羹尧之妹侧福晋年氏[1]，她大约于康熙五十年（1711）嫁给当时还是雍亲王的

---

[1] 高占盈、焦唯：《微探雍正皇帝的内心世界——以胤禛〈十二美人图〉为例》，《大众文艺》2016年第14期。

胤禛，直到雍正三年（1725）病逝，在14年的时间里，她先后生下皇四女、皇七子福宜、皇八子福惠与皇九子福沛，足见雍正皇帝对她宠爱之深。画中女子多为汉族装饰，因此画中女子极有可能就是年氏。不过有的学者却认为人物原型应为雍正皇帝当时的嫡福晋，也就是后来被册立为皇后的乌拉那拉氏。①

其实《（雍正）十二美人图》描绘的并非是1人，但也并非是12人，因为有的美人容貌比较相近，但有的相貌差异却比较大，应是按照数位人物原型绘制的。

受《甄嬛传》等清宫剧的影响，很多人会认为雍正皇帝终日流连于女色之中；实际上他堪称清朝历史上最为勤政的皇帝，甚至在自己生日那天都忙着工作，自然也就没有太多时间流连于后宫。

雍正皇帝嫔妃数量明显少于自己的父亲康熙皇帝，仅仅入葬康熙皇帝景陵的后妃就有55位之多，史书之中留有记载的更是多达65位；雍正皇帝能够考证的后妃只有32位，嫔以上的只有8位，剩余24位均为品级比较低的贵人、常在或答应。雍正皇帝即位后所生子女也比较少，只有皇九子福沛和皇十子弘瞻两人，他在执政的13年时间里一直比较清心寡欲！

虽然人们对《（雍正）十二美人图》的人物原型莫衷一是，却可以据此感受一下皇家女子的生活环境，她们有的对镜，有的观竹，有的观猫，有的持表，有的观鹊，有的幽思，有的观雪，有的品茶，有的缝衣，有的赏蝶，有的看花，端庄娴静，仪态不凡，体态娇弱，面目秀美，玉手纤纤，肤若凝脂，指若青葱，指甲圆润，云鬓、柳眉、凤眼、樱唇，无一处不妖娆。

---

① 杨新：《〈胤禛围屏美人图〉探秘》，《故宫博物院院刊》2011年第2期。

题诗中的秘密

[清]佚名《(雍正)十二美人图之美人展书》

　　美人端坐在色泽温润的秋葵绿釉绣墩之上，上面装饰有深浅相间的缠枝荷花纹和莲蓬纹，寓意多子多孙、子孙满堂，绣墩上放着一个深蓝色坐垫。她的左手轻轻搭在束腰方桌上，右手拿着一本书，不过此刻她却无心看书，斜视着前方，一副若有所思的样子。束腰方桌上的棂格牙子和双环卡子花使得这张方桌看上去圆润通透，也隐含着成双成对、百年好合的美好寓意。她的右侧有一个用树根制成的闲余架，透着天然去雕饰的原始美。

她的身后挂着书画条幅，上面是一幅尺寸并不大的山水画，下面画着一片绿油油的树叶，其上还题有一首诗：

樱桃口小柳腰肢，斜倚春风半懒时。
一种心情费消遣，细编欲展又凝思。

落款为"米元章"，还钤有"米芾元章之印"的朱文方印。元章是米芾的字，他与苏轼、黄庭坚、蔡襄（原本是大奸臣蔡京，因其名声不好而换成了蔡襄）合称"宋四家"。米芾的书法作品冠绝天下，不过他流传于世的诗作之中却并没有画中这首诗。

雍正皇帝所写诗文被后世整理成《世宗宪皇帝御制文集》，其中第二十六卷收录有两首《美人展书图》，其中第一首为：

丹唇皓齿瘦腰肢，斜倚筠笼睡起时。
毕竟痴情消不去，细编欲展又凝思。

上述这两首诗的文字虽略有差异，却仍旧能够辨认出应是同一首诗，只是随着时间的推移，雍正皇帝又有了新感受、新启示，对原有诗作进行了相应的修改。

由此可见，《（雍正）十二美人图》并非是雍正皇帝从别处购置，而是深度参与了这组画的创作。其实雍正皇帝故意在画中留下的印记并不止这一处。

门边的风景

［清］佚名《（雍正）十二美人图之倚门观竹》

屋内成双成对的黑漆描金绣墩，如今却孤零零地摆放在墙边，无人问津。美人头上戴着镶嵌有美玉的头箍，倚在门边痴痴地望着前方，婀娜的身态衬得园中景致愈加俏丽。

她的眼前有青翠挺拔的绿竹，娇艳欲滴的花朵，还有造型各异的花盆，不过却都难以吸引她关注的目光。心事重重的她颇有几分望眼欲穿的意味，似乎在热烈期盼着心上人能够早日前来与她相会！

落款中的玄机

身着裘装的美人腰系玉佩，坐在用天然树根制成的木榻之上，右手搭在暖带上暖着手，左手拿着清宫中颇为流行的博局镜，痴痴地望着自己在镜中的绝美容颜。

榻旁的湘妃竹凳上放着精致的蓝釉瓷杯，头上悬挂着专门盛放画轴的竹制书架。榻旁的黑漆长几上还放着一个长方形烧水壶，窗台上摆放着钧窑玫瑰紫釉葵花式花盆，盆中鲜花正吐露着芬芳。

美人身后有一座硕大的书法屏风，可以识读出来的文字为（识读不出来的文字用□表示）：

寒玉萧萧风满枝，新泉细火待茶迟。
自惊岁暮频临镜，只恐红颜减旧时。
晓妆楚楚意深□，□少情怀倩竹吟。
风调每怜谁识得，分明对面有□心。

《世宗宪皇帝御制文集》第二十六卷收录了四首《美人把镜图》，其中前两首为：

手摘寒梅槛畔枝，新香细蕊上簪迟。
翠鬟梳就频临镜，只觉红颜减旧时。

晓妆鬓插碧瑶簪，多少情怀倩竹吟。

风调每怜谁解会，分明对面有知心。

[清]佚名《(雍正)十二美人图之裘装对镜》

最耐人寻味的是画上的落款为"破尘居士"，还钤有两方印，一方为"壶中天"，另一方为"圆明主人"。"破尘居士"是雍正皇帝还是雍亲王时给自己起的别号，登基后便不再用了。"圆明主人"也是雍正皇帝的自称。康熙四十八年（1709），圆明园建成之后，身为雍亲王的胤禛便奉命管理这座皇家园林，于是便常常自称为"圆明主人"，可见《（雍正）十二美人图》描绘的应该就是雍正皇帝的身边人和身边景。

花园里的芬芳

［清］佚名《（雍正）十二美人图之立持如意》

美人头上梳着回心髻，右手持用树根制成的如意，左手靠在嶙峋的太湖石上，默默观赏着眼前诱人的景色。透过她身后的梅花窗，桌上所摆放的彩漆镶嵌螺钿的皮箱与精美的黑漆小盒清晰可见。竹篱外繁花似锦，花团锦簇，紫色、粉色、白色、红色等各色雍容华贵的牡丹花正吐露着诱人的芬芳。她手中的如意与眼前的牡丹共同勾勒出一幅"富贵如意"的美好画卷。

冬日里的景色

［清］佚名《（雍正）十二美人图之烘炉观雪》

美人头上所戴貂皮帽形似一只伏卧着的兔子，因而也被称为"卧兔儿"。她坐在紫檀架子床的床沿上，床边摆放着一个大火盆，正呼呼地吐着火舌。她左手轻轻撩开床帘，观赏着窗外的皑皑白雪，还有傲然屹立于冰雪之中的梅花与翠竹，翠竹遇寒不凋，梅花迎风绽放。梅花花分五瓣，被誉为"五福花"，有幸福、长寿与吉祥之意。

金碧辉煌中的落寞

［清］佚名《（雍正）十二美人图之倚榻观鹊》

美人倚在榻上，一边把玩着手中的合璧连环，一边观赏着窗外的一对喜鹊，不知不觉便看得有些入神了。她身后的屏风上写满了各种风格的"寿"字，寓意祥和富贵，福禄多寿。不过美人眸中却似乎挂着淡淡的幽怨，窗外喜鹊出双入对，恩爱缠绵，窗内却是她孑然一身，不禁发出"只羡鸳鸯不羡仙"的叹息之声。

宠物带来的乐趣

［清］佚名《（雍正）十二美人图之拈珠观猫》

美人坐在黑漆描金绣墩之上，其上绘有描金的竹叶纹，不刚不柔的竹子蕴含着韧性之美，也包含着多子多福的美好寓意。靠墙处立着用虬盘交错的树根制成的闲余架，一股自然之美扑面而来，旁边摆着一个小几，上面放着一座带提环把手的西洋钟。

望着两只正在嬉戏的白猫，她轻轻地转动着手中的念珠，钟声嘀嗒，猫声阵阵，时光就这样在似有若无中悄悄流逝着。

坐在文物堆里发呆

［清］佚名《（雍正）十二美人图之博古幽思》

美人坐在湘妃竹椅上垂目沉思，带着片片斑点的湘妃竹平添了些许妩媚撩人的色彩，扇状弧形坐面看上去精致而又秀丽。她的身旁摆着一张黑漆彩绘束腰长桌，桌上放着松花石砚、水注和瓷罐，身后是黄花梨博古架（也称为多宝格），其上放着古香古色的仿汝窑笔洗、郎窑红釉僧帽壶、青铜觚等精美物件，彰显磅礴大气的皇家气派，也勾勒出她喜好博古雅玩的闺中情趣。

扑面而来的西洋风

［清］佚名《(雍正)十二美人图之持表对菊》

美人梳着宫中颇为流行的须博鬓，有的是用鬓发遮盖住耳部，有的是将鬓发往后梳掩住一半耳朵再在脑后编成结，画中美人便是如此。她的手中拿着一块西洋怀表，另一只手放于黄花梨方桌之上，其上贴满了装饰有梅、兰、松、菊等精美纹饰的螺钿，各具特色的花卉纹搭配上卷草纹，使得屋内充满了春天的气息，与窗外的一抹翠竹遥相呼应，衬得她本就如花的容颜愈发俏丽。她身后的黑漆描金桌上还摆放着一座西洋浑天仪，由此可以看出她对西洋物件有着特殊的偏好。

烛光里的美人

［清］佚名《（雍正）十二美人图之烛下缝衣》

烛光摇曳，清风徐徐，梳着螺髻的美人兰指轻拈，在烛光下行针走线，却不知为何突然停了下来，低眉落目，若有所思。她所坐的黄花梨玫瑰椅选用纤细的木料，靠背与扶手转角处不露棱角，给人委婉柔和的独特美感，衬得她的身姿愈加纤细。

她的胳膊靠在黑漆彩绘连枝花草纹方桌上，桌边贴有牵牛花、打碗花纹饰的螺钿，蕴含勤劳多子、夫妻恩爱之意。她头顶上挂着黑漆并镶嵌有螺钿的方形灯笼，四面绘有仙鹤、鹿的纹饰，底部还装饰有"寿"字，窗外一只红色蝙蝠在翠竹间轻盈地飞舞，寓意"洪福将至""福禄寿全"。

树荫下乘凉

［清］佚名《（雍正）十二美人图之桐荫品茶》

美人坐在纤细圆润的宝蓝釉珐琅彩绣墩之上，左手执纱扇，右手托着豇豆红茶盏，靠在一棵茂盛的梧桐树下悠然自得地品着茶。镂空的绣墩犹如女子柔媚的小蛮腰，装饰有菊花卷草纹，衬得座上美人愈发清新淡雅。月亮门后闪现黑漆描金书架，上面摆放着各式书籍，儒雅的书香与淡雅的茶香交织在一起，汇聚成沁人心脾的馨香。

葫芦里的奥妙

［清］佚名《（雍正）十二美人图之消夏赏蝶》

湖石玲珑，翠竹青青，萱草含芳，彩蝶翩翩，美人斜倚在湘妃竹材质并包镶铜足的方桌旁，桌上放着围棋棋盘，但棋子全都安静地躺在棋盒之中。

她无心下棋，也无心赏蝶，只是用手轻轻摩挲着手中的小葫芦。葫芦因多籽而有"多子多福"之意，萱草被当时的女人们视为有助于怀孕生子的吉祥之草，她应是渴望能够早日怀上自己的孩子。

她的身后挂着一幅字，却只能见到最下面的三个字"有清音"，落款只能看到最下面两个字为"居士"，很有可能是雍正皇帝曾用过的别号"破尘居士"。

第五部分
皇帝的家人

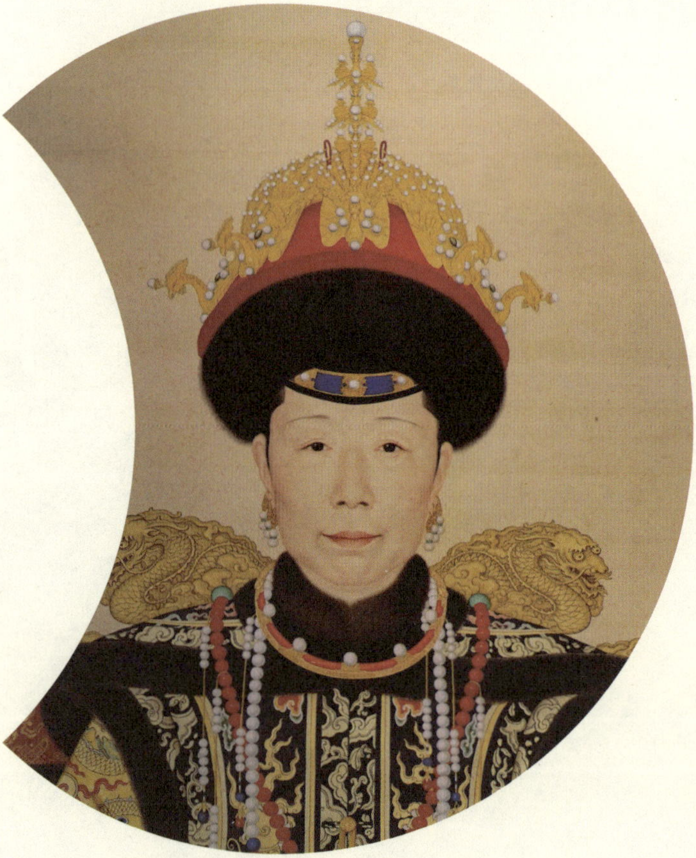

第一章
给老妈"甄嬛"过生日

皇帝母亲死得早

清朝开国皇帝努尔哈赤的母亲喜塔腊·额穆齐在他10岁的时候就去世了，继母那拉氏对他极为刻薄，因此他19岁时不得不分家单过，仅仅获得了少量家产，以挖人参、采松子、摘榛子、拾蘑菇、捡木耳为生。

清太宗皇太极的母亲叶赫那拉氏·孟古是海西女真叶赫部首领杨吉砮之女。明万历十六年（1588）九月，年仅14岁的孟古嫁给了30岁的努尔哈赤。结婚4年后，她生下了两人唯一的儿子皇太极。明万历三十一年（1603），年仅29岁的孟古便病逝了，此时她的儿子皇太极只有12岁。

康熙皇帝玄烨的母亲孝康章皇后佟佳氏出自汉军正蓝旗，应为世代生活在辽东的汉人。她于顺治十年（1653）入宫，次年生下皇三子玄烨，但无论是她自己，还是她的儿子都不怎么得宠。

玄烨还有两个哥哥，正史记载他的大哥牛钮早夭，不过也有传说他因母亲巴氏身份低微而被逐出皇宫，最终流落到武陟，因治理黄河有功被供奉在嘉应观中。他的二哥福全比他大一岁，他的母亲董鄂氏地位在佟佳氏之上，原本处于劣势的玄烨之所以能在皇储之争中胜出，是因为他曾出过天花。

满洲人世世代代生活在关外，对极为凶险的疾病天花缺乏抵抗能力，玄烨的父亲顺治皇帝因生天花去世后，皇室上下对天花恐惧万分。玄烨幼时曾生过天花，对天花有了免疫力，他的皇祖母孝庄文皇后便将他扶上了皇位。

康熙二年（1663），他的母亲佟佳氏病逝时只有23岁，此时的康熙皇帝只有10岁，此后陪伴他度过最初的执政危机的是他的祖母孝庄，因此他对祖母的感情远远超过了母亲。

嘉庆皇帝颙琰的母亲孝仪纯皇后魏佳氏以皇贵妃的身份主持六宫事务长达10年之久，尽管他的儿子已经被秘密立为储君，尽管皇后之位一直都空着，她却始终未被册立为皇后。乾隆四十年（1775），她带着些许遗憾离开了这个世界，享年49岁。此时她的儿子颙琰只有16岁，直到她去世20年之后，颙琰才被正式册立为皇太子，同时追封她为孝仪纯皇后。

道光皇帝旻宁的母亲孝淑睿皇后喜塔腊氏是嘉庆皇帝的结发妻子。乾隆三十九年（1774），15岁的喜塔腊氏嫁给皇十五子颙琰，成为他的嫡福晋；乾隆六十年（1795）九月初三，她晋为皇太子妃；嘉庆元年（1796）正月初四，她被册立为皇后。道光皇帝也成为清朝历史上唯一一个正儿八经嫡子出身的皇帝。嘉庆二年（1797）二月初七，38岁的喜塔腊氏便病逝了，此时她的儿子旻宁只有16岁，直到23年后才得以继承皇帝位。

咸丰皇帝奕詝的母亲孝全成皇后钮祜禄氏于道光二年（1822）选秀入宫，初封为全嫔，一年后，晋封为全妃；又过了一年，晋封全贵妃，升迁速度之快令人咂舌。道光十三年（1833），孝慎成皇后佟佳氏崩逝，她顺势晋为皇贵妃，摄六宫事。转年十月，她被正式册立为皇后。道光二十年（1840）正月十一，33岁的孝全成皇后去世，此时的咸丰皇帝只有10岁，他此后由恭亲王奕䜣的生母皇贵妃博尔济吉特氏抚养成人。咸丰皇帝感念博尔济吉特氏的养育之恩，先将其尊为太后，死后追封为皇后，使她成为清朝历史上唯一一个凭借养母身份当上太后的人。

由于同治皇帝载淳20岁便去世了，死后又没有儿子，因此在他之后继承皇位的光绪皇帝、宣统皇帝均是从皇族内部选拔，他们的母亲自然也就无法享有皇后名号。

光绪皇帝载湉的母亲叶赫那拉·婉贞是醇亲王爱新觉罗·奕譞的嫡福晋，也是慈禧太后的亲妹妹。婉贞虽生有四子一女，但三子一女先后夭折，唯一健在的孩子载湉如今又被送入宫中，思子心切的婉贞自此变得郁郁寡欢。母亲弥留之际，光绪皇帝获得慈禧太后批准后多次前往醇王府探视自己的母亲，但56岁的母亲最终还是走了。虽然母亲陪伴他走过了26个年头，但他从4岁登基后便住进了深宫，他的母亲从此之后只能活在思念之中，一年到头见不到儿子几面。

末代宣统皇帝溥仪的母亲瓜尔佳·幼兰是慈禧太后的亲信大学士、军机大臣荣禄之女，还被慈禧太后收为养女，19岁时嫁给载沣。载沣是道光皇帝之孙，醇亲王奕譞第五子，光绪皇帝载湉的异母弟。溥仪只当了三年皇帝便被赶下了台，幼兰再也不用像婶婶婉贞那样饱受思子之痛。

在清朝12位皇帝之中，只有7位母亲曾经亲眼见证了儿子登基称帝的那一刻，分别是顺治皇帝之母孝庄文皇后博尔济吉特·布木布泰、康熙皇帝之母孝康章皇后佟佳氏、雍正皇帝之母孝恭仁皇后乌雅氏、乾隆皇帝之母孝圣宪皇后（崇庆皇太后）钮祜禄氏、同治皇帝之母孝钦显皇后（慈禧太后）叶赫那拉氏、光绪皇帝之母叶赫那拉·婉贞、宣统皇帝之母瓜尔佳·幼兰。

她们虽是幸运的，但其中有些人是不幸的！

雍正之母暴亡之谜

孝康章皇后佟佳氏和孝恭仁皇后乌雅氏虽有幸见证儿子当上了皇帝，却都没能陪伴儿子多长时间。孝康章皇后在儿子康熙皇帝即位的第三年便去世了，孝恭仁皇后在儿子雍正皇帝即位的次年便蹊跷死去。

雍正元年（1723）五月二十二午时，孝恭仁皇后突然发病，次日子时便暴亡于永和宫，坊间纷纷传言她是被自己的儿子逼死的。

孝恭仁皇后共生有三个儿子，雍正皇帝虽是她的大儿子，却一直都由孝懿仁皇后抚养。康熙皇帝册立的两位皇后寿命都不长，第一位孝诚仁皇后赫舍里氏去世时年仅21岁，第二位孝昭仁皇后钮祜禄氏去世时只有20岁。孝懿仁皇后在孝昭仁皇后去世第三年晋为皇贵妃，虽然她是实际上的后宫之主，管理后宫长达8年之久，但直到去世前一天，她才被正式册立为皇后。

孝懿仁皇后在后宫地位虽然显赫，却只生育了一个女儿，还不幸夭折了，好在康熙皇帝将当时尚且年幼的雍正皇帝与皇八子胤禩交由她来抚养。根据内务府《口奏绿头牌白头本档案》的记载，孝懿仁皇后去世3年后，14岁的胤禛、11岁的胤禩仍旧居住在孝懿仁皇后的寝宫景仁宫，可见他们对这位养母感情之深。雍正皇帝曾说："生恩不及养恩大。"

其实雍正皇帝的生母孝恭仁皇后乌雅氏始终都未曾被夫君康熙皇帝册立为皇后，只是凭借雍正皇帝生母的身份成了太后，死后才被追谥为皇后。不过雍

［清］佚名《（康熙帝）孝懿仁皇后像》

正皇帝被孝懿仁皇后抚养多年，反而与生母乌雅氏有些生疏。乌雅氏与小儿子胤祯朝夕相伴，自然对小儿子更为偏爱。

在民间传说中，康熙皇帝暴崩之际，皇十四子胤祯身为抚远大将军，正在西北地区带兵作战。他的哥哥雍正皇帝将他从前线召回京师后便将其圈禁起来。乌雅氏得知后想要见一见自己的小儿子，不过却被雍正皇帝阻拦，乌雅氏一气之下头撞铁柱，当场气绝身亡。

胤祯在史书中被称作"允䄉"，其实康熙皇帝给儿子们取名时都带有一个"胤"字，但胤禛登基称帝后强迫诸兄弟改胤为"允"，只有他的铁杆支持者十三弟胤祥可以继续沿用本名。

［清］佚名《（康熙帝）皇十四子胤䄉像》

胤禛无疑是最惨的,不仅将"胤"字改作"允","禛"字也因与哥哥胤禛比较像而被改作"禵"。当然有的学者依据皇室玉牒(家谱)认定他本就叫作"胤禵",后来才改作"胤禛",不过这种说法却受到诸多质疑,清代原始文献中都称其为"胤禛",因此不少学者认为所谓的皇室玉牒乃是雍正皇帝事后伪造的,他改名为"允禵"纯属是被哥哥雍正皇帝强迫的。

努尔哈赤、皇太极和顺治皇帝给儿子们取的都是浓郁满洲特色的名字,名字之中并无相同的字,但从康熙皇帝开始,由于受汉族文化熏陶,通常会给儿子们取两个字的名字,第一个字往往是一样的,等到其中某人登基称帝后,并不会要求兄弟们改名,如乾隆皇帝、咸丰皇帝、同治皇帝、光绪皇帝、宣统皇帝均是如此;即便要改也是自己改名,如嘉庆皇帝永琰登基后改名为颙琰,道光皇帝绵宁即位后改名为旻宁,强迫兄弟改名的只有雍正皇帝一人而已。

胤禛虽是雍正皇帝的同母弟,但与亲哥哥并不怎么亲近,反而成为以皇八子胤禩为首的八爷党的重要一员。胤禩渐渐失去父亲宠爱之后,八爷党成员转而支持胤禛与亲哥哥胤禛争夺皇位。

雍正皇帝将亲弟弟胤禛召回北京后便将他圈禁起来,直到乾隆皇帝上台后,他才得以重获自由。上面提及的民间传说看来并非都是杜撰,不过紫禁城内却并没有发现有铁柱子的宫殿,因此乌雅氏撞铁柱而死之说似乎并不太可信。

不过依旧有不少学者认为乌雅氏并非是自然死亡而是自杀,她之所以要寻死是想与夫君康熙皇帝合葬在景陵。① 按照清朝礼制,若是在皇帝入葬前去世便可以与其合葬在帝陵中,一旦皇帝安葬之后,帝陵不得随意打开,即便是皇后也只能另行建造皇后陵。康熙皇帝将在雍正元年(1723)九月初一下葬,乌雅氏为了继续陪伴在夫君身旁不惜采取自我了断这种极端方式。

乌雅氏比康熙皇帝小6岁,于康熙十四年(1675)入宫,10年间生下三男三女,成为清朝历史上生育子女最多的皇后,足见康熙皇帝对她的宠信程度。虽然她与康熙皇帝感情很深,但因此便不惜通过殉葬来达到与康熙皇帝合葬的

---

① 徐广源:《死因不明的雍正生母》,《文史博览》2017年第2期。

［清］佚名《雍正皇帝夏朝服像》

目的，恐怕还难以令人信服，她的子女中有三人已然长大成人，其中还有一人当了皇帝，此时她已然是人生赢家，为何会万念俱灰，决意赴死呢？

其实，她去世前的诸多举动很是耐人寻味，她蹊跷暴亡的背后或许隐藏着什么不为人知的隐情。

按照礼制，新皇帝行登基大典前要先给皇太后行礼，然后再前往太和殿接受群臣们的朝拜，这是我国古代尊崇孝道的一种体现。乌雅氏却推说皇帝荣膺大位理应受贺，至于是否向我行礼又有何关系，况且如今我身着丧服，若是皇帝向我行礼，我将会心有不安，准予免去行礼。

古人对礼法都极为看重，新皇帝向太后行礼其实关系到新皇帝的合法性，因此雍正皇帝情急之下只得亲自去向母亲哀求，乌雅氏见自己实在推辞不过，也只得勉强答应，不过却提了一个要求，雍正皇帝要先到康熙皇帝灵柩前行叩拜大礼之后再来向她行礼，雍正皇帝只得乖乖照做。[1]

元旦（农历正月初一）、冬至、万寿节（皇帝、太后生日）是清宫之中最为重要的三大节日，改元雍正后的第一个元旦的重要性不言而喻。按照惯例，皇帝要率文武百官向太后行礼，然后再前往太和殿接受文武百官的朝拜，可就在这个举国欢庆的特殊时刻，乌雅氏却说："元旦尚在康熙皇帝去世百日之内，我怎么忍心接受你们的朝拜呢？"乌雅氏这番说辞再度使得雍正皇帝甚为难堪，不仅临时取消了朝拜太后这个环节，甚至连他自己在太和殿接受百官朝贺的安排都一并取消了。[2]

---

[1]《清世宗实录》卷一，康熙六十一年十一月。
[2]《清世宗实录》卷二，康熙六十一年十二月。

［清］佚名《（康熙帝）孝恭仁皇后像》

按照礼制，新皇帝要给仍旧健在的母亲上太后徽号，这本是情理之中的事，雍正皇帝为母亲拟定了"仁寿"的徽号。谁知乌雅氏却以先帝尚未入葬为由拒绝了儿子所上的徽号。[1]其实乌雅氏所言不过是个托词而已，先帝下葬通常需要很长的时间，根据之前的惯例，给太后上徽号并不用等到先帝下葬。无论是之前的康熙皇帝生母孝康章皇后佟佳氏、康熙皇帝嫡母孝惠章皇后博尔济吉特氏，还是之后的乾隆皇帝生母崇庆皇太后钮祜禄氏、道光皇帝嫡母孝和睿皇后钮祜禄氏，都在先帝入葬前上太后徽号。

对于儿子的频频示好，乌雅氏居然全都有些不近人情地回绝了。如若仅仅只是因母子关系疏远，她恐怕还不至于做得如此决绝，毕竟那是自己的亲生儿子，如今又成了至高无上的皇帝，大可不必在外人面前如此赤裸裸地显露出来。

乌雅氏每次拒绝儿子的请求均会提及过世的夫君，这既是拒绝的借口，恐怕也想借此表达内心的强烈不满。或许她已然隐隐猜出，甚至查证出康熙皇帝死亡的真相，自然对儿子大逆不道的行为怒不可遏，却又无可奈何，只得用自己的方式来进行无声的反抗。

母亲的所作所为自然令雍正皇帝大为恼火，他本就是冷酷无情之人，不过他也不至于谋害或者逼死自己的母亲。当时他立足未稳，这样做无疑将会陷入极端不利的境地，因此极有可能是母子二人因康熙皇帝之死发生了激烈争执，乌雅氏绝望之下选择了自杀，这也是她最后的抗争。

不过上述只是根据现有史料进行的合理推测，这对母子之间究竟发生了什么，恐怕永远都是一个谜。

"甄嬛"缘何是最有福的皇帝母亲

电视剧《甄嬛传》中的主人公甄嬛自然是虚构的人物，不过她却有历史原型，那就是乾隆皇帝的生母崇庆皇太后钮祜禄氏。

---

[1]《清世宗实录》卷二，康熙六十一年十二月。

康熙四十三年（1704），年仅13岁的钮祜禄氏被指婚给当时还是贝勒的胤禛，由于他的父亲凌柱只是四品典仪官，权势地位并不高，因此她初入贝勒府时只是个格格，相当于侍妾，地位低于嫡福晋和侧福晋。谁都未曾料到就是这个看似很不起眼的格格日后居然成为大清历史上"最有福的太后"。

由于光绪皇帝、宣统皇帝的母亲只是亲王福晋，平日里很难见得到自己的儿子，因此在儿子登基后能与儿子长期相处的只有昭圣皇太后、崇庆皇太后与慈禧太后三人；不过昭圣皇太后、慈禧太后与儿子的关系都不好。

年幼的顺治皇帝之所以能在激烈的皇位角逐中胜出，在很大程度上得益于纵横捭阖的母亲昭圣皇太后，可他对母亲不仅不感恩戴德，反而心生隔阂。

顺治皇帝册立的第一位皇后是母亲昭圣皇太后的亲侄女，但两人在一起生活三年之后，他便执意将其废掉，降为静妃。这位静妃也成为清朝历史上唯一一位正式被废的皇后。乾隆皇帝第二任皇后那拉氏虽被幽闭于深宫之中，形同被废，但乾隆皇帝毕竟并没有正式下诏将其废除。顺治皇帝册立的第二位皇后是昭圣皇太后娘家侄子的女儿，对于这位皇后，他居然也看着不顺眼，又动了废后的念头，想要册立自己此生最爱的女人董鄂妃。

顺治皇帝宠爱哪个妃子是他自己的事，但他采取极端方式废掉了母亲为他所选的第一任皇后，又想废掉第二位皇后，两位皇后还都是他母亲的娘家亲戚，他这么做很可能是在借机宣泄对母亲的强烈不满。董鄂妃去世后，顺治皇帝甚至想过要出家，在昭圣皇太后苦劝之下，他最终才作罢，所以在民间传说中，顺治并没有暴亡而是出家当和尚去了。

咸丰皇帝去世后，皇后被尊为母后皇太后（慈安太后），同治皇帝的生母被尊为圣母皇太后（慈禧太后）。虽然慈安太后并非同治皇帝的亲生母亲，却依旧像母亲那样无微不至地呵护着，不遗余力地疼爱着这位小皇帝，甚至比他的生母慈禧太后还要尽心尽力，因此同治皇帝对她也更为亲近，更为尊敬。

等到同治皇帝大婚时，慈安太后看中了淑静端慧、容德俱佳的崇绮之女阿鲁特氏；慈禧太后却看中了年轻俏丽、姿性敏慧的凤秀之女富察氏。同治皇帝最终选择的是慈安太后的心仪对象，这让慈禧太后很是恼火，同治皇帝大婚后，婆媳关系也一直是剑拔弩张。

末代皇帝溥仪曾在自传《我的前半生》中认为同治皇帝当时得了天花，养病期间因受到惊吓而死。

那日，同治皇帝的皇后阿鲁特氏前往养心殿探病，在床前又说起婆婆慈禧太后如何严厉地斥责她，说着说着不禁失声痛哭。见皇后哭得如此伤心，同治皇帝也很是无奈，只得劝她暂且忍着，挨着，总会等到出头之日。

他们不会想到夫妻间的悄悄话居然很快就传到了慈禧太后的耳中，就在这对苦难夫妻彼此慰藉时，慈禧太后竟怒气冲冲地闯了进来，不由分说一把便抓住皇后的头发，随即便是一顿痛打，还命人准备杖子，想要对阿鲁特氏动大刑。

本就病重的同治皇帝顿时吓得昏厥过去，慈禧太后这才有所收敛。同治皇帝的病情随后急剧恶化，很快便去世了，仅仅74天之后，年仅22岁的阿鲁特氏也不明不白地死了。

同治皇帝曾在奄奄一息之际征召自己的师傅李鸿藻入见，想要将自己的侄子溥伦过继到自己名下，由他来继承大统，不过却遭到慈禧太后的强烈阻挠，同治皇帝的愿望最终落空了。慈禧太后亲妹妹所生的醇亲王奕譞长子载湉被拥立为新皇帝，载湉既是同治皇帝的堂弟，也是他的表弟。

慈禧太后之所以不惜冒天下之大不韪也要一意孤行，是因为她有着自己的算计。此时阿鲁特氏还活着，一旦溥伦当上了皇帝，慈禧太后便会沦为太皇太后。溥伦才两岁，根本无法亲政，要么是朝臣辅政，要么是太后垂帘听政。垂帘时，溥伦名义上的嫡母阿鲁特氏无疑更有优势，这自然是慈禧太后万万无法容忍的。但若是载湉当了皇帝，局面便大不一样了，载湉继承的是咸丰皇帝的衣钵，慈禧太后可以再度垂帘听政。

无论是昭圣皇太后，还是慈禧太后，虽然都曾长期陪伴在身为皇帝的儿子身旁，但母子关系都不融洽，甚至是剑拔弩张。唯有乾隆皇帝对崇庆皇太后一如既往地孝顺，不仅常日里对母亲嘘寒问暖，悉心照顾，还时常带着母亲出去走一走，看一看，一起三登五台，三上泰山，四下江南，崇庆皇太后也成为清朝历史上出巡次数最多，出巡范围最广的太后。

心情愉悦的崇庆皇太后陪伴登基的儿子走过了42个春秋，她也成为清朝历史上最长寿的太后。她的儿子是清朝历史上，乃至整个中国历史上最为长寿的皇帝，如此相亲相爱、相伴长远的皇帝母子不仅清朝绝无仅有，即便放眼世界历史长河之中，也是极为罕见的。

为了给老妈过生日全国总动员

十一月二十五是崇庆皇太后钮祜禄氏的生日，这一天也是普天同庆的"万寿节"。每到这一日，乾隆皇帝都会前往母亲居住的寿康宫贺寿，还会指派专人到太庙去祈福。若是遇到六十花甲、七十古稀、八十耄耋整寿，祝寿活动会更为隆重热烈。

乾隆十六年（1751）冬，崇庆皇太后六十大寿之际，乾隆皇帝为了能够有一个宽敞的祝寿场所，特地将明代咸安宫修葺一新，改名为寿安宫，也希望自己的母亲能够平安长寿。此外他还在好山园旧址大兴土木，将瓮山改为万寿山，在山前建有专门为母亲祈福的大报恩延寿寺。这座重新焕发生机活

［清］佚名《（雍正帝）孝圣宪皇后（崇庆皇太后）朝服像》

力的园子被改名"清漪园",也就是后来的颐和园。无论是寿安宫,还是清漪园,其实都是乾隆皇帝送给母亲的生日礼物。

下面我们就通过《崇庆皇太后(六旬)万寿庆典图》来感受一下当时崇庆皇太后过生日时的盛大场景。

画面中的内城城门西直门门楼为五间两层三檐式建筑。与其遥遥相对的箭楼西侧面阔七间,东侧略窄,面阔五间。方形瓮城将门楼与箭楼连接在一起,瓮城上朝南开有城门,入城时先要从南面进入瓮城,再向东进入西直门。穿着红色花衣的銮仪卫校尉们两人一组举着皇帝御用伞盖正徐徐通过西直门向城内走去。

[清]张廷彦等《崇庆皇太后(六旬)万寿庆典图》中的西直门

皇帝御用仪仗队人数众多,规模宏大,在这个喜庆的日子里都穿着鲜艳的红色,有的举着伞盖,有的擎着团扇。街道两侧早已修葺一新,布设有各式精心打造的景致,大多是那些封疆大吏为了给崇庆皇太后贺寿而专门派人搭建的,包括贵州巡抚开泰、河南巡抚鄂容安、山东巡抚准泰、湖北巡抚恒文、广东巡抚苏昌、山西巡抚阿思哈、湖南巡抚杨锡绂、广西巡抚定长、甘肃巡抚鄂昌、西安巡抚陈宏谋、福建巡抚潘思榘等诸多地方大员。

画面上方为西安巡抚陈宏谋恭祝万寿处,高达两层的戏台上铺着白底装饰有红卷草纹饰的地毯,毯上摆放着铺有红色桌围的方桌。一个身穿黄色长袍、戴着白髯的老者正与穿粉绿色衣衫、手持折扇的女子唱着对台戏,旁边还有一

［清］张廷彦等《崇庆皇太后（六旬）万寿庆典图》中西安巡抚陈宏谋、福建巡抚潘思榘恭祝万寿处戏台

个穿格子衣衫的小童。画面下方为福建巡抚潘思榘恭祝万寿处，戏台之上又是敲锣，又是打鼓，看上去甚是热闹。两处戏台距离如此之近，颇有些打擂台的意味。

[清]张廷彦等《崇庆皇太后（六旬）万寿庆典图》（局部）

距离西直门不远处，高高的台基之上矗立着具有浓郁哥特式建筑风格的白色教堂模型，高耸的塔尖上绘有西洋钟表，给人高耸挺拔的感觉。这处模型应是仿照圣母圣衣教堂（俗称西堂）建造而成，西堂与宣武门南堂、西什库北堂、王府井东堂并称"京城四大教堂"。雍正朝之后，朝廷开始严格限制西方传教士在我国的传教活动，不过西洋教堂模型却出现在为崇庆皇太后祝寿的景观之中，说明乾隆皇帝对西方天主教仍旧抱着宽容态度。

[清]张廷彦等《崇庆皇太后（六旬）万寿庆典图》中的西洋教堂模型

为了营造浓厚的贺寿喜庆气氛，大街上还搭建起很多座牌楼。牌楼也被称为"牌坊"，是我国特有的一种门洞式单体建筑，时常建在宫苑、衙署、街道、寺观、坛庙、陵墓等处，具有标识、导引、分隔、装饰等多种功能。

汉军八旗搭建的这座十六柱三门牌楼顶上覆盖着绿瓦，檐顶下装饰有各色彩绸，犹如一只展翅欲飞的彩凤。虽然采用的仍是传统工艺，在设计上却也是匠心独运。

［清］张廷彦等《崇庆皇太后（六旬）万寿庆典图》中汉军八旗搭建的牌楼

街上还有一处令人眼前一亮的西洋风格牌楼，为传统的四柱三门样式，不过却用金饰镶嵌着珍珠，再用绿色材料镶边勾勒，看上去仿佛是一个巨型皇冠，颜色艳丽，造型精美。这个牌楼是陕甘总督尹继善搭建的，可见为了能博太后一笑，他真可谓绞尽脑汁，别出心裁。

[清]张廷彦等《崇庆皇太后（六旬）万寿庆典图》中的西洋王冠式牌楼

在十字街口四个方向各建有一座牌楼，与东城的东四牌楼相对，得名西四牌楼。这四座牌楼中央均题写有满文和汉文，北面、南面的牌楼写有"大市街"字样，西面牌楼写有"行义"字样，东面牌楼写有"履仁"字样，牌楼上扎满了彩绸，四角还建有形态各异的亭子。

[清]张廷彦等《崇庆皇太后（六旬）万寿庆典图》中的西四牌楼

"大市街"牌楼前方路口处的虎皮石瞭望台被别出心裁地改建成绿色西洋小教堂，顶上竖着金色十字架。

［清］张廷彦等《崇庆皇太后（六旬）万寿庆典图》中西洋教堂样式的瞭望台

街边一处带回廊的中西混搭建筑格外抢眼，回廊左侧为穹顶阁楼，右侧为盝顶阁楼，顶上竖着十字架，顶下是浓郁西洋风格的罗马柱和拱形门，穹顶阁楼上还装饰有西洋教堂中常见的玻璃花窗，但一层窗棂样式是浓郁的中式风格。

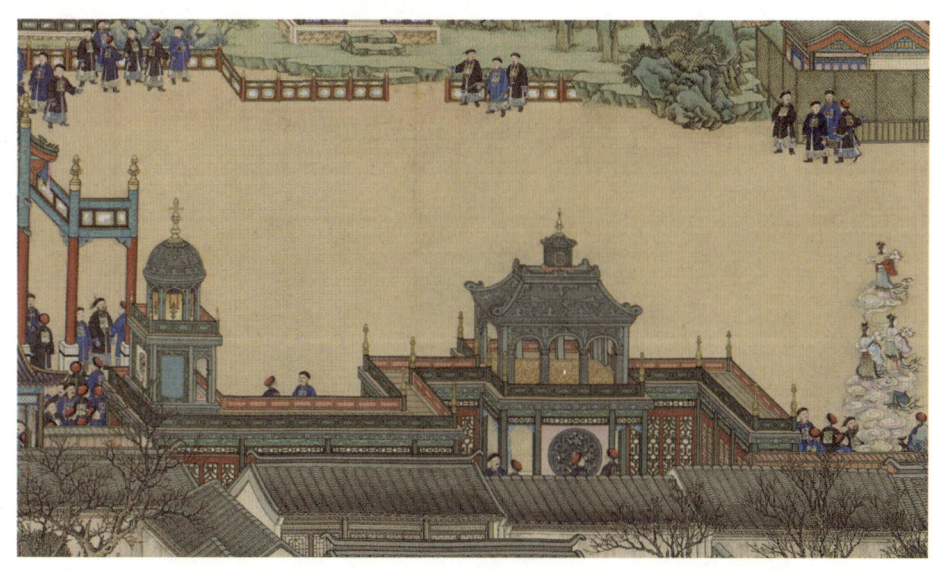

［清］张廷彦等《崇庆皇太后（六旬）万寿庆典图》中带回廊的中西混搭建筑

在蒙古八旗、汉军八旗恭祝万寿处，一座二层绿色西洋小楼也很吸引眼球。一楼有拱门拱窗，上面装饰有西洋盛行的忍冬纹；二楼为三组相互连接的格子间，中间为希腊式三角门楣，两侧为罗马式穹顶，后面则是我国传统风格的影壁墙，纹饰为忍冬纹，但正中是八卦图案。

西洋小楼左侧为蒙古八旗戏台，四角上分别站有扮成小鬼模样的演员，其中一个手持三叉戟，中央还有一个小鬼在做倒立，主角坐于桌旁，身穿黑袍，头戴黑帽，留着黑髯，正在演的应为钟馗戏。中间为汉军八旗戏台，规模要稍稍小些，演的是旦角戏。

[清] 张廷彦等《崇庆皇太后（六旬）万寿庆典图》中蒙古八旗、汉军八旗恭祝万寿处

满洲八旗恭祝万寿处戏台位于四牌楼中西面"行义"牌楼之后，比汉军八旗、蒙古八旗的戏台更为宏大，正在上演大型群仙祝寿戏，戏台后用蓝布幛子围出一个专门区域作为演出的后台，摆放着戏帽等道具。蓝布幛子之外是北京城内的普通老百姓，有卖肉的，有卖面茶的，有赶车的，有拾粪的，熙熙攘攘，热闹非凡。

[清]张廷彦等《崇庆皇太后（六旬）万寿庆典图》中满洲八旗恭祝万寿处戏台

仓场总督彭树葵、漕运总督瑚宝、陕甘总督尹继善、云贵总督硕色、闽浙总督喀尔吉善等总督级别的封疆大吏们，也都为恭祝皇太后万寿而精心营建景致。其中漕运总督瑚宝搭建的景致最有特色，从宝禅寺胡同（今宝产胡同）口开始，三十艘船头绘有鳌鱼头的帆船一字排开，顶风张帆，乘风破浪，气势磅礴。

[清]张廷彦等《崇庆皇太后（六旬）万寿庆典图》中的帆船背景墙

帆船背景墙最左侧的戏台为重檐攒尖顶建筑，戏台上铺着绿纹地毯，摆着黄色寿字纹围挡戏桌，台上为两名女角，左侧手持折扇、身穿着月白衫的女子扮的是小姐，右侧身穿深色坎肩的女子扮的是侍女。她们演的是传统剧目《牡丹亭》中"游园"这一出，在舞台上再现了杜丽娘与柳梦梅之间的爱情故事。

［清］张廷彦等《崇庆皇太后（六旬）万寿庆典图》中漕运总督瑚宝恭祝万寿处戏台

仓场总督彭树葵搭建的戏台上，三个须生坐在椅上，一个老妪端着茶盘正要给三人上茶，具体剧目已经难以考证了。

[清]张廷彦等《崇庆皇太后（六旬）万寿庆典图》中仓场总督彭树葵恭祝万寿处戏台

陕甘总督尹继善恭祝万寿处戏台建于须弥座上，正在上演的应是极为应景的《五老祝寿》。戏台上摆放着一张方桌和两把太师桌，五位老生分别穿着红色、褐色、黄色、白色、蓝色戏服，弓腰执杖，相互对揖，五老源于古代"五帝"的传说。

[清]张廷彦等《崇庆皇太后（六旬）万寿庆典图》中陕甘总督尹继善恭祝万寿处戏台

领侍卫内大臣恭祝万寿处戏台位于西安门大街与西四牌楼南街交会的丁字路口上，正在上演的也是很应景的《八仙上寿》，讲述的是王母娘娘寿诞之日各路神仙争相献礼的故事。

［清］张廷彦等《崇庆皇太后（六旬）万寿庆典图》中领侍卫内大臣恭祝万寿处戏台

团圆一家人

乾隆三十六年（1771），崇庆皇太后迎来了自己的八十大寿，这一年乾隆皇帝也已年过花甲，颇有感触地写道："六旬帝子八旬母，史策谁曾见此曾？"六旬皇帝为八旬母后庆寿，不仅在清朝历史上是绝无仅有的，即便是在我国古代历史上也是颇为罕见的，自然令千千万万的母子艳羡不已。

《崇庆皇太后八旬万寿图》描绘的是乾隆皇帝率领后妃皇子们前往慈宁宫为母亲崇庆皇太后祝寿时的场景。一座坐北朝南的黄琉璃瓦顶大殿面阔七间，最中间的明间正中设有三级台阶的台子，称为"三出陛高地平"，上面铺着黄地红花毡毯。台子前方左右两侧各摆着一盆梅花，后方两侧各摆着一盆松柏，台下两侧摆设有牡丹、水仙各两盆。

老寿星崇庆皇太后头戴冬朝冠，身着明黄色绣彩云金龙纹冬朝袍，外罩石青色绣彩云金龙纹冬朝褂，佩戴三盘朝珠，中间为东珠朝珠，两侧各斜挎着一盘珊瑚朝珠，耳饰为金龙衔珠造像。

她端坐于粉红地云鹤纹屏风前的宝座之上，面前的宴桌上摆满了各式精美甜点美食。耄耋之年的她虽看上去有些清瘦，却依旧精神矍铄。在场之人，只有她坐的椅子有靠背，包括乾隆皇帝在内的其他人坐的椅子都没有靠背。宴桌右侧方凳上坐的便是乾隆皇帝，身着明黄色冬朝袍，外罩石青色衮服。只有他与母亲坐在高高的台子之上，凸显出两人高高在上的地位。

明间东、西两侧各有3间，东一间设两列竖排座位，左侧5名女子全都身着朝服，坐在最后那人经过面容比对应为皇贵妃魏佳氏，也就是嘉庆皇帝生母孝仪纯皇后。右侧5名女子着装并不统一，其中两人身穿类似石青色吉服褂的服饰，但上面并非是吉服上该有的龙纹而是某种花卉纹，另有两人身穿红色龙袍，还有一人身穿淡绿色少数民族服饰，她们所穿应该是庆寿专用的喜庆服饰。

西一间也设两列竖排座位，右侧4名女子也全都身着朝服，最后面那人经过面容比对应为庆贵妃陆氏。在身穿朝服的9名女子之中，只有身为贵妃的陆氏与皇贵妃魏佳氏佩戴的彩帨上绣的是"五谷丰登"纹，剩余7人所佩戴彩帨上绣的均为"元芝瑞草"纹，按照礼制只有妃才能使用这种纹饰，嫔所佩戴彩帨上并无纹饰。左侧6名女子穿着也不统一，其中3人身穿类似石青色吉服褂的服饰，另有两人身穿红色龙袍，服饰最为奇特的第三人，穿的似乎是喇嘛装，经过比对应为容妃和卓氏，也就是民间传说中的"香妃"。

东二间绘有7名站立的女子，均身着石青色吉服褂，头戴吉服冠，挂着吉

［清］郎世宁等《心写治平图》中的庆恭皇贵妃陆氏（当时为庆嫔）

服珠，其中两人怀中还抱有婴儿，她们身旁还站立3个年龄稍大些的孩童，也都身穿吉服褂。他们的身后摆放着硕大的山水画插屏，其上绘有蓬莱仙境和腾云驾雾的仙女。西二间也摆放着山水插屏，站立着6名身穿吉服的女子，其中3人怀抱着幼儿。身在东二间、西二间的13名女子在宫中地位比较低，应为嫔。东尽间为暖阁，摆设着演奏中和韶乐时用的建鼓、琴等乐器；西尽间被树木所掩盖，看得并不真切。

　　殿外月台正中摆放着一张红漆描金龙长案，中间摆放着一只金光灿灿的镶宝石金盘，里面还有两把金勺。两边是一对金嵌宝石酒壶，后面是一对珐琅彩执壶，旁边是一对绿釉盖罐，再旁边是一对蓝釉荷花纹盖罐，后面是一对青釉酒注，还有酒杯、茶盏等器物。

　　长案左右不远处各站着两名身着金黄色朝服之人，应为乾隆皇帝的皇子；中间还有一穿蓝色朝服的人，应为负责此次贺寿事宜的主管官员。月台左、右最外侧各站立一名头戴三眼花翎的宫廷侍卫。

　　10个小孩正在月台上愉快地嬉戏玩耍，中间那个手持梅花正在欢快地奔跑着，以他为中心将其余9个孩子自然分隔成左、右两组。左侧那组，一个小孩手中举着一挂鞭炮，旁边那个小孩正要点燃他手中的鞭炮，后方两个小孩吓得赶忙用手捂住了自己的耳朵，还有一个小孩胆子更小，居然将自己的身子藏在长案之后。右侧那组，一个小孩手中举着一个好玩的玩具，转架上的小人可以轻盈地翻跟头，另一个小孩捧着笙，其余两个孩子站在一旁观看。

　　院中假设起黄布亭子，亭下摆放着一张红漆描金龙带托泥长桌，其上摆放着金樽、金罍、金爵、酒杯等饮酒用具，长桌之后为演奏丹陛大乐的乐队，左边12人，右边11人，身着统一样式的红色礼服，前胸、后背均装饰有方形花卉纹图案，手中拿着编磬、云锣、大鼓、笙、拍板等乐器。他们的左前方、右前方各站着两个面向他们的人，也穿着与他们一样的红色礼服，应为这支乐队的指挥。

　　与丹陛大乐乐队垂直的4列人员呈U字形排列，左边两排共计31人，均是面朝东；右边两排共计33人，均是面朝西，他们应是燕飨乐队，手中拿着筝、琵琶、三弦等乐器，还有跳喜起舞的宫廷艺人。

他们后面站着9位身着补服的官员，应为承办祝寿活动的官员；其后还有22人也身着补服，手捧着或肩扛着各式物件，应为此次祝寿活动的服务人员。

根据《清高宗实录》的记载，崇庆皇太后生日当天，乾隆皇帝率皇子、皇孙、皇曾孙、额驸等人身着彩衣，翩翩起舞，捧觞献寿，为的就是博母亲一笑。《崇庆皇太后八旬万寿图》描绘的正是跳舞之后的场景，乾隆皇帝与众妃嫔均已落座，采用侧坐姿态，犹如众星捧月般全都朝向崇庆皇太后的方向，表现出对她老人家的极度尊崇。这幅图更像是一幅皇家全家福，五代同堂，其乐融融，到处都洋溢着欢快喜庆的气氛。

第二章
皇子们可不省心

［清］郎世宁《平安春信图》（局部）

在一处景色宜人的园林内，青竹、寒梅和湖石点缀其间，画中的一老一少分别为雍正皇帝及其子弘历，后者也就是后来的乾隆皇帝。两人头上剃着满族发饰，前额上的头发全都剃掉，但穿的是阔袖长袍的汉族服饰。年轻的弘历右手轻轻扶在挺拔的青竹之上，雍正皇帝右手拿着一枝梅花，似乎正要递给身旁的弘历，弘历赶忙伸手去接，展现出一幅父子情深的美好画卷，但并非每对皇帝父子都能如画中那般和谐。

皇帝的儿子可不都是亲王

同为皇帝的儿子，因母亲地位的不同，父亲对其喜爱程度的不同，所立功勋的不同，获封的爵位也有着天壤之别。那些得宠的皇子会被封为亲王、郡王，普通皇子会被封为贝勒、贝子，那些不受待见的皇子只会被封为两公（镇国公、辅国公）和四将军（镇国将军、辅国将军、奉国将军、奉恩将军），有的甚至一辈子都未能获封。

清朝初年，封爵最看重的是战功而并非是血缘。在努尔哈赤的 16 个儿子之中，阿拜、汤古代、巴布泰、巴布海、赖慕布、费扬果等 6 人在父亲健在时始终未曾封爵，既是因为他们的母亲均是地位比较低下的庶妃，更是因为他们并没有多少军功。等到他们的兄弟皇太极称帝之后，他们的处境才渐渐有所改善。除了费扬果因犯下大罪而被削夺宗室籍外，其他 5 人陆续被封爵，不过却都是地位并不高的四将军。

皇太极的 11 个儿子之中，仅有 8 人最终长大成人，除了皇九子福临继承皇位外，只有 3 人被封为亲王。皇六子高塞初封辅国公，后晋为镇国公；皇四子叶布舒、皇七子常舒、皇十子韬塞初封仅为镇国将军，后来才晋为辅国公。

不过皇子获封低等爵位的局面后来却渐渐有所改观。顺治皇帝共有 4 个儿子长大成人，皇三子玄烨继承皇位，剩余 3 人全都获封亲王，既是"人"以稀为贵的缘故，也是因为受到儒家思想的影响，越来越看重血统。

康熙皇帝共有 35 个儿子，其中 15 个夭折，只有 20 个儿子成年，皇四子胤禛登基前曾被封为雍亲王，此外还有 8 人被封为亲王，获封亲王的皇子占成年皇子总数的 40%。在剩余 11 人之中，皇次子胤礽两度被册立为皇太子，却又两度被废，死后才被追封为理亲王；6 人获封郡王，3 人获封贝勒，1 人获封贝子，至此贝子成为皇子获封的最低封号。

在电视剧《甄嬛传》中，女主角甄嬛与果亲王爱得死去活来，感天动地，巧合的是历史上真正的果亲王胤礼的画像与电视剧中的艺术形象居然有几分相似，也是个斯文儒雅而又低调内敛之人。

除了当年坚定支持自己夺嫡的十三弟胤祥之外，在诸弟之中雍正皇帝对果亲王最好。因此在雍正皇帝去世后，他成为顾命四大臣之首，倾力辅佐刚刚即位的乾隆皇帝。

果亲王胤礼的妻妾只有两位，福晋为朝廷重臣、一等公阿灵阿之女；除此之外，还有一个侧福晋孟氏。妻妾数量如此之少的亲王在清朝并不多见，这一点也从侧面反映出他与这一妻一妾的感情很好，自然也就不会与雍正皇帝的嫔妃有染。他一生只有一子，还不幸夭折，因此雍正皇帝将自己最小的儿子弘曕过继给了他。

雍正皇帝共有 10 个儿子，不过成年皇子却只有 4 人，皇三子弘时在成年诸子中年龄最长，不过却因年少放纵而不慎触怒了父亲，最终被削夺宗室身份，什么爵位也没有。在剩余 3 人中，皇四子弘历被封为宝亲王，后登基成为乾隆皇帝，皇五子弘昼封和亲王，皇六子弘曕因过继给果亲王胤礼降爵袭封果郡王。

乾隆虽有 17 个儿子，却只有 10 位皇子活到了成年，其中两位生前并未册封。皇长子永璜在乾隆皇帝第一位皇后孝贤纯皇后的葬礼上并未表现出应有的悲痛之情，乾隆皇帝发现后怒不可遏，当即表示绝不会让这种不孝子来继承皇位。永璜没有想到仅仅是哭得不够卖力便彻底断送了自己的政治前途，仅仅 23 岁便郁闷而死，死后才被追封为定亲王。皇十二子永璂的母亲，也就是乾隆皇帝第二位皇后那拉氏，在南巡途中与乾隆皇帝发生激烈争执，一怒之下居然剪掉了自己的头发，乾隆皇帝也就此与她恩断义绝，将其幽禁于翊坤宫后殿，形同被废。乾隆皇帝对永璂颇有些"恨屋及乌"的意味，他终身都未曾获封，死后才被追封为贝勒。在剩余的 7 位皇子中，包括曾被封为嘉亲王的嘉庆皇帝颙琰在内，共有 6 位皇子获封亲王，唯有皇四子永珹因过继给履亲王胤裪而降爵

［清］佚名《（康熙帝）皇十七子果亲王胤礼像》

［清］佚名《（雍正帝）皇五子和亲王弘昼像》

袭封履郡王，但死后也被追封为亲王。

从嘉庆朝开始，皇子数量开始大幅减少，尊贵程度自然日益凸显出来。嘉庆皇帝只有5个儿子，其中还有一个不幸夭折，剩余4个成年皇子之中，除了皇二子旻宁继承皇位外，其他3位皇子全都被封为亲王。

道光皇帝共有8个儿子，皇长子奕纬在父亲登基前被爷爷嘉庆皇帝封为贝勒，父亲即位后却并未为其晋爵，死后才被追封为隐志郡王。皇四子奕詝后来登基成为咸丰皇帝，剩余7位皇子之中，3位被封为亲王，两位被封为郡王，即便两个夭折的皇子也被追封为郡王；可见皇子最低获封郡王已经成为政治惯例。

咸丰皇帝只有两个儿子，其中一子还夭折了，这个硕果仅存的儿子就是后来的同治皇帝，同治皇帝及其后来的光绪皇帝和宣统皇帝均无子嗣。

清朝皇子所获封爵情况

	夭折	即皇帝位	获封亲王	获封郡王	获封贝勒、贝子	获封公	获封将军	生前未获封
努尔哈赤诸子	无	皇八子皇太极	四人，分别为代善、阿济格、多尔衮、多铎。	阿巴泰	三人，分别为褚英（贝勒）、莽古尔泰（贝勒）、德格类（贝勒）。	二人，分别为塔拜、巴布泰。	四人，分别为阿拜、汤古代、巴布海、赖慕布。	费扬果
皇太极诸子	三人，分别为洛格、洛博会、皇八子。	皇九子福临	三人，分别为豪格、硕塞、博穆博果尔。	无	无	四人，分别为叶布舒、高塞、常舒、韬塞。	无	无
顺治皇帝诸子	四人，分别为牛钮、皇四子、奇绶、永干。	皇三子玄烨	三人，分别为福全、常宁、隆禧。	无	无	无	无	无

续表

	夭折	即皇帝位	获封亲王	获封郡王	获封贝勒、贝子	获封公	获封将军	生前未获封
康熙皇帝诸子	十五人，分别为承瑞、承祜、承庆、赛音察浑、长华、长生、万黼、胤禶、胤祚、胤禑、胤禨、胤祄、胤禝、胤禐。	皇四子胤禛	八人，分别为胤祺、胤祐、胤禩（后夺爵）、胤禟、胤祥、胤禄、胤礼、胤祕。	六人，分别为胤禔（后降为贝子）、胤祉（后夺爵）、胤䄉（后降为辅国公）、胤禶、胤禑、胤禧。	四人，分别为胤禟（贝子，后夺爵）、胤祎（贝勒）、胤祜（贝勒）、胤祁（贝勒）。	无	无	废太子胤礽（死后追封为理亲王）。
雍正皇帝诸子	六人，分别为弘晖、弘盼、弘昀、福宜、福惠、福沛。	皇四子弘历	弘昼	弘瞻	无	无	无	弘时
乾隆皇帝诸子	七人，分别为永琏、永琮、皇九子、皇十子、永璟、永璐、皇十六子。	皇十五子颙琰	五人，分别为永琪、永瑢、永璇、永瑆、永璘。	二人，分别为永珹（死后追封亲王）、永璋。	无	无	无	二人，分别为永璜（死后追封为亲王）、永瑆（死后追封为贝勒）。

续表

	夭折	即皇帝位	获封亲王	获封郡王	获封贝勒、贝子	获封公	获封将军	生前未获封
嘉庆皇帝诸子	皇长子	皇二子旻宁	三人，分别为绵恺、绵忻、绵愉。	无	无	无	无	无
道光皇帝诸子	皇次子奕纲、皇三子奕继	皇四子奕詝	三人，分别为奕誴、奕䜣、奕譞。	二人，分别为奕詥、奕譓。	奕纬（贝勒）	无	无	无
咸丰皇帝诸子	皇次子	皇长子载淳	无	无	无	无	无	无

清朝亲王最大的特点就是封而不建，并不像明朝藩王那样拥有自己的领地并在领地之上开府，因此亲王、郡王们的府邸都建在北京城，这也使得北京形成了浓郁的王府文化。其实唐宋时期的亲王也没有封地，但王号往往依旧会带有地名，比如唐太宗李世民即位前获封秦王，秦就是个古地名，指的是以西安为中心的关中地区；宋太宗赵光义即位前获封晋王，晋也是个古地名，指的是今山西地区。

宋朝开始出现了不带地名、只带有吉祥徽号的亲王，如宋徽宗赵佶即位前获封端王，这个"端"字指的就并非是地名，只是蕴含着美好寓意。清代的亲王、郡王几乎都改用此种方式命名，如睿亲王多尔衮、雍亲王胤禛（雍正皇帝）、宝亲王弘历（乾隆皇帝），睿、雍、宝均为褒扬之意。

清朝亲王还有一个与前代不同之处，之前的亲王只称"王"，比如秦王李世民、燕王朱棣（明永乐皇帝），绝对不会称为秦亲王或者燕亲王，清代却称为"亲王"而不称为"王"。这是因为之前的亲王都是单字王，如秦王、燕王；郡王都是双字王，如唐太宗第三子李泰由魏王降为东莱郡王。但清朝打破这个规律，单字王既有可能是亲王，也有可能是郡王，如履郡王永珹、果郡王弘瞻；双字王虽多是郡王，也有亲王，如承泽亲王硕塞。因此，列明王的等级就是必须的。

亲王诸子之中只能由一子来继承父亲的爵位，称为"袭封"，但袭封之人所获爵位通常要降一等，也就是降为郡王。乾隆朝出台了降爵的限制性规定，亲王降至镇国公后便不用再降，郡王降至辅国公后便不用再降。除了袭封的儿子外，其他的儿子到了二十岁也具备了封爵的资格，但究竟何时会被册封，要看皇帝对他们的态度。亲王嫡福晋所生嫡子通常会被封为不入八分辅国公，亲王侧福晋子所生庶子通常会被封为二等镇国将军，亲王的妾婢所生庶子通常只会被封为三等辅国将军。

不过也有极少数王爷可以"世袭罔替"，袭封时并不用降等，主要是在清朝创立过程中曾立下极大功勋的皇室成员，包括努尔哈赤第十四子睿亲王多尔衮、努尔哈赤第二子礼亲王代善、努尔哈赤侄子郑亲王济尔哈朗、努尔哈赤第十五子豫亲王多铎、皇太极长子肃亲王豪格、皇太极第五子承泽亲王硕塞、礼亲王代善长子克勤郡王岳托、礼亲王代善之孙顺承郡王勒克德浑共8家，这八家的子孙可以世世代代袭封亲王或者郡王，并不用降等，俗称"铁帽子王爷"。此后，又先后新增了4家，分别是康熙皇帝第十三子怡亲王胤祥、道光皇帝第六子恭亲王奕䜣、道光皇帝第七子醇亲王奕譞、乾隆皇帝第十七子永璘之孙庆亲王奕劻，铁帽子王爷也至此增加到了12家。

皇子成年后便要离开皇宫独立生活，除了册封爵位之外，皇帝通常还会赐予府邸，称为"分府"。清朝刚刚入关时，北京城内可供分配的府邸比较多，皇帝通常会直接赏赐给皇子一套大府邸，但康熙、雍正、乾隆三位皇帝的儿子都不少而且全都扎堆待在北京，适合充作王府的宅邸自然变得越来越少。皇帝只得对府邸进行调换，之前册封的亲王、郡王们子孙的爵位降低了，当下居住的府邸与爵位不再相称了，于是要求他们将府邸腾出来分配给那些将要分府的皇子们居住，再给他们调换面积小一些的府邸。

清朝皇子分府的独特之处在于涉及分旗，入关前皇子只会在上三旗分旗，但入关后将分旗的范围扩大到了下五旗。亲王、郡王的分配标准为满洲佐领6人、蒙古佐领3人、汉军佐领3人；贝勒的分配标准为满洲佐领3人、蒙古佐领1人、汉军佐领1人，还会赏赐太监、庄园丁户、日常生活丁户、护卫甲兵等各类人丁户，从而保障皇子们的日常生活，此外还会派遣管理王府事务的长史等官员。

清人对迁居的时辰也都非常讲究，皇子在移居新府邸之前，由钦天监来选择良辰吉日安奉神位，立杆祭祀。皇子住进王府之后，才算真正地长大成人。

皇子们的野心

为了江山永固，社稷常青，皇帝们都很注重接班人的培养，但也给他们带来了无穷无尽的烦恼。

清太祖努尔哈赤创建后金后便开始尝试培养汗位继承人，最初选定了长子褚英，但被父亲寄予厚望的褚英并不怎么争气。

狂妄自大的褚英不仅与诸兄弟矛盾重重，与额亦都、费英东、何和礼、安费扬古和扈尔汉等"开国五大臣"也是隔阂不断，因此不断有人在努尔哈赤面前告他的黑状。辽阳大战时，他因贪杯贻误军机而被解除兵权，之后却不思悔改，反而开始怨恨自己的父亲。在父亲率兵出征时，他居然暗中对天焚香，诅咒父亲死在战场上。努尔哈赤得知此事后自然是怒不可遏，随即将褚英圈禁起来。褚英最终被父亲下令处死，年仅36岁。

褚英死后，努尔哈赤开始着力培养次子代善，风光无限的代善名列四大贝勒之首。就在代善踌躇满志时，他却被人告发与努尔哈赤大妃阿巴亥偷情。阿巴亥比努尔哈赤小31岁，甚至比代善还要小7岁，与代善也算是年貌相当。这个桃色新闻一出，阿巴亥当即被努尔哈赤休掉，但等气消了，又将她迎了回来。不过代善却主动退出了储位争夺战，此后变得低调而又内敛，却也因祸得福，在最初的八家铁帽子王爷之中，他们一家便占据了三席之地。

努尔哈赤自此之后变得心灰意冷，不再尝试培养新的接班人，在他突然去世后，他的儿子们对汗位展开了激烈争夺。最终皇八子皇太极脱颖而出，不过

［清］佚名《礼亲王代善像》

他的十四弟多尔衮却一直对此耿耿于怀：既然他的汗位是夺来的，那么旁人自然也能夺去。

皇太极先当大汗，后登基称帝，总共在位17年，却一直没有册立皇太子。等到他突然去世后，他的两个弟弟多尔衮、多铎与他的长子豪格围绕帝位展开了激烈的角逐，在孝庄文皇后的积极斡旋之下，双方都各让一步，皇太极第九子福临继承皇位。

顺治皇帝福临执政18年，虽然在位时间不算短，但即位时只是个6岁的孩子，去世时也仅有24岁。由于皇子们当时都还小，他自然也就没有册立皇太子。驾崩前一日，他才下诏命年仅8岁的皇三子玄烨继位。

清朝前朝的皇位继承可谓杂乱无序，一旦处理不当，极易引发内部争斗，因此康熙皇帝仿效汉族制度，开始册立皇太子，谁知却引发了更为激烈的争夺。

康熙十四年（1675），康熙皇帝册立年仅两岁的胤礽为皇太子。胤礽是孝诚仁皇后所生，为康熙皇帝的嫡长子，不过却并非是皇长子，皇长子胤禔虽比他年长，他的母亲却并非皇后，只能眼睁睁看着太子之位被弟弟胤礽夺了去。随着皇子们日渐长大，他们的野心也渐渐暴露出来，斗争也变得越来越尖锐。

皇长子胤禔的母亲惠妃那拉氏是权臣明珠的堂妹。明珠为武英殿大学士、太子太师，为了与索额图争权，不遗余力地支持胤禔夺嫡。胤礽的母亲孝诚仁皇后赫舍里氏在生下他的当年便不幸去世了，不过孝诚仁皇后的叔叔索额图却一直位高权重，曾辅佐康熙皇帝计擒鳌拜，平定三藩，出征准噶尔，官至保和殿大学士、议政大臣、领侍卫内大臣，获封一等公。

胤礽与胤禔的皇储之争渐渐演变为索额图与明珠的权力之争。康熙二十六年（1687）冬，明珠因贪财纳贿而遭到弹劾，康熙皇帝顺势罢免了明珠官职，交给侍卫处酌情留用，不久后，明珠追随康熙西征噶尔丹，很快便得以复出，不过在此后20年里，却再也没有得到重用。

不过胤礽政治上的靠山索额图后来也倒台了。康熙四十二年（1703）五月，胤礽的叔外祖父索额图被幽禁于宗人府，四个月后，康熙皇帝下旨将其赐

［清］佚名《（康熙帝）废太子胤礽像》

死；他的同党或被杀，或被拘禁，或被流放，他的两个儿子也一同被处死。除与沙俄签订《尼布楚条约》外，索额图平生最为得意的那些事也就此被康熙皇帝全盘否定。

康熙四十七年（1708），在木兰围场布尔哈苏行宫之中，康熙皇帝以皇太子胤礽"不法祖德，不遵朕训，惟肆恶虐众，暴戾淫乱"为由，下诏废黜了他的皇太子之位，那些觊觎皇位的皇子们顿时变得跃跃欲试。

皇长子胤禔眼见着父亲对自己始终不冷不热，不远不近，却对皇八子胤禩甚为喜爱，于是转而大力支持由胤禩夺嫡。胤禩的母亲觉禅氏是满洲正黄旗包衣之女，在后宫之中地位低下，因此他出生后便交由他人来抚养，胤禔生母惠妃与孝懿仁皇后都曾抚养过他。也正因为这层关系，胤禔与胤禩的关系一向亲密。胤禔曾对父亲说"术士张明德尝相胤禩必大贵"，又说愿意为父除掉废太子胤礽，谁知却遭到父亲的严厉训斥，也就此对此前颇为器重的胤禔起了戒心。

恰在此时，同样怀揣着夺嫡之心的皇三子胤祉向父亲揭发胤禔勾结术士大搞魇镇之术，企图谋害废太子胤礽，还出示了相关物证。龙颜大怒的康熙皇帝将胤禔以及与他关系亲密的胤禩一同圈禁起来，不过后来又将胤禩释放。

胤祉先被封为诚郡王，后晋为诚亲王，画像中的胤祉所穿补服上所绣虽为五爪龙，但按照礼制应为圆形补子。他所穿补服上是一种内圆外方的特殊形制的补子，这种补子此后便不再使用了。

康熙四十八年（1709）三月，康熙皇帝眼见着诸子夺嫡使得政局日趋混乱，于是再度册立胤礽为皇太子。可这不仅没能平息争端，反而使得原有矛盾更趋尖锐。

康熙皇帝突然撤换了步军统领（相当于卫戍总司令）托合齐，让隆科多来接任，后来又当着众人的面质问刑部尚书齐世武、兵部尚书耿额是否与太子胤礽结党。审理户部尚书沈天生串通属下贪污受贿一案时，查明刑部尚书齐世武受贿3000两，步军统领托合齐受贿2400两，兵部尚书耿额受贿1000两。对于清朝的部级高官而言，他们受贿数额并不大，但三人全都被判处绞监候，秋

［清］佚名《（康熙帝）皇三子胤祉像》

后处决。

　　三人实在受刑不过，只得供述出皇太子胤礽曾经倾力结交他们，想要借助他们手中权势帮助他尽早即皇帝位。康熙皇帝下诏再度废了胤礽的皇太子之位，重新将他圈禁起来，他至死都未能再重获自由。

　　惨烈的政治斗争使得皇三子胤祉心生恐惧，主动退出了皇位争夺战，但皇四子胤禛却适时地主动加入进来。他原本依附于太子胤礽，在胤礽首次被废后，他曾主动为胤礽求情，但看到胤礽再度被废后，胤禛意识到胤礽绝无复立的可能，于是便开始秘密结党，觊觎储位。皇十三子胤祥等人相继加入四爷党。此前的太子党与长子党之争渐渐演变为四爷党与八爷党之争，但斗争才刚刚开始，皇八子胤禩便不幸率先出局了。

　　康熙五十三年（1714）十一月二十六，康熙皇帝前往热河，皇八子胤禩照例本应服侍在父亲身旁，不过却碰巧赶上母亲觉禅氏去世两周年的祭日。于是他先去祭奠母亲，并未及时前往皇帝处请安，只是派了贴身太监向父亲禀明缘由，还特地挑选了两只上等海东青送给父亲，谁知却给自己惹来了滔天大祸。

　　康熙皇帝饶有兴致地前来观看胤禩进献给自己的海东青，却发现它们居然奄奄一息，于是认定胤禩是想要借此来诅咒自己。其实，胤禩即便对他心有不满，也万万不敢如此明目张胆地诅咒他，因此很有可能是有人从中动了手脚，想要借此来诬陷他，但此时的康熙皇帝已然被愤怒蒙蔽了双眼，当即征召诸皇子前来，当众责骂胤禩"系辛者库贱妇所生，自幼心高阴险"。

　　清朝皇帝会将犯了大错的大臣及其父母妻子儿女打入"辛者库"，胤禩的母亲本是满洲正黄旗包衣，康熙皇帝这番话不仅羞辱了胤禩，还连带羞辱了他出身并不高的母亲。胤禩遭此番打击之后一蹶不振，一病不起，甚至还一度羞于见人。

　　胤禩虽深知自己争嫡无望，但也意识到自己已然无法全身而退了，于是转而支持与他一向亲密的皇十四子胤祯（后改名为允禵）。胤祯虽是皇四子胤禛

［清］佚名《（康熙帝）皇八子胤禩像》

的同母弟,却与胤禵更为亲近。此时正值胤禵春风得意之时,八爷党的皇九子胤禟、皇十子胤䄉也加入支持胤禵的阵营之中。

[清]佚名《(康熙帝)皇十四子胤禵夫妇像》

［清］佚名《（康熙帝）皇九子胤禟像》

［清］佚名《（康熙帝）皇十子胤䄉像》

康熙六十一年（1722），康熙皇帝暴崩于畅春园，死得极为蹊跷，极有可能是在生病期间被胤禛谋害。此时的皇十四子胤禵正远在西北地区领兵御敌，留在京城的胤禛自然是近水楼台先得月。

康熙皇帝的近臣步军统领隆科多虽是两人的舅舅，却与胤禛关系更好，走得更近，他当众宣布了康熙皇帝所谓的遗诏，胤禛得以继承皇位，成为雍正皇帝。这场旷日持久而又惨烈异常的九子夺嫡大戏这才彻底落下了帷幕，由此带来的深深的政治裂痕却久久都难以弥合。

秘密立储制度

雍正皇帝是夺嫡之战的亲历者，自然不希望父子猜忌、兄弟相残的家庭悲剧再度上演。于是实行秘密立储制度，并不公开册立太子，而是将立储诏书放入镉匣密封后放置于乾清宫正大光明匾额的后面，等到皇帝奄奄一息或者突然去世后才能开启。

册立太子号称"定国本"，即便至高无上的皇帝有时也要受制于各方牵制，难以一手遮天。但秘密立储制度建立后，皇帝却可以乾纲独断，朝廷重臣在太子问题上的发言权就此被彻底剥夺，轻易不敢攀龙附凤，结党投机。皇子们也就不会像之前那样针锋相对地进行储位争夺战，搬弄是非、制造事端、造谣陷害的阴谋渐渐变为彰显品德、展示才干的阳谋，那些并不怎么得宠的皇子也不会轻易自暴自弃。由于太子人选并未正式对外公布，皇帝还可以随时更换，且不会像康熙朝两度废太子那样在朝野上下引发轩然大波，父子争权、互相猜忌、反目成仇的悲剧也就不会再上演。

秘密立储制度实施之后，两立两废的胤礽也就此成为清朝历史上第一个皇太子，也是最后一个真正意义上的皇太子。皇帝会在事先写好的立储诏书上写明册立哪位皇子为皇太子，但等到诏书被打开时，皇帝要么已经离世，要么已经奄奄一息，成为皇太子的皇子很快便会登基称帝。

雍正十三年（1735）八月二十三，五十八岁的雍正皇帝突然驾崩，内侍们赶紧取出雍正皇帝生前所留诏书，九月初三，弘历便在太和殿即皇帝位。

乾隆六十年（1795），已然 85 岁高龄的乾隆皇帝决意履行当初的承诺，在位时间绝不会超过自己的爷爷康熙皇帝，于是开始为提前退位做准备。他于九月初三正式公布立储密旨，册立皇十五子颙琰为皇太子。次年正月初一，颙琰举行登基大典，他虽然只当了四个月的皇太子，却也成为实施秘密立储制度之后时间最长的皇太子。

嘉庆二十五年（1820）七月，嘉庆皇帝巡幸热河时突然驾崩，御前大臣赛冲阿等人当众打开藏在正大光明匾额之后的镡匣，正式册立旻宁为皇太子。次月，旻宁在太和殿登基，仅仅当了不到一个月时间的皇太子。

［清］佚名《道光皇帝朝服像》

道光三十年（1850）正月十四，道光皇帝的病情突然加重，赶忙派人去取立储遗诏，上写"皇六子奕䜣封为亲王，皇四子奕詝立为皇太子"，并附有相应的满文。中午，道光帝便驾崩于圆明园慎德堂内。正月二十六，皇太子奕詝正式即位，仅仅当了十二天的太子。

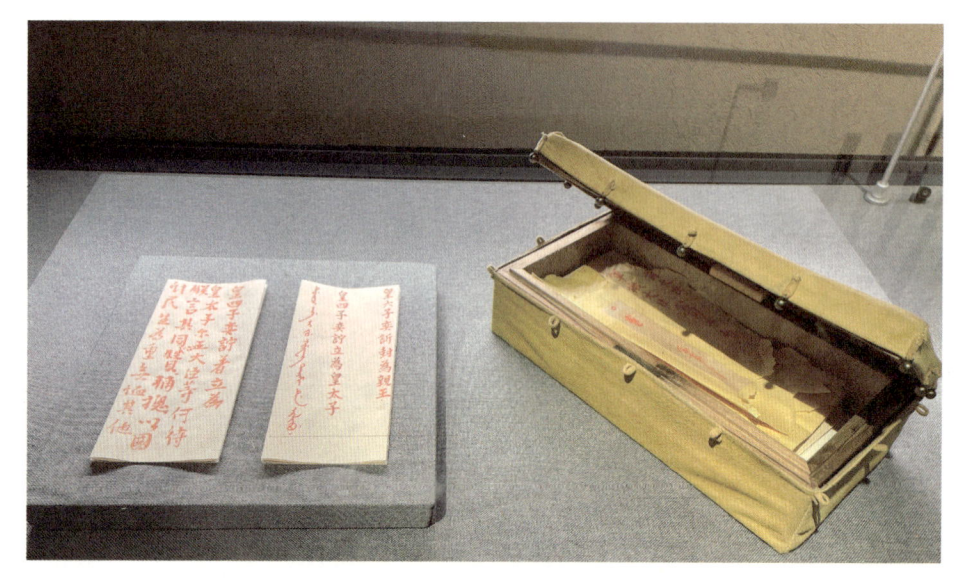

道光皇帝的立储密诏

咸丰皇帝只有两个儿子，其中一个还夭折了，只能由独生子载淳来即位，此时的秘密立储制度已经失去了存在的价值。此后即位的光绪皇帝、宣统皇帝与前任皇帝既不是父子，也并非由前任皇帝指定，完全由慈禧太后一手操办，秘密立储制度也就此走到了历史的尽头。

第三章
皇帝的贴心"小棉袄"

皇帝的女儿其实并不叫"格格"

受清宫剧的影响,很多人会误以为皇帝的女儿会被称为"格格"。"格格"是满语的译音,为小姐或姐姐之意。清太祖努尔哈赤只称"大汗"而并不称皇帝,他的女儿的确曾被称为"格格",但不仅仅是他的女儿,贝勒的女儿,甚至其他贵族家庭的未嫁之女也会被称为"格格",并非是皇帝女儿的专属称谓。

皇太极登基称帝后将国号由"金"改为"清",仿效明朝体制册封自己的女儿为"公主",从那时起皇帝的女儿便不再被称为"格格"。

顺治十七年(1660),格格被正式分为五等:亲王正室所生之女通常会被封为和硕格格,给予郡主的封号;侧室所生之女降两等,给予郡君的封号。世子、郡王正室所生之女通常会被封为多罗格格,给予县主的封号;侧室所生之女降两等,给予县君的封号。贝勒正室所生之女也会被封为多罗格格,给予郡君的封号;侧室所生之女降两等,给予乡君的封号。贝子正室所生之女通常会被封为固山格格,给予县君的封号;侧室所生之女只称宗女,并无封号。镇国公、辅国公正室所生之女通常会被封为格格,给予乡君的封号;侧室所生之女不授封。可见格格只是亲王等皇室宗亲所生之女的称号,并不包括皇帝的女儿。

清朝历代皇帝共计生有 82 位皇女，此外还有 12 位亲王、郡王、贝勒之女被皇帝收为养女并获得公主封号，因此清朝共有 94 位公主。关于清朝皇女的具体数量，学术界曾有过争议，主要是因为清朝初期多位公主曾经有过改嫁的经历，史书又对此遮遮掩掩，很容易出现重复计算的情形。

《清史稿·图尔格传》记载，清初重臣额亦都第八子图尔格，也就是康熙朝四大辅政大臣之一遏必隆的哥哥，曾迎娶清太祖努尔哈赤之女，但《清史稿·公主传》中并未记载他娶的是哪位公主，这是因为努尔哈赤第四女穆库什的婚姻经历颇为坎坷。她先嫁给乌拉部贝勒布占泰，不过却遭到丈夫的残酷虐待，其父努尔哈赤一怒之下剿灭了乌拉部。此时她只有 19 岁，后来又改嫁重臣额亦都，比额亦都小 33 岁，两人仅仅在一起生活了八九年的时间，垂垂老矣的额亦都便去世了。她之后又嫁给了额亦都之子图尔格。这也是史书对图尔格娶公主之事遮遮掩掩的原因，实际上布占泰、额亦都、图尔格娶的是同一位公主。

太祖努尔哈赤第二女嫩哲于天命元年（1616）下嫁沾河部扬书之子达尔汉，因此也被称为"沾河公主"，此时她居然已经 30 岁了。努尔哈赤诸女结婚时间都很早，一般十几岁便嫁人，清代出嫁年龄最小的公主是努尔哈赤的长女，下嫁时只有 11 岁。嫩哲结婚如此之晚是因为她此前结过婚。初婚时嫁给了伊拉喀，但伊拉喀因两人感情不和而将其休掉，后来才嫁给达尔汗。她的前夫在她再婚的次年便获罪被杀[①]，因此下嫁给伊拉喀、达尔汗的均为同一人。

其实公主改嫁并非上述两例，努尔哈赤的 8 个女儿之中，居然有 3 个都有过改嫁的经历。第三女莽古济先下嫁海西女真哈达部贝勒吴尔古代，后改嫁给蒙古敖汉部琐诺木杜凌。

皇太极的女儿也有改嫁的情形：第二女固伦温庄公主马喀塔先嫁蒙古察哈尔部林丹汗之子额哲，再嫁额哲的弟弟阿布鼐；第五女固伦淑慧长公主阿图先嫁努尔哈赤养女和硕公主荪岱的额驸恩格德里之子索尔哈，后改嫁给蒙古巴林

[①] 《满文老档》。

部辅国公色布腾。

不过，清朝入关后，受儒家理学思想影响，公主没有再出现改嫁的情形，即便丈夫很早便去世了，他们也只能在余生为其守寡。

清太宗皇太极改国号为清后仿照汉族传统完善宗室制度，也就是从这时起，皇女们开始被册封为公主，中宫皇后所生之女会被封为"固伦公主"，嫔妃所生皇女以及宫中抚养的宗室女只能被封为"和硕公主"，不过当时只有固伦公主、和硕公主之别，公主们并无封号。清军入关后，顺治皇帝福临开始仿照明朝旧制开始为公主们加封号。

公主受册封的时间并不固定，有的在婚前，但绝大多数是在婚后，先请旨钦定公主品级，下嫁后再举行册封仪式。公主册封仪式正使通常会从领侍卫内大臣（正一品）或与其同级的官员之中选择，副使通常从礼部满洲侍郎（从二品）、内阁满洲学士（从二品）或翰林院满洲掌院学士（从二品）中挑选钦定。册封公主时所用之"册"起初是纸册，入关后改为金册，不过到了咸丰朝因财政紧张，黄金短缺，又改为银质镀金。

清朝有个很奇怪的现象，清朝皇帝的 12 位养女全都被封为公主，其中有 3 位还被封为固伦公主，但皇帝的亲生女儿之中有人只获封品级很低的封号，或者一辈子都不曾被册封。

努尔哈赤共有 8 个女儿，还有两个养女。长女是正式册封的固伦端庄公主，第三女莽古济虽然未行册封礼，却享受固伦公主的待遇；第二女、第四女、第八女、大养女、二养女（实际是养孙女）均被封为和硕公主；但第五女、第六女什么封号也没有便匆匆将其下嫁，第七女虽有封号，却是地位很低的乡君，三人的母亲均是努尔哈赤的庶妃，家世不显赫，本人也不怎么受宠，所以才会受到如此冷落。

皇太极的第九女、第十三女也没能获得封号，第十女仅仅被封为县君，第十二女被封为最低一等的乡君。除第九女外，其他三人的母亲都是出身卑微的庶妃。第九女的母亲是来自蒙古扎鲁特部的博尔济吉特氏，入宫后被皇太极立为东宫福晋，不过随着宸妃海兰珠以及林丹汗两位遗孀的入宫，她日渐受到冷落，与皇太极的关系也变得愈加紧张，以至于第九女刚刚出生十天，她便被皇太极休弃出宫，所以第九女最终连个封号都没有。

不过从顺治朝开始，成年皇女都会被册封为公主，即便是那些不幸夭折的皇女，有的也会被追封为公主，如嘉庆皇帝第五女被追封为慧安和硕公主、第九女被追封为慧愍固伦公主；道光皇帝长女被追封为端悯固伦公主，第三女被追封为端顺固伦公主。

在此期间只有一个特例，雍正皇帝唯一成年的女儿最初只被封为郡君，出嫁时才晋为郡主。这是因为当时他的父亲还未登基，只是雍亲王，她的生母也只是雍亲王府中的侧福晋，她被封为郡主已属格外开恩了。不过，雍正皇帝登基称帝后还是追封她为和硕怀恪公主。

至于皇女究竟是会被封为固伦公主，还是被封为和硕公主，虽说皇太极制定了相关的规定，但后世皇帝们并未严格执行，只要是欣赏青睐之人，即便是妃嫔所生，甚至是养女也会被封为固伦公主。

乾隆皇帝第十女固伦和孝公主的生母为惇妃汪氏，养母为容妃和卓氏，两人都只是妃位，不过她却是乾隆皇帝最小的女儿，也是乾隆皇帝的最后一个孩子。她出生时，乾隆皇帝已经65岁了，老年得女的乾隆皇帝自然将其视为掌上明珠，直接封为固伦公主。

荣安固伦公主的母亲庄静皇贵妃他他拉氏在宫中地位仅次于皇后，她又是咸丰皇帝奕詝的独生女，因此被破格封为固伦公主。咸丰皇帝因过度纵情酒色只活了31岁，生有两子一女，其中还有一子夭折，独生子载淳和独生女荣安固伦公主全都不约而同地活了19岁，这一支血脉也就此断绝了。

按照常理，那些并非皇后所生的皇女通常会先获封和硕公主，如果后来获得了皇帝特殊的宠爱，随后再晋封或者追封为固伦公主。康熙皇帝第三女固伦荣宪公主的生母是荣妃马佳氏，第六女固伦恪靖公主的生母是贵人郭络罗氏，第十女固伦纯悫公主的生母是通嫔那拉氏，她们都并非皇后所生，后来承恩被晋为固伦公主。固伦纯悫公主只活了25岁，虽然生前只是和硕公主，不过她的丈夫蒙古喀尔喀部台吉（蒙古贵族的封爵）策凌曾为朝廷立下大功，于是将她追封为固伦公主。

清代皇女、皇养女封号情况

皇帝	皇女数量	皇养女数量	封为固伦公主	封为和硕公主	封为县君	封为乡君	无封号
努尔哈赤	8	2	1	5	0	1	3
皇太极	14	1	9	2	1	1	2
顺治皇帝	6	3	0	4	0	0	5
康熙皇帝	20	1	5	4	0	0	12
雍正皇帝	4	3	0	4	0	0	3
乾隆皇帝	10	1	3	3	0	0	5
嘉庆皇帝	9	0	2	2	0	0	5
道光皇帝	10	0	5	2	0	0	3
咸丰皇帝	1	1	2	0	0	0	0
合计	82	12	27	26	1	2	38

只要获得皇帝或者太后青睐，即便是养女也有机会成为固伦公主，康熙皇帝养女（恭亲王常宁长女）纯禧公主、咸丰皇帝（实际是慈禧太后）养女（恭亲王奕䜣长女）荣寿公主都因得宠成为固伦公主。

清朝的公主称谓曾发生过一次大的变化，最初固伦、和硕要加在封号之前，如顺治皇帝第二女为和硕恭悫公主，但从嘉庆朝开始，两者的顺序却颠倒过来，如嘉庆皇帝第三女为庄敬和硕公主。道光二十四年（1844）五月，朝廷出台正式规定，固伦、和硕与公主二字相连书写时不得以固伦、和硕写在封号之前。①

女儿的婚姻大事

皇家可谓婴幼儿生长条件最好的地方，吃的是山珍海味，穿的是绫罗绸缎，住的是高屋广厦，一出生就受着精心呵护，若是不慎生了病，还有全天下技艺最精湛的御医以及全天下最昂贵的药品，即便如此，皇女的夭折率仍旧很高，将近半数的皇女根本活不到可以结婚的年纪。

其实实际夭折率比史书的记载还要高，努尔哈赤、皇太极的女儿居然无一夭折，事实恐怕并非如此。当时正值清朝初创阶段，两人一直忙于内外征战，相关档案资料也很不健全，两人夭折的皇女信息很有可能并未被及时记录下来，只留有适婚年龄子女的信息。

等到皇女们到14岁左右，皇帝们便开始琢磨着给女儿寻一门好亲事，虽然公主出身高贵，却并没有自由选择丈夫的权利，婚姻大事只能等待父亲的指婚。绝大多数公主在婚前并未见过自己的丈夫，更不会像清宫剧那样有着花前月下的浪漫与卿卿我我的爱情。

努尔哈赤的女儿们出嫁都很早，他的大女儿甚至11岁便出嫁了。当时女真诸部之间战争不断，同时又面临着来自明朝的军事压力，努尔哈赤迫切想要通过联姻来壮大政治联盟。他所挑选的女婿多是女真诸部首领，长女固伦端庄公主下嫁建州女真栋鄂部首领何和礼，次女再婚时嫁给建州女真苏克素护河部沾河寨主扬书之子达尔汉，第三女莽古济下嫁海西女真哈达部贝勒吴尔古代，第四女穆库什14岁时下嫁海西女真乌拉部贝勒布占泰，第六女下嫁海西女真叶赫部纳喇氏苏鼐。

有着雄才大略的努尔哈赤也意识到了蒙古人的重要性，第八女和硕公主聪古伦下嫁蒙古喀尔喀部台吉固尔布锡，养女和硕公主荪岱下嫁蒙古喀尔喀部巴

---

① [清]福锟、桂春等纂：《总管内务府现行则例》卷四《掌仪司》。

约特台吉恩格德里，养女和硕公主肫哲15岁时下嫁蒙古科尔沁部台吉奥巴，赐号"土谢图汗"。

皇太极在位的时候，女真诸部族已经基本完成统一，随着与明朝战争的不断升级，蒙古诸部的作用日渐凸现出来，因此他积极与蒙古上层王公联姻。皇太极共有14位皇女和1位养女，其中2人有过再嫁经历，在17位额驸之中，蒙古贵族居然有13位之多，占比竟然高达76.5%。皇太极在自己的后宫之中确立五宫制度，执掌五宫的5位后妃居然全都是蒙古人。满蒙贵族通过联姻结成了牢不可破的政治联盟，不仅稳定了清朝北部边疆，还可以策应清军逐鹿中原，问鼎天下。

清朝入关后，满蒙联姻的政策依然得以延续，不过蒙古贵族出身的额驸所占比例却有所下降。清朝额驸共有64位，其中有35位来自蒙古诸部，占总数的54.7%。由于孝庄文皇后来自蒙古科尔沁部，科尔沁部的额驸数量远高于蒙古其他诸部。

满洲人原本是生活在东北地区的少数民族，若想一统天下就要借助汉族的力量，吴三桂、尚可喜、耿仲明三位汉族藩王为清军攻灭南明、平定江南立下了赫赫功勋。因此顺治、康熙两朝诞生了三位汉族额驸，分别为尚可喜第七子尚之隆、耿仲明之孙耿聚忠、甘肃提督孙思克次子孙承运。曾经尾大不掉的"三藩"被康熙皇帝彻底铲除后，清朝统治也日渐稳固，自然也就不用再像之前那般笼络倚重汉族重臣，因此之后再也未曾出现过汉族额驸的身影。

清朝中后期的公主们主要嫁给两类人，一类依旧是蒙古贵族，另一类就是获得皇帝赏识的满洲贵族子弟，如保和殿大学士（从一品）、领班军机大臣傅恒之子福隆安，首席内阁大学士（正一品）、领班军机大臣和珅之子丰绅殷德，协办大学士（从一品）、一等武毅谋勇公兆惠之子札兰泰。与努尔哈赤、皇太极诸女早早出嫁有所不同，清朝中后期的公主们的出嫁年龄几乎都向后推迟了，这样便可以留在父母身边多享受几年天伦之乐。

虽然皇帝为女儿挑选额驸时更多的是出于政治需要，但他们也如普通父亲那样疼爱自己的女儿。为联络海西女真实力强大的乌拉部，努尔哈赤将第四女穆库什嫁给了乌拉部贝勒布占泰，但穆库什遭受到极其严重的家庭暴力，有些丧心病狂的布占泰居然用鸣镝射穆库什。努尔哈赤得知此事后怒不可遏，于是率兵征讨乌拉部，一举将其彻底剿灭，还将自己心爱的女儿接回了家。

清代皇女、皇养女额驸情况

皇帝	出嫁皇女数量	出嫁皇养女数量	额驸数量
努尔哈赤	8	2	15
皇太极	14	1	17
顺治皇帝	1	3	4
康熙皇帝	8	1	9
雍正皇帝	1	3	4
乾隆皇帝	5	1	6
嘉庆皇帝	2	0	2
道光皇帝	5	0	5
咸丰皇帝	1	1	2
合计	45	12	64

固伦额驸享受着贝子的待遇，贝子所穿补服应为圆形补子，不过画像中的富察·景寿所穿补服是方形补子。和硕额驸享受镇国公的待遇，补服上为绣有四爪蟒的方形补子，但扎拉丰阿所穿补服上的图案并非是四爪蟒。

富察·景寿袭封一等诚嘉毅勇公，画像中他所穿的补服应为民公补服。扎拉丰阿曾任汉军副都统（正二品），后升任都统（从一品），画像中他所穿补服上绣的并非是适用于一品官的麒麟，因为麒麟头上长着角，应是适用于二品武官的狮，因此这幅画像应绘于他担任副都统期间。

这两幅画像也反映出清朝额驸们的普遍心态，虽然可以凭借额驸身份穿着更高等级的官服，但实际上他们很少穿，仍旧习惯于穿着与自己官职爵位相称的官服，既是为了保持低调，恐怕也担心被人嘲笑为"吃软饭"的。

［清］佚名《寿恩固伦公主额驸富察·景寿像》

［清］佚名《寿禧和硕公主额驸扎拉丰阿像》

清代前期皇女、皇养女婚姻情况

排行	努尔哈赤	皇太极	顺治皇帝
皇长女	固伦端庄公主，11岁下嫁建州女真栋鄂部首领何和礼。	固伦敖汉公主，13岁下嫁蒙古敖汉部台吉班第。	无封号，2岁去世未出嫁。
皇二女	和硕公主嫩哲，11岁左右嫁伊拉喀，30岁时再嫁建州女真苏克素护河部沾河寨主扬书之子达尔汉。	固伦温庄公主马喀塔，12岁下嫁蒙古察哈尔部林丹汗之子额哲，21岁再嫁额哲的弟弟阿布鼐。	和硕恭悫公主，15岁下嫁鳌拜侄子讷尔杜（满洲镶黄旗）。
皇三女	莽古济12岁左右下嫁海西女真哈达部贝勒吴尔古代，38岁左右再嫁蒙古敖汉部琐诺木杜凌。	固伦靖端公主，12岁下嫁蒙古科尔沁部奇塔特。	无封号，6岁去世未出嫁。
皇四女	和硕公主穆库什，14岁下嫁海西女真乌拉部贝勒布占泰，后嫁开国元勋额亦都，随后又嫁额亦都第八子图尔格。	固伦雍穆公主雅图，13岁下嫁蒙古科尔沁部卓礼克图亲王吴克善第三子弼尔塔哈尔。	无封号，8岁去世未出嫁。
皇五女	无封号，12岁下嫁开国元勋额亦都次子达启。	固伦淑慧公主阿图，12岁下嫁蒙古喀尔喀部首领、和硕公主苏岱驸恩格德里之子索尔哈，17岁再嫁蒙古巴林部辅国公色布腾。	无封号，7岁去世未出嫁。
皇六女	无封号，14岁下嫁海西女真叶赫部纳喇氏苏鼐。	固伦公主，下嫁护军统领布善之子夸札。	无封号，5岁去世未出嫁。
皇七女	封乡君，16岁下嫁骑都尉纳喇氏鄂托伊。	固伦端献公主，13岁下嫁蒙古扎鲁特部人、内大臣鄂齐尔桑之子铿吉尔格。	—

续表

排行	努尔哈赤	皇太极	顺治皇帝
皇八女	和硕公主聪古伦，14岁下嫁蒙古喀尔喀部台吉固尔布锡。	固伦端贞公主，12岁下嫁蒙古科尔沁部土谢图亲王、努尔哈赤养女和硕公主肫哲额驸巴达礼长子巴雅斯护朗。	—
皇九女	—	无封号，下嫁蒙古博尔济吉特氏哈尚。	—
皇十女	—	封为县君，17岁下嫁一等公图海之子辉塞（满洲正黄旗）。	—
皇十一女	—	固伦端顺公主，12岁下嫁蒙古阿巴亥部噶尔玛索诺木。	—
皇十二女	—	乡君，15岁下嫁蒙古博尔济吉特氏头等侍卫班第。	—
皇十三女	—	无封号，15岁嫁梅勒额真（后来的一旗副长官副都统）瓜尔佳氏拉哈。	—
皇十四女	—	和硕恪纯公主，13岁下嫁平西王吴三桂之子吴应熊。	—
大养女	努尔哈赤之弟舒尔哈齐第四女和硕公主荪岱，28岁下嫁蒙古喀尔喀部巴约特台吉恩格德里。	克勤郡王岳托之女和硕公主，14岁下嫁蒙古科尔沁部台吉满珠习礼。	承泽亲王硕塞第二女和硕和顺公主，13岁嫁平南王尚可喜第七子尚之隆。
二养女	努尔哈赤侄子恪僖贝勒图伦第二女和硕公主肫哲，15岁下嫁蒙古科尔沁部台吉（赐号土谢图汗）奥巴，21岁再嫁奥巴之子土谢图亲王巴达礼。	—	安亲王岳乐第二女和硕柔嘉公主，12岁下嫁靖南王耿仲明之孙、耿继茂之子耿聚忠。

续表

排行	努尔哈赤	皇太极	顺治皇帝
三养女	—	—	简亲王济度第二女和硕端敏公主，18岁下嫁蒙古科尔沁部达尔汉亲王班第。

清代中期皇女、皇养女婚姻情况

排行	康熙皇帝	雍正皇帝	乾隆皇帝
皇长女	无封号，4岁去世未出嫁。	无封号，1岁去世未出嫁。	无封号，2岁去世未出嫁。
皇二女	无封号，3岁去世未出嫁。	追封和硕怀恪公主，18岁下嫁纳喇星德。	无封号，1岁去世未出嫁。
皇三女	固伦荣宪公主，19岁下嫁蒙古巴林部札萨克多罗郡王鄂齐尔次子乌尔衮。	无封号，1岁去世未出嫁。	固伦和敬公主，17岁下嫁蒙古科尔沁部辅国公色布腾巴勒珠尔。
皇四女	无封号，5岁去世未出嫁。	无封号，3岁去世未出嫁。	和硕和嘉公主，16岁下嫁大学士傅恒之子、乾隆孝贤纯皇后侄子富察氏福隆安（满洲镶黄旗）。
皇五女	和硕端静公主，19岁下嫁蒙古喀喇沁部杜棱郡王次子噶尔臧。	—	无封号，3岁去世未出嫁。
皇六女	固伦恪靖公主，19岁下嫁蒙古喀尔喀部郡王敦多布多尔济。	—	无封号，4岁去世未出嫁。
皇七女	无封号，1岁去世未出嫁。	—	固伦和静公主，15岁下嫁蒙古喀尔喀部亲王成衮扎布第七子拉旺多尔济。
皇八女	无封号，1岁去世未出嫁。	—	无封号，11岁去世未出嫁。

续表

排行	康熙皇帝	雍正皇帝	乾隆皇帝
皇九女	固伦温宪公主，18岁下嫁一等公佟国维孙子、康熙孝懿仁皇后侄子舜安颜（满洲镶黄旗）。	—	和硕和恪公主，15岁下嫁协办大学士、一等武毅谋勇公兆惠之子札兰泰（满洲正黄旗）。
皇十女	固伦纯悫公主，22岁下嫁蒙古喀尔喀部台吉策凌。	—	固伦和孝公主，15岁下嫁首席大学士、领班军机大臣和珅之子丰绅殷德（满洲正红旗）。
皇十一女	无封号，2岁去世未出嫁。	—	—
皇十二女	无封号，12岁去世未出嫁。	—	—
皇十三女	和硕温恪公主，20岁下嫁蒙古翁牛特部杜棱郡王仓津。	—	—
皇十四女	和硕悫靖公主，18岁下嫁甘肃提督孙思克次子孙承运（汉军正白旗）。	—	—
皇十五女	和硕敦恪公主，18岁下嫁蒙古科尔沁部台吉多尔济。	—	—
皇十六女	无封号，12岁去世未出嫁。	—	—
皇十七女	无封号，2岁去世未出嫁。	—	—
皇十八女	无封号，1岁去世未出嫁。	—	—
皇十九女	无封号，3岁去世未出嫁。	—	—
皇二十女	无封号，1岁去世未出嫁。	—	—
大养女	恭亲王常宁第一女固伦纯禧公主，20岁下嫁蒙古科尔沁部台吉班第。	理亲王允礽第六女和硕淑慎公主，19岁下嫁蒙古科尔沁部观音保。	和亲王弘昼长女和硕和婉公主，17岁下嫁蒙古巴林部郡王璘沁长子德勒克。

续表

排行	康熙皇帝	雍正皇帝	乾隆皇帝
二养女	—	庄亲王允禄第一女和硕端柔公主，17岁下嫁蒙古科尔沁部郡王罗卜藏喇什之子齐默特多尔济。	—
三养女	—	怡亲王允祥第四女和硕和惠公主17岁下嫁蒙古喀尔喀部亲王丹津多尔济之子多尔济塞布腾。	—

清代后期皇女、皇养女婚姻情况

皇女排行	嘉庆皇帝	道光皇帝	咸丰皇帝
皇长女	无封号，4岁去世未出嫁。	追封端悯固伦公主，7岁去世未出嫁。	荣安固伦公主，19岁下嫁皇太极第十女额驸辉塞后裔、一等公符珍（满洲正黄旗）。
皇二女	无封号，4岁去世未出嫁。	无封号，1岁去世未出嫁。	—
皇三女	庄敬和硕公主，21岁下嫁蒙古科尔沁部郡王索特纳木多布济。	追封端顺固伦公主，11岁去世未出嫁。	—
皇四女	庄静固伦公主，19岁下嫁蒙古土默特部贝子玛尼巴达喇。	寿安固伦公主，16岁下嫁蒙古奈曼部台吉、札萨克郡王德穆楚克札布。	—
皇五女	追封慧安和硕公主，10岁去世未出嫁。	寿臧和硕公主，14岁下嫁二等男兼勋勋佐领、锦州副都统那木都鲁氏侍顺嫡长子恩崇（满洲镶红旗）。	—

续表

皇女排行	嘉庆皇帝	道光皇帝	咸丰皇帝
皇六女	无封号，2岁去世未出嫁。	寿恩固伦公主，15岁下嫁御前大臣、一等公博启图之子景寿（满洲镶黄旗）。	—
皇七女	无封号，3岁去世未出嫁。	无封号，5岁去世未出嫁。	—
皇八女	无封号，1岁去世未出嫁。	寿禧和硕公主，23岁下嫁副都统熙拉布之子、御前侍卫扎拉丰阿（满洲镶蓝旗）。	—
皇九女	追封慧愍固伦公主，5岁去世未出嫁。	寿庄固伦公主，22岁下嫁一等诚勇公裕恒第三子德徽。	—
皇十女	—	无封号，2岁去世未出嫁。	—
大养女	—	—	恭亲王奕䜣的长女荣寿固伦公主，13岁下嫁寿恩固伦公主额驸景寿之子志端（满洲镶黄旗）。

公主并没有你想的那么幸福

清朝公主大多要远嫁蒙古。她们离开了熟悉的环境，离开了牵挂的亲人，心中难免会生出思乡之情，不过她们的生活还是颇为优越的。

公主被皇帝指婚之后，礼部便要开始置办朝冠服饰、金银器具、绸缎布匹、骡马车辆等各式物品。等到公主出嫁时，皇帝还要陪送人口、女子和庄头，固伦公主陪送人口12户、女子12名、庄头3名，和硕公主陪送人口10户、女子10名、庄头2名。

公主降生以后，宫中便设无官职太监首领一名，专门负责照料刚出生的公主；公主年满两岁以后，再增设两名太监，负责打扫卫生、夜间打更等粗活。

等到公主下嫁后，原来无官职的太监首领通常会升为八品侍监，固伦公主府内的太监人数增至14人，和硕公主府内的太监人数增至12名。内务府还会挑选精明强干之人先放为内管领，后派为公主府长史，负责管理公主府内日常事务。固伦公主府长史会给予三品虚衔，和硕公主府长史会给予四品虚衔，均赏赐花翎。

公主下嫁之后，每年还可以领取固定数额的俸禄，虽然也是一笔可观的收入，但与皇子们相比少了许多，亲王、郡王、贝勒、贝子每年可分别领银1万两、5000两、2500两和1300两，即便是俸禄最高的嫁往外地的固伦公主都会比贝子少300两，与亲王俸禄相比更是有着天壤之别。

乾隆朝公主、额驸每年领取的俸禄[①]

人员	居所地	银（单位：两）	米（单位：石）	丝绸（单位：疋）
固伦公主	在京	400	200	—
	外地	1000	—	30
固伦额驸	在京	300	150	—
	外地	300		
和硕公主	在京	300	150	—
	外地	400	—	15
和硕额驸	在京	255	127.5	—
	外地	255		

公主下嫁后所生儿子的品级一直都没有明确规定，乾隆四十年（1775）正月初二，乾隆皇帝特地为此颁布诏书，固伦公主所生之子与其父固伦额驸同样享受贝子的待遇；和硕公主所生之子与其父和硕额驸同样享受镇国公待遇。[②]

[①] 《奏为九公主下嫁照例赏银二万两事折》，乾隆三十七年五月二十二，《内务府奏销档》，中国第一历史档案馆藏，档号：311-102-1。
[②] 《清宫史续编》卷二十二《典礼十六》。

虽然公主出身高贵，生活优渥，但寿命却往往都不长，即便剔除那些夭折的皇女，剩余皇女的平均寿命大致也只有30—40岁。

参考文献

[1] 林家维.乾隆朝紫光阁赐宴图研究.故宫博物院院刊,2015（4）.

[2] 张春杏.高危职业：皇帝剃头匠.文史博览,2014（5）.

[3] 欧阳军.清朝皇帝是怎样用膳的.中国食品,2020（21）.

[4] 朱起鹏.清朝皇帝爱住养心殿.山海经,2018（5）.

[5] 魏瑞瑞,赵鹏.故宫养心殿空间布局研究.建筑史,2019（1）.

[6] 李燮平.明至清初时期的养心殿.紫禁城,2016（12）.

[7] 仇梦雨.清代御门听政研究.鲁东大学2020年硕士学位论文.

[8] 李文杰.清代的"早朝"——御门听政的发展及其衰微.故宫博物院院刊,2016（1）.

[9] 晓飞.清代皇宫冬天如何取暖.建筑工人,1998（10）.

[10] 朱家溍.清代皇帝怎样避暑.文史知识,1986（7）.

[11] 岑大利.清代上书房新探.明清论丛,2016（1）.

[12] 高慧斌.清代上书房师傅制度新探.历史教学（下半月刊）,2011（8）.

[13] 万秀锋.试论清代的皇子分府.满族研究,2013（2）.

[14] 杜家骥.清代宫廷医疗制度及其特点.明清论丛,2016（1）.

[15] 黄永顺.鼻烟兴衰记.北京纪事,2021（6）.

[16] 莫阳.先农坛与《雍正祭先农坛图》.中华书画家,2015（2）.

[17] 刘潞.《祭先农坛图》与雍正帝的统治.清史研究,2010（3）.

[18] 姚伟钧.满汉融合的清代宫廷饮食.中南民族学院学报（哲学社会科学版）,1997（1）.

[19] 董建中.清朝皇帝也说"我".北京档案,2006（3）.

[20] 郭婧.清朝先蚕礼研究.兰州大学2020年硕士学位论文.

[21] 李芝安.《亲蚕图》画柜与乾隆帝先蚕礼述论.故宫学刊,2013（2）.

［22］王树卿.清朝太监制度.故宫博物院院刊,1984（2）.

［23］王树卿.清朝太监制度（续）.故宫博物院院刊,1984（3）.

［24］李学成.清朝太监典制述论.满族研究,2012（4）.

［25］毛宪民.明清宫禁环卫琰谈.紫禁城,1999（2）.

［26］杜家骥.清代的銮仪卫.故宫博物院院刊,2020（10）.

［27］束霞平.清代皇家仪仗研究.苏州大学2011年博士学位论文.

［28］陈章.满汉殊途,近御治国——侍卫系统与清代中枢政治关系初探.北京社会科学,2019（4）.

［29］陈章.清代侍卫职能考述.清史论丛,2018（2）.

［30］高换婷.清朝明令禁戏浅谈//清代宫史研究会.清代档案与清宫文化:第九届清宫史研讨会论文集.北京:中国档案出版社,2010.

［31］杨连启.论清朝宫廷戏曲的两次辉煌.戏曲艺术,2011（2）.

［32］刘文华.光绪帝亲政前的习批奏折.历史档案,2022（4）.

［33］秦国经.清朝皇帝的视朝与听政.办公室业务,2008（4）.

［34］滕德永.清代宫女出宫问题探赜.河北民族师范学院学报,2022（4）.

［35］何瑜.清代圆明园与紫禁城关系考辨.历史档案,2018（4）.

［36］李晓巧.清朝皇帝的"御批"与国运.人才资源开发,2019（1）.

［37］吴兆波.清朝皇帝西巡五台山——从清宫藏五台山档案史料谈起.佛教文化,1998（4）.

［38］郭琪.清代皇帝过新年.中国档案,2021（1）.

［39］张声驹.圆明园四十景图.华中建筑,1996（1）—1996（3）.

［40］郎朗天.《皇清职贡图》中西洋人物形象及服饰研究.中央民族大学2013年硕士学位论文.

［41］姜梅珍.从《皇清职贡图》看西洋民族的服饰文化特征.人文天下,2016（18）.

［42］王巨新.清代东南亚国家朝贡动力机制分析.理论学刊,2020（6）.

［43］刘潞.皇帝过年与万国来朝——读《万国来朝图》.紫禁城,2004（1）.

［44］邹爱莲.清帝读书与执政.北京档案,2013（1）.

［45］殷安妮.清宫后妃们的衬衣.紫禁城,2010（2）.

［46］肇文新.从清代冠服制度看皇后婉容服饰的流变.溥仪研究,2012（1）.

［47］严勇.清代皇帝朝服述略.收藏家,2021（10）.

［48］胡桂梅.威严与华美 清代龙袍略论.收藏家,2017（6）.

［49］李芝安.清代朝珠述论.中国国家博物馆馆刊,2013（6）.

［50］张正义.清帝服饰分类述略——以沈阳故宫藏品为例.浙江纺织服装职业技术学院学报,2019（4）.

［51］李雨来藏清代宫廷服饰萃珍.艺术设计研究,2017（4）.

［52］殷安妮.清帝行服叙要.收藏家,2013（6）.

［53］张淑芝.清宫朝珠与满族东珠.满族研究,1995（2）.

［54］蔡憬萱.清代满族服饰带.收藏家,2021（1）.

［55］李金钊.清代后宫不同等级妃嫔服饰区别.文存阅刊,2018（2）.

［56］严勇.康熙皇帝的服饰.紫禁城,2004（2）.

［57］张琼.清代皇帝大阅与大阅甲胄规制.故宫博物院院刊,2010（6）.

［58］韩敏敏.玄甲明光 我武惟扬——山东博物馆藏清代甲胄.收藏家,2012（12）.

［59］范丽.浅议清代的补服与补子.沈阳故宫博物院院刊,2006（1）.

［60］杜家骥.清代宗室分封制述论.社会科学辑刊,1991（4）.

［61］李宝臣.展亲中的抑制——清代王公封爵制度的政治立意.首都博物馆论丛,2002.

［62］张琼.上下有章话补服——谈清代补服.紫禁城,1998（3）.

［63］张正义.锦绣后宫——清代后妃服饰简述（上）.文物鉴定与鉴赏,2015（11）.

［64］张正义.锦绣后宫——清代后妃服饰简述（下）.文物鉴定与鉴赏,2016（1）.

［65］王幼敏.清帝"吉服读书像"研究拾遗.紫禁城,2023（4）.

［66］查沁怡.《燕寝怡情》图册中的家具研究.苏州大学2020年硕士学位论文.

［67］李湜.优游的佳丽——陈枚的《月曼清游图》册.文史知识,2011（3）.

[68] 朱子彦，周凯.清代后宫制度论述.文化学刊，2008（2）.

[69] 林硕文.异姓王福康安的身世之谜.科学大观园，2017（20）.

[70] 刘倩倩.浅谈清代秀女与宫女的采选.西部学刊，2021（19）.

[71] 杜家骥.清代八旗奴仆制考析.南开史学，1991（1）.

[72] 薛冰琳，袁琳.《雍正十二月行乐图轴》所体现的清初皇家园林空间.建筑与文化，2018（6）.

[73] 张玉.话说清代公主的婚姻.北京档案，2002（10）.

[74] 王树卿.清代公主.故宫博物院院刊，1982（3）.

[75] 武亚芹.论清代下嫁外藩公主丧葬.内蒙古民族大学学报（社会科学版），2013（5）.

[76] 杨海山.清代"玉牒不列"公主之谜.紫禁城，1996（2）.

[77] 林姝.崇庆皇太后画像的新发现——姚文瀚画《崇庆皇太后八旬万寿图》.故宫博物院院刊，2015（4）.

[78] 张晓玮.崇庆皇太后六旬《万寿图》所见之西洋景象探微.明清论丛，2018（2）.

[79] 李丽莉.万象仪典 影真"戏"切——以《崇庆皇太后六旬万寿庆典图卷》为例.沈阳故宫学刊，2018（1）.